LA NATURE EN HIVER

Conception graphique de la couverture: Violette Vaillancourt
Conception graphique de la maquette intérieure: Alain Pouliot
Illustrations: Deborah Prince et Donald W. Stokes

DISTRIBUTEURS EXCLUSIFS:

- Pour le Canada et les États-Unis:
  LES MESSAGERIES ADP*
  955, rue Amherst, Montréal H2L 3K4
  Tél.: (514) 523-1182
  Télécopieur: (514) 521-4434
  * Filiale de Sogides Ltée

- Pour la Belgique et le Luxembourg:
  PRESSES DE BELGIQUE
  96, rue Gray, 1040 Bruxelles
  Tél.: (32-2) 640-5881
  Télécopieur: (32-2) 647-0237

- Pour la Suisse:
  TRANSAT S.A.
  Route du Grand-Lancy, 2, C.P. 125, 1211 Genève 26
  Tél.: (41-22) 42-77-40
  Télécopieur: (41-22) 43-46-46

- Pour la France et les autres pays:
  INTER FORUM
  13, rue de la Glacière, 75624 Paris Cédex 13
  Tél.: (33.1) 43.37.11.80
  Télécopieur: (33.1) 43.31.88.15
  Télex: 250055 Forum Paris

LES GUIDES STOKES
DE·LA·NATURE

DONALD W. STOKES

LA
NATURE
EN HIVER

PLANTES ET ANIMAUX SAUVAGES
EN AMÉRIQUE DU NORD

TRADUIT DE L'AMÉRICAIN
PAR MARIE-LUCE CONSTANT

copy!

LES ÉDITIONS DE
L'HOMME

Données de catalogage avant publication (Canada)

Stokes, Donald W.

La nature en hiver

Traduction de: A guide to nature in winter.
Comprend des références bibliographiques et un index.

ISBN 2-7619-0937-2

1. Sciences naturelles — États-Unis.   2. Sciences naturelles —
Canada.   2. Hiver — États-Unis.   3. Hiver — Canada   4. Nature —
Étude et enseignement.   I. Titre.

QH102.S7614   1991   508.73   C91-096147-6

© 1991, Les Éditions de l'Homme,
une division du groupe Sogides,
pour la traduction française

L'ouvrage original américain a été publié par Little, Brown & Company
sous le titre: *A Guide to Nature in Winter*
(ISBN: 0-316-81720-1)

Dépôt légal: 1er trimestre 1991
Bibliothèque nationale du Québec

ISBN 2-7619-0937-2

Comment utiliser ce livre

Cet ouvrage est constitué de plusieurs guides distincts, et chacun traite d'un aspect particulier de la nature en hiver. Chaque guide est divisé en trois parties: une introduction du sujet, une méthode d'identification des organismes, animaux ou végétaux, qui font l'objet du chapitre et, enfin, une description scientifique de chacun de ces organismes.

Avant de partir en exploration, lisez l'introduction, car le contenu général vous permettra d'élargir votre interprétation de la nature en hiver tout en aiguisant votre perception de ce que vous verrez autour de vous.

Les méthodes d'identification sont conçues de manière simple, pour que vous puissiez les utiliser sur le terrain. Toutefois, vous aurez moins de difficulté à identifier ce que vous voyez si, au préalable, vous avez pris soin de vous familiariser avec la méthode.

Après avoir identifié une plante ou un animal, lisez la description scientifique qui suit la méthode d'identification. Ces descriptions sont classées par ordre alphabétique; elles vous indiquent les caractéristiques que vous devez rechercher et vous expliquent comment interpréter vos découvertes. S'il fait trop froid pour lire dans les bois, retenez le nom de l'organisme qui vous intéresse et attendez d'être confortablement installé chez vous pour en parcourir la description.

I

Les herbes sauvages hivernales

Pour la majorité d'entre nous, les herbes sauvages ou «mauvaises herbes» sont une forme de vie végétale particulièrement nuisible. Pourtant, plusieurs plantes que nous considérons comme des mauvaises herbes sont, dans d'autres pays, utiles à l'industrie agro-alimentaire ou cultivées comme espèces ornementales. Il n'existe en réalité aucune différence entre les plantes et les mauvaises herbes; celles-ci ne sont que des plantes qui ont l'audace de pousser là où nous n'en voulons pas.

Bien que le fait de qualifier une plante de «mauvaise herbe» soit un jugement entièrement subjectif de notre part, il n'en demeure pas moins que certaines espèces sont indésirables et présentent au minimum trois caractéristiques communes. Tout d'abord, elles colonisent énergiquement le terrain, soit en produisant de grandes quantités de graines qui peuvent se disperser très loin, soit en développant de longues racines à partir desquelles naissent de nouvelles pousses. Ensuite, elles s'installent au premier chef dans les milieux modifiés par les humains, notamment sur les terres défrichées et cultivées, au bord des routes, dans les jardins et dans les dépotoirs. Sur notre continent, elles peuvent tolérer une gamme étendue de conditions pédologiques et climatiques. Enfin, la plupart de ces plantes aujourd'hui répandues dans toute l'Amérique du Nord ont été importées d'Europe par les premiers colons, soit volontairement, parce qu'on désirait les acclimater, soit accidentellement, dans le fourrage du bétail ou le ballast des vaisseaux.

Lorsque ces plantes ont été amenées ici, le quart nord-est de l'Amérique du Nord était principalement recouvert d'une forêt ancienne. Les nouvelles espèces n'auraient pu survivre, dans ce milieu essentiellement humide où la lumière directe pénétrait à peine, en subissant la concurrence de plantes indigènes bien adaptées. Mais les colons, en défrichant des terres pour construire des villages, des fermes et des routes, créèrent un nouvel environnement inondé de lumière solaire et constitué de terre fraîchement labourée. L'ancien milieu des espèces importées se trouva donc reconstitué et elles ne tardèrent pas à le dominer. Elles s'étendirent le long des routes et des sentiers, de village en ferme et de ville en ville. Il se peut que quelques espèces indigènes aient appris à rivaliser avec elles mais, encore aujourd'hui, les plantes importées jadis se tiennent à proximité des humains; elles boudent les forêts sombres, recherchent le soleil et colonisent les sols souvent pauvres du bords des routes, des champs et des terrains vagues en milieu urbain.

Certaines de ces plantes demeurent sur pied tout l'hiver. On peut donc les considérer comme des espèces hivernales. L'une des fonctions de ces tiges séchées consiste à disséminer les graines et, pour ce faire, les plantes disposent de deux méthodes. Certaines, comme l'asclépiade, utilisent la méthode de dissémination par le vent. Les graines sont transportées dans les airs par une sorte de petit parachute nommé «filet». D'autres plantes, comme la bardane, préfèrent la dissémination par les animaux. Les graines sont enfermées dans des gousses qui s'accrochent à la fourrure des animaux. Les herbes sauvages d'hiver utilisent l'une ou l'autre de ces deux méthodes de dissémination et chaque espèce possède ses propres variantes du principe de base.

En hiver, la plupart de ces plantes paraissent sèches et sans vie, mais tel n'est pas le cas, bien au contraire. Il est vrai que certaines sont mortes, à l'exception des graines qui demeurent au sommet de la tige (par exemple, la laitue du Canada et la lépidie densiflore), mais d'autres sont toujours en vie, soit à l'intérieur du sol, sous forme de racines vivaces (patience, massette) ou au-dessus, sous forme de tiges à feuilles caduques (spirée).

Pour retirer le maximum de profit de votre étude des plantes hivernales, vous devrez apprendre leurs principales caractéristiques, y compris leur cycle de vie, leurs modes d'adaptation et de dissémination et l'usage qu'en font les animaux; vous vous familiariserez également avec la beauté de leurs formes et de leurs couleurs.

Dans ce guide, vous ne trouverez pas toutes les herbes sauvages hivernales mais seulement celles qui sont particulièrement durables, belles ou intéressantes. Vous les découvrirez dans tous les espaces découverts, depuis les terrains vagues des villes jusqu'aux prairies champêtres en passant par le bord des routes. En fait, c'est l'un des rares cas où des espèces naturelles sont plus diversifiées en ville qu'à la campagne.

COMMENT IDENTIFIER
LES HERBES SAUVAGES EN HIVER

Vous trouverez un croquis de chacune des plantes dont nous traitons ici ainsi qu'un schéma agrandi d'une partie de son capitule. Sous chaque nom de plante, la hauteur moyenne de la tige est indiquée. Afin de faciliter l'identification des spécimens, nous avons regroupé la plupart des croquis en fonction des caractéristiques les plus évidentes de chaque plante.

Herbes sauvages à gousses

Chardon
60 - 120 cm

Bardane
90 - 180 cm

Herbes sauvages à capsules translucides

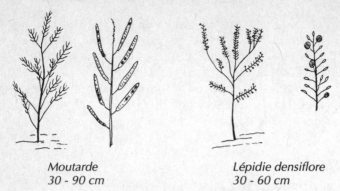

Moutarde
30 - 90 cm

Lépidie densiflore
30 - 60 cm

Herbes sauvages sans branches

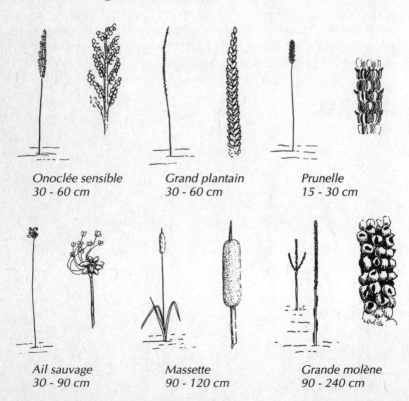

Onoclée sensible
30 - 60 cm

Grand plantain
30 - 60 cm

Prunelle
15 - 30 cm

Ail sauvage
30 - 90 cm

Massette
90 - 120 cm

Grande molène
90 - 240 cm

Herbes sauvages avec branches au sommet uniquement

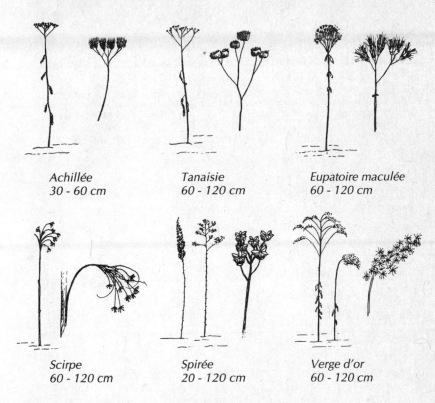

Achillée
30 - 60 cm

Tanaisie
60 - 120 cm

Eupatoire maculée
60 - 120 cm

Scirpe
60 - 120 cm

Spirée
20 - 120 cm

Verge d'or
60 - 120 cm

Herbes sauvages avec branches opposées

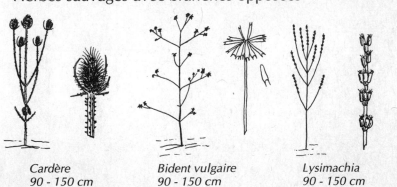

Cardère
90 - 150 cm

Bident vulgaire
90 - 150 cm

Lysimachia
90 - 150 cm

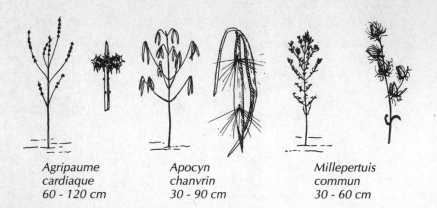

Agripaume
cardiaque
60 - 120 cm

Apocyn
chanvrin
30 - 90 cm

Millepertuis
commun
30 - 60 cm

Herbes sauvages avec quelques branches le long de la tige

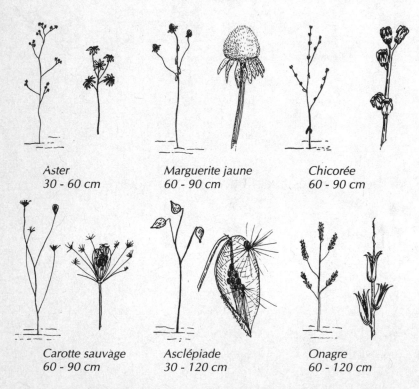

Aster
30 - 60 cm

Marguerite jaune
60 - 90 cm

Chicorée
60 - 90 cm

Carotte sauvage
60 - 90 cm

Asclépiade
30 - 120 cm

Onagre
60 - 120 cm

Autres

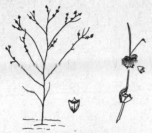

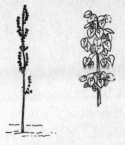

Ambroisie
60 - 120 cm

Patience
60 - 120 cm

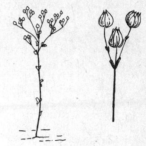

Verveine
60 - 120 cm

Potentille
30 - 60 cm

DESCRIPTIONS ET CARACTÉRISTIQUES BOTANIQUES

ACHILLÉE MILLEFEUILLE / *COMMON YARROW* (*ACHILLEA MILLEFOLIUM*)

Si vous brisez une tige d'achillée près de son extrémité, vous obtiendrez un arbre miniature qui s'intègre parfaitement au décor du circuit d'un train électrique ou à celui d'une maquette de bâtiments. Son amas aplati de fleurs illustre parfaitement comment la nature regroupe une multitude de fleurs minuscules pour en faire un bouquet de couleurs vives, plus attirant pour les insectes.

Capitules d'achillée

Rosette hivernale de l'achillée

En fait, la tige d'hiver de l'achillée ressemble, en plus grand, à celle de la tanaisie. À l'instar de la tanaisie, elle produit des feuilles parfumées. Écartez la neige de la base et broyez dans votre main l'une des feuilles de la rosette qui encercle la tige. Le parfum est capiteux, épicé. Certaines personnes font infuser les feuilles pour confectionner un thé qui favorise la transpiration.

Achillée

Les feuilles sont finement taillées, comme une plume aux bords inégaux, et c'est cette apparence fournie qui a donné à la plante son qualificatif «millefeuille». Quant au nom générique, achillée, il a pour origine le héros grec Achille qui, selon la légende, se servait des feuilles pour étancher le sang de ses soldats blessés. Certains herboristes vont encore plus loin, alléguant que l'achillée peut traiter la calvitie et purger l'âme. (Ils ne vont toutefois pas jusqu'à affirmer qu'il existe un rapport entre les deux...)

Le succès de l'achillée en Amérique du Nord est en partie dû à son modèle de croissance. Étant vivace, elle naît chaque année du même réseau étendu de racines et fleurit parfois à l'automne et au printemps. En outre, chaque amas de fleurs produit des milliers de graines qui, petites et légères, sont disséminées facilement par le vent. Rien d'étonnant que l'achillée soit aussi présente en ville qu'à la campagne.

AGRIPAUME CARDIAQUE /MOTHERWORT
(LEONURUS CARDIACA)

L'agripaume cardiaque est l'une des plus grandes représentantes de la famille des Menthes en Amérique du Nord. Selon une vieille croyance, elle aurait la propriété de soulager les douleurs de la grossesse, d'où son nom anglais qui signifie littéralement «l'herbe des mères».

Les fruits de la plante hivernale sont particulièrement pointus et faciles à identifier, surtout si vous les trouvez sur une tige à quatre côtés.

L'agripaume cardiaque est une plante vivace. Elle passe l'hiver sous forme de rhizome vivant qui continue de produire de nouvelles pousses chaque année.

La famille des Menthes contient plus de 3 000 espèces, dont la plupart ont des tiges carrées et, dans leurs feuilles, des glandes qui produisent une huile odoriférante. La plupart de nos épices appartiennent à cette famille, qui comprend notamment la marjolaine, le thym, la sariette et d'autres plantes telles que le romarin, la lavande et la plante d'appartement connue sous le nom de coleus.

Capitules d'agripaume cardiaque

Bien que l'agripaume cardiaque ne soit pas indigène en Amérique du Nord, elle est très répandue dans le nord-est et se plaît dans les zones ensoleillées du bord des routes et dans les champs en jachère, exactement comme beaucoup d'autres herbes sauvages.

AIL SAUVAGE / *FIELD GARLIC (ALLIUM VINEALE)*

Jaillissant des prairies en hiver, la longue tige de l'ail sauvage est couronnée d'un amas de fleurs séchées. Si vous en voyez une, vous pouvez vous attendre à en trouver d'autres à proximité.

L'ail sauvage utilise principalement deux modes de reproduction. Il forme des gousses, semblables aux gousses d'ail frais que l'on achète au magasin. Ces gousses produisent à leur tour des gousses adjacentes qui finissent par se fendre pour donner naissance à leurs propres pousses. Cette plante se multiplie également en produisant, au faîte de ses tiges, à la place des fleurs, un amas serré de petites gousses que l'on appelle des bulbilles. Elles durcissent et, pendant l'hiver, tombent peu à peu de la tige puis donnent naissance à de nouvelles plantes au printemps.

Bulbe d'ail

Beaucoup de plantes appartiennent au même genre que l'ail. Mentionnons par exemple le poireau sauvage, l'oignon sauvage et la ciboulette. Toutes présentent des caractéristiques physiques communes: elles poussent à partir de bulbes, leurs feuilles étroites ont des veines parallèles et leurs fleurs sont constituées de six parties. Les bulbes et bulbilles de certaines variétés d'ail sont doux et tendres mais d'autres, notamment ceux de l'ail sauvage, sont beaucoup trop forts pour être comestibles. Même si vous n'en mangez qu'un morceau minuscule, votre haleine demeurera alliacée toute la journée, en dépit de vos efforts pour vous en débarrasser. Curieusement, les vaches et autre bestiaux d'élevage adorent ce goût puissant et n'hésitent pas à se gaver d'ail sauvage dès qu'ils en ont la possibilité. Étant donné que l'ail risque de donner un goût à la viande ou au lait, les agriculteurs s'efforcent évidemment d'en priver leur bétail. Bien que la perspective d'un steak à l'ail puisse en séduire certains, personne n'a encore osé lancer sur le marché du lait alliacé.

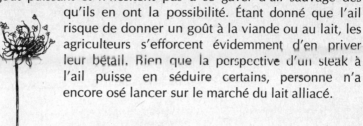

Bulbilles d'ail

AMBROISIE /*RAGWEED* (ESPÈCE *AMBROSIA*)

L'ambroisie est bien connue, car elle provoque le rhume des foins. Toutefois, c'est une importante source de nourriture pour les oiseaux. Ses graines, qui apparaissent à l'automne, représentent une denrée précieuse pour tous les granivores qui picorent au sol, parmi lesquels les moineaux, les roselins, les Juncos, les sizerins et les colins.

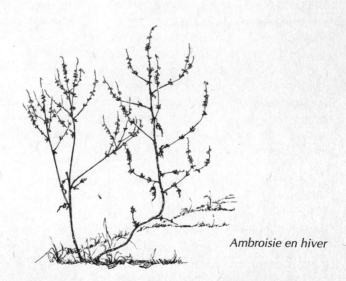

Ambroisie en hiver

Comme vous le savez sans doute, l'ambroisie se plaît énormément en ville. Les centaines de graines qu'elle produit peuvent demeurer enfouies jusqu'à cinq ans, n'attendant que le moment où l'on retournera légèrement la terre. Le plus petit coup de bêche, en remuant le sol, fera germer les graines et produira une récolte d'ambroisie d'une luxuriance incroyable.

Fleurs mâles de l'ambroisie en été

Après avoir germé, la plante produit deux types de fleurs: les fleurs mâles, verdâtres, à l'extrémité des tiges, et les fleurs femelles, plus discrètes, aux aisselles des feuilles. Nous connaissons deux espèces principales: l'ambroisie à feuilles d'armoise *(Ambrosia artemisiifolia)* qui peut atteindre jusqu'à 1,50 m sur les sols secs, et l'ambroisie trifide *(Ambrosia trifida)*, qui, préférant les milieux plus humides, atteint parfois 4,5 m. Les graines de la seconde espèce sont moins appréciées des animaux sauvages, car elles sont revêtues d'une enveloppe coriace.

Les feuilles de l'ambroisie, profondément lobées, ressemblent à des morceaux de chiffon. Le nom générique de la plante, *Ambrosia*, a été attribué par Pline l'Ancien, naturaliste romain, vraisemblablement à tort puisque l'ambroisie, au premier sens du terme, désigne la nourriture des dieux. En réalité, la plante sert surtout à nourrir les oiseaux, et ceux d'entre nous qui souffrent du rhume des foins ne tenteront assurément pas de la leur disputer.

APOCYN CHANVRIN/*DOGBANE* (ESPÈCE *APOCYNUM*)

Ce qui nous frappe tout d'abord chez l'apocyn, c'est la présence d'une multitude de petits parachutes soyeux, plus petits que ceux de l'asclépiade mais très ressemblants. Les gousses longues et minces poussent par paires sur la plante et s'ouvrent le long de leur lisière intérieure pour libérer les graines. Tous les organes de la plante sont allongés et pendants, ce qui lui donne un aspect un peu désordonné.

Capitules et graines d'apocyn

Si vous retirez l'écorce rougeâtre des branches ou de la tige, vous constaterez qu'elle est solide. Les Amérindiens l'utilisaient pour fabriquer des cordages et c'est de là qu'est venu son nom vernaculaire de «chanvre indien» ou «chanvre du Canada».

Les feuilles d'été ont la réputation d'être toxiques et il est exact que les membres tropicaux du même genre contiennent de puissantes toxines. Certains chasseurs enduisent de ces poisons la pointe de leurs flèches et de leurs javelots. Mais nous n'avons rien à craindre de notre apocyn en hiver. Profitons de ses couleurs et de sa forme originale et laissons ses graines soyeuses se disperser au vent.

ASCLÉPIADE /*MILKWEED* (ESPÈCE *ASCLEPIAS*)

L'asclépiade est sans doute la plante la plus ensorcelante de l'hiver. En effet, qui peut résister au plaisir d'arracher à pleines poignées ses graines soyeuses pour les éparpiller au vent? Mais la manière dont les graines se dispersent d'elles-mêmes est beaucoup plus méthodique que l'apparence désordonnée de la plante le suggère.

Gousses et graines d'asclépiade

Tout commence par l'éclatement de la gousse, dans laquelle les graines sont disposées de manière à être libérées les unes après les autres. Ensuite, quelques-unes se séparent des autres tout en demeurant fixées à l'extrémité de la gousse à l'aide de leurs filaments. Cela est important car si les graines tombaient simplement à terre, la majorité se retrouveraient à la base de la plante mère et, conséquemment, entreraient en concurrence les unes avec les autres. Enfin, le vent détache les graines de la gousse et les transporte à travers les champs. Si le parachute de filaments creux s'accroche à un buisson ou demeure prisonnier de l'herbe haute, la graine s'en détache et tombe au sol.

L'asclépiade pousse dans les prairies et les parcelles de terrain au sol pauvre. Son réseau étendu de racines, juste en dessous de la surface du sol, peut s'étendre sur un diamètre de 4 ou 5 m. Par conséquent, c'est l'espèce idéale sur une terre menacée par l'érosion. En été, la tige peut atteindre près de 1 m de hauteur et elle est garnie de luxuriantes feuilles vertes dont les veines contiennent une sève laiteuse, qui explique l'un des noms vernaculaires de cette plante: laiteron. Bien que beaucoup d'animaux les boudent, les pousses printanières d'asclépiade comptent parmi les légumes sauvages les plus succulents. Vous pouvez les faire cuire à l'étuvée, comme les asperges, ou les déguster crues si elle sont jeunes et tendres.

En hiver, la tige et les gousses d'asclépiade deviennent d'intéressantes sculptures naturelles. Mais pour éviter qu'un blizzard de parachutes n'envahisse votre intérieur, assurez-vous que les gousses sont vides lorsque vous cueillez la plante.

ASTER /*ASTER* (ESPÈCE *ASTER*)

Les asters sont les fleurs de l'automne. Ils tirent leur nom, qui signifie «étoile», de leurs boutons aux pétales éblouissants ou peut-être de la forme étoilée de leurs minuscules capitules hivernaux; une fois secs, ces capitules ressemblent à ceux de la verge d'or, ce qui fait ressortir l'étroit lien de parenté entre ces deux plantes.

Aster

Toutes deux appartiennent en effet à la famille bien connue des Composées, l'un des produits les plus récents et les plus réussis de l'évolution des végétaux. Au lieu de donner naissance à de grands pétales susceptibles d'attirer les insectes, les Composées n'ont que des fleurs de petite taille, très discrètes. Mais elles croissent en groupe, formant ainsi une masse particulièrement visible. Non seulement elles conservent leur énergie en ne produisant qu'un nombre limité de pétales, mais encore elles permettent une pollinisation plus efficace, puisqu'un insecte peut, à lui seul, polliniser des centaines de fleurs minuscules en une visite.

Il existe plus de 250 espèces d'asters, dont certaines survivent, en hiver, sous forme d'herbes sauvages. Les asters sont des plantes vivaces; leurs racines souterraines peuvent survivre pendant de nombreuses années, et elles produisent de nouvelles fleurs chaque automne. Par conséquent, si vous découvrez des asters quelque part, sachez que vous les retrouverez à la même place l'année suivante. En hiver, vous apercevrez une tige desséchée mais, à l'automne, l'aster sera en pleine floraison.

BARDANE /*BURDOCK* (ESPÈCE *ARCTIUM*)

Découvrir que vos vêtements sont constellés de capsules de bardane n'est pas forcément agréable, mais cela vous offrira au moins la possibilité d'étudier de près la méthode de dissémination des graines. Vous saurez que vous avez été choisi comme représentant du règne animal pour perpétuer la bardane.

Capsule de bardane

L'efficacité de la méthode de dissémination est due à la structure de la capsule, qui est entièrement recouverte de minuscules crochets recourbés pouvant pénétrer la fourrure ou le tissu et s'y accrocher. Les enveloppes qui contiennent les graines sont fixées aux crochets. Lorsqu'un animal tire sur la capsule, les crochets se referment, ce qui permet aux enveloppes de s'ouvrir et de libérer les graines. La bardane, bien qu'originaire d'Europe et d'Asie, est aujourd'hui répandue dans toute l'Amérique du Nord, ce qui est une preuve concluante de l'efficacité de sa méthode de reproduction.

La bardane est bisannuelle. Il lui faut deux ans pour fleurir et produire des graines avant de terminer son cycle de vie. Pendant la première année, elle forme une rosette de feuilles d'une trentaine de centimètres de longueur. Pendant la seconde, une longue tige apparaît, portant des fleurs roses qui, à l'automne, deviennent des capsules.

Il existe deux espèces principales de bardane en Amérique du Nord: la grande bardane (*Arctium lappa*) dont la tige peut atteindre 3 m, et la bardane commune (*Arctium minor*) qui n'atteint que la moitié de cette hauteur.

À la fin de la première année, le gros pivot de la bardane devient un légume d'hiver comestible. Il est également vendu pour servir à des fins médicinales. La tige de la deuxième année est également comestible une fois épluchée et bouillie. Toutefois, les animaux sauvages boudent la bardane, car les graines sont bien

Rosette de bardane de première année

protégées par la capsule, la tige est revêtue de fibres particulièrement coriaces et les grandes feuilles contiennent une sève extrêmement amère.

Bardane

BIDENT VULGAIRE / *BEGGAR-TICKS* (ESPÈCE *BIDENS*)

Les bidents vulgaires vous informeront probablement de leur présence avant même que vous ne commenciez à les chercher. Après une promenade dans les champs, vous constaterez que vos chaussettes, votre pantalon ou votre veste sont couverts de petites graines; le fait de savoir que le nom français et latin de l'espèce signifie littéralement «qui a deux dents» n'y changera pas grand-chose! Chaque graine est revêtue d'une coque dure dotée d'au moins deux épines, elles-mêmes recouvertes de poils plantés en sens inverse de la hampe, exactement comme les pointes d'un harpon. Sur la tige d'hiver, les graines sont placées de telle manière que les deux épines sont orientées vers l'extérieur; comme elles sont à peine fixées à la tige, le moindre contact avec du tissu ou avec la fourrure d'un animal les décroche, garantissant ainsi qu'elles seront transportées ailleurs. Les bidents vulgaires sont des plantes annuelles. Par conséquent, chaque plante provient d'une graine qui a été transportée et abandonnée à cet endroit l'année précédente.

De gauche à droite: graines de bident vulgaire, bident penché, bident vulgaire des marais, bident en toupet

Les bidents vulgaires préfèrent les sols humides, ceux des marécages ou des fossés, par exemple. En été, leurs grandes fleurs jaunes égaient les milieux humides dépourvus de couleurs et leur ont fait attribuer le surnom de «tournesol des ruisseaux».

Les bidents ont d'autres noms vernaculaires peu usités mais très représentatifs de leur comportement hivernal. Par exemple, le bident penché est aussi surnommé «fourchette».

Il existe un certain nombre de bidents en Amérique du Nord. Chacun présente une graine de forme légèrement différente ou un nombre d'épines variable. Toutefois, leur comportement est identique. La prochaine fois que vous serez victime des bidents, profitez-en pour examiner l'une des graines qui se sont accrochées à vous et pour la comparer avec celles qui sont dessinées ici afin d'identifier la plante mère.

CARDÈRE /*TEASEL* (ESPÈCE *DIPSACUS*)

Le cardère forme un motif original, comparé à toutes les autres herbes sauvages de l'hiver. Recouvert de piquants rigides, il est douloureux au toucher mais plaisant à l'œil. Sur le capitule séché, vous distinguerez le fin motif géométrique que forment les piquants. Des bractées ligneuses encerclent le capitule et sont souvent terminées par des volutes parfaits. Remarquez également comment les piquants émergent des longues cannelures de la tige et des branches.

Capitule de cardère

Le cardère est originaire d'Europe et d'Asie. Il a longtemps été utilisé dans le traitement de la laine, d'où son nom. Les capitules secs, fendus et placés sur des rouleaux, étaient utilisés pour carder la laine.

Cardère

C'est une plante bisannuelle qui, au cours de sa première année, produit une solide rosette et, pendant la seconde, une tige robuste. Rare sur la côte Est, on la trouve plutôt vers l'intérieur des terres et autour des villes. Si vous veillez à cueillir le cardère avec des gants, vous pourrez constituer dans un grand vase un superbe bouquet hivernal qui vous réjouira l'œil tout au long de la saison froide.

CAROTTE SAUVAGE /*WILD CARROT*
(DAUCUS CAROTA)

Carotte sauvage

La carotte sauvage est une cousine germaine de notre carotte potagère. La parenté devient évidente lorsqu'on examine la plante, pendant sa première année, près de la base de sa tige d'hiver. La rosette de feuilles est identique à celle d'une carotte potagère et, en tirant dessus, vous déterrerez un gros pivot blanc qui aura la forme et l'odeur d'une petite carotte. La plante étant bisannuelle, ce ne sera pas avant l'année suivante qu'elle produira une tige ornée de fleurs.

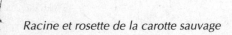

Racine et rosette de la carotte sauvage

Ces fleurs, aussi délicatement ouvragées qu'une pièce de dentelle, ont donné à la plante l'un de ses noms vernaculaires anglais, *Queen Anne's lace,* ou «dentelle de la reine Anne». Le capitule est ombellé, c'est-à-dire en forme d'ombrelle. Cette caractéristique est commune à toutes les plantes de l'ordre des ombellées. En été, la fleur s'ouvre et se referme en fonction de l'humidité de l'air ambiant et, à l'automne, c'est probablement à l'aide d'un mécanisme semblable que les bractées se referment autour des graines mûres, les protégeant dans ce qu'on appelle communément un «nid».

Les graines, petites et dotées de quatre rangées d'épines, sont dispersées par les animaux, car elles s'accrochent à leur fourrure au passage. Les graines de carottes sauvages, infusées dans de l'eau bouillante, produisent une tisane que l'on savoure encore davantage après une promenade en hiver. Si vous mordez l'une des graines, vous constaterez que son goût est identique à celui d'une carotte cuite. Vous pouvez d'ailleurs les utiliser comme assaisonnement. Beaucoup de plantes dont nous extrayons nos épices sont apparentées à la carotte sauvage. Pensons par exemple au cumin, au fenouil, à la coriandre, à l'anis et au persil.

Capitules de carotte sauvage

Après la première chute de neige, les capitules de carottes sauvages blanchissent de nouveau. Cette fois, il ne s'agit pas d'une dentelle de fleurs, mais d'un amas de neige poudreuse qui donne l'impression d'une étrange boule de coton. Originaire d'Asie, la carotte sauvage est aujourd'hui entièrement adaptée à l'Amérique du Nord, s'épanouissant tant dans les terrains vagues des villes que dans les prairies champêtres.

CHARDON/*THISTLE* (ESPÈCE *CIRCIUM*)

Par quelque moyen que ce soit, n'essayez surtout pas de ramasser des chardons. Vous n'y parviendrez pas sans vous faire douloureusement piquer. Les tiges, les feuilles et même les fleurs sont garnies de piquants qui tiennent à distance non seulement les humains, mais aussi le bétail. Si vous examinez attentivement un pâturage, vous constaterez que les chardons, entourés d'herbe rase, sont les seules plantes dédaignées par les animaux. Cette protection leur permet de parvenir à maturité et de profiter du soleil sans autre concurrent végétal.

Peut-être pensez-vous que cette armure suffirait à assurer la protection de toute plante qui se respecte. Vous avez tort, car le chardon va plus loin. Tout d'abord, il produit en moyenne 4 000 graines par plante, graines qui sont protégées, pendant leur crois-

Chardon

sance, par une petite gousse hérissée de piquants, laquelle est dotée de son propre parachute de filaments lorsqu'elle est libérée du pied. Les filaments ressemblent à ceux de l'asclépiade, à la différence que chacun est garni de petits poils qui accroissent fortement sa résistance au vent. Il faudra à une graine de chardon une dizaine de secondes pour tomber de moins de 2 m jusqu'au sol.

Capitule de chardon

En plus de ses graines et de ses épines, le chardon a acquis une longue racine pivotante qui peut s'enfouir jusqu'à près de 2 m de profondeur. Le chardon est impossible à arracher et, si l'on coupe ses parties aériennes, la plante aura emmagasiné suffisamment de nourriture dans sa racine pour faire de nouvelles pousses. L'une des espèces communes, le chardon du Canada *(Circium arvense),* possède des rhizomes latéraux qui poussent à partir du pivot central. Les nœuds qui se forment le long de ces rhizomes envoient à leur tour de nouvelles pousses au-dessus de la surface du sol. C'est ce que l'on appelle la reproduction végétative: une plante en produit une autre en l'absence de graines. Ces rhizomes peuvent atteindre près de 6 m en une saison. Si un tracteur écrase un rhizome et le broie en plusieurs morceaux, chacun d'eux produira une nouvelle plante.

Aucune protection naturelle n'est cependant parfaite, car certains organismes acquièrent toujours la capacité d'en venir à bout ou de l'exploiter au mieux de leurs propres intérêts. C'est le

cas du chardonneret jaune qui mange les graines du chardon et confectionne son nid en se servant des filaments. Quant au scarabée, il pond ses œufs à l'intérieur de la fleur, là où les larves seront à la fois bien abritées et bien nourries.

Piquants de chardon

CHICORÉE /*CHICORY (CICHORIUM INTYBUS)*

Examinez de près un plant de chicorée pour admirer les fins sillons qui courent tout le long de la tige, lui donnant une apparence délicatement ouvragée. Les fleurs bleues de l'été, qui rappelaient celles des pâquerettes, ont disparu pour ne laisser que des capitules secs qui s'accrochent à la tige principale par groupes de deux ou trois. Vous verrez à l'intérieur les extrémités plates des graines triangulaires disposées en cercle. Si vous ne les voyez pas, c'est que le vent les aura déjà emportées.

Tige de chicorée   *Capitule de chicorée*

Sur la partie inférieure de la tige, on aperçoit tout ce qui reste des petites feuilles de la chicorée. En été, un deuxième type de feuille pousse près de la base et c'est lui qui a rendu la chicorée célèbre. En effet, la chicorée et sa cousine l'endive *(Cichorium endiva)* possèdent des feuilles inférieures à bordure festonnée qui, depuis des siècles, sont utilisées en salades. Les feuilles blanchies de chicorée sont encore plus appréciées du palais des gourmets. Pour en faire pousser chez vous, recueillez à l'automne les racines de chicorée, enterrez-les dans une boîte de terreau que vous placerez dans une pièce obscure et humide et que vous arroserez régulièrement. Les racines produiront des feuilles blanches ou jaune pâle qui agrémenteront très bien n'importe quelle salade.

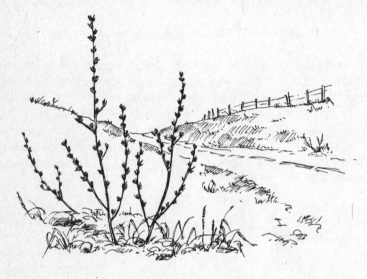

Chicorée

Dans le sud des États-Unis et dans beaucoup de pays européens, la chicorée est cultivée à l'échelle commerciale pour ses longs pivots. Grillés et hachés, les pivots sont ensuite vendus comme adjuvant du café, voire parfois comme substitut.

La chicorée est originaire d'Europe. Elle a été importée en Amérique du Nord par des immigrants européens qui avaient coutume d'en consommer. Étant une plante vivace, il lui faut quelques années pour s'établir. Toutefois, elle est extrêmement répandue. Vous en trouverez dans les parties non entretenues des parcs, dans les brèches de trottoirs et au bord des routes.

EUPATOIRE MACULÉE /*JOE-PYE WEED* (ESPÈCE *EUPATORIUM*)

Joe Pye, un Amérindien du Massachusetts qui vivait à l'époque de la colonisation, utilisait une plante autochtone pour guérir les colons européens de plusieurs maladies. C'est de lui que cette herbe tire son nom anglais mais, en réalité, Joe Pye n'était pas le seul à mériter cet honneur, car le reste de son peuple ainsi que d'autres tribus indiennes utilisaient l'eupatoire maculée depuis longtemps à des fins médicinales.

Eupatoire maculée

Il s'agit d'une plante plutôt haute, qui pousse généralement à proximité des étendues d'eau ou des marécages. Vers la fin de l'été et au début de l'automne, elle produit un amas de fleurs d'un mauve éclatant. Elle appartient à la famille des Composées et l'on ne peut que remarquer ses ressemblances avec la verge d'or et l'aster. Il s'agit, nous l'avons dit, d'une plante indigène en Amérique du Nord et son genre, *Eupatorium*, comprend de nombreuses cousines germaines y compris l'eupatoire perfoliée, l'eupatoire fistuleuse et l'eupatoire rugueuse.

Capitules d'eupatoire maculée

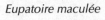

Cette dernière, l'eupatoire rugueuse, est vénéneuse et provoque ce que les premiers colons appelaient la «maladie du lait». Les vaches qui consommaient cette plante transmettaient la maladie aux humains dans le lait, décimant parfois des familles entières. Mais ne prenez pas ce genre en grippe car il englobe après tout l'eupatoire maculée, qui vous fera plus de bien que de mal.

GRAND PLANTAIN/*COMMON PLANTAIN*
(PLANTAGO MAJOR)

Pour examiner de près une tige de grand plantain, il est préférable de l'apporter à l'intérieur, car c'est une tâche trop délicate pour des mains gantées ou engourdies par le froid. Vous trouverez du plantain dans votre jardin ou le long d'une sentier très souvent emprunté, au milieu des champs. Mais vous n'en trouverez jamais là où la végétation est dense ou haute, car il ne peut entrer en concurrence avec les autres herbes sauvages. C'est dans les endroits où les autres plantes sont régulièrement taillées qu'il prolifère. Il possède plusieurs autres noms vernaculaires dont celui de «grenadier».

Grand plantain

Sa tige est longue et pointue, recouverte des cosses de graines à l'extrémité. Si vous examinez ces petites capsules, vous remarquerez que chacune est surmontée d'une minuscule calotte. Détachez doucement la capsule de la tige. Elle se séparera en deux moitiés identiques, libérant ainsi les graines. Chaque capsule contient une quinzaine de graines et chaque tige supporte des centaines de capsules. Les graines, légèrement visqueuses, sont disséminées par les oiseaux et les mammifères.

Capitule de grand plantain

Lorsque la graine germe au printemps, elle se transforme en une rosette de grandes feuilles rondes, vert foncé. Au cours de la deuxième année, la plante produit la tige et les graines. Étant donné qu'il s'agit d'une vivace, elle recommence chaque année à produire des graines qui sont appréciées des oiseaux et des souris. Les lapins préfèrent les tiges et les feuilles. Les feuilles de certaines espèces de plantain sont comestibles au printemps, lorsqu'elles sont vertes. Chez d'autres espèces, ce sont les feuilles séchées que l'on utilise pour confectionner une excellente tisane.

Bien qu'il ne soit pas particulièrement esthétique, le grand plantain est très attachant, car il s'agit de l'herbe sauvage d'hiver la plus élancée, la seule qui soit entièrement dépourvue de branches. Le grand plantain peuple abondamment le bord des sentiers des parcs jusqu'au seuil arrière de nos maisons.

GRANDE MOLÈNE /MULLEIN (VERBASCUM THAPSUS)

Grande molène

La grande molène a une apparence étrange au sein d'un paysage d'hiver. Certaines tiges ressemblent à des candélabres tandis que d'autres, isolées et dépourvues de branches, se dressent comme des bâtons plantés dans le sol. Elle peut atteindre 2,5 m de hauteur, parfois plus. Elle préfère les sols les plus pauvres et on la voit souvent au bord des routes, surgissant des graviers qui recouvrent l'accotement.

Le haut de la tige est incrusté de fleurs en forme de coupe, sur une hauteur qui peut aller jusqu'à près de 1 m. Au-dessous, de longues feuilles entourent la tige. Si vous la secouez, vous verrez des milliers de petites graines noires se répandre sur la neige. Jadis, les tiges séchées étaient utilisées comme torches en Europe. Trempées dans le suif, elles brûlaient longtemps, chaque capitule vide étant rempli de graisse solidifiée.

Capitule de grande molène

La croissance de la molène s'étale sur deux ans et les rosettes de grandes feuilles laineuses que vous découvrirez en hiver en constituent le premier stade. Veloutées au toucher, elles ont donné à la plante son nom qui vient du latin *mollis* («mou»). Les rosettes servent fréquemment d'abri hivernal à de nombreux insectes.

Si vous vous souvenez de l'endroit où vous avez vu une plante en été ou en hiver, vous pourrez plus facilement la retrouver l'année suivante pour observer une autre étape de sa croissance. Sinon, vous risquez d'avoir des difficultés à l'identifier. Après vous être familiarisé avec l'apparence de la rosette d'hiver, vous trouverez facilement en été les hautes tiges de fleurs jaunes, si jolies qu'on les cultive dans les jardins en Europe. Un peu plus tard, ne manquez pas de revenir admirer la forme étrange de la plante en hiver.

LÉPIDIE DENSIFLORE /*PEPPERGRASS*
(ESPÈCE *LEPIDIUM*)

La lépidie densiflore est probablement plus répandue en ville qu'à la campagne. Elle se plaît sur les bandes herbeuses qui séparent les trottoirs des chaussées, là où l'on dépose les poubelles le jour où les éboueurs passent, là où l'on descend de voiture et là où les chiens font des pauses. La lépidie, apparemment bien adaptée à cette terre compactée, plonge profondément son unique pivot pour recueillir l'humidité enfouie dans le sol.

Lépidie densiflore

Lorsque les graines de lépidie densiflore parviennent à maturité, il se produit à l'intérieur de la gousse une réaction qui les propulse à l'extérieur. Celles qui demeurent sur la tige sont souvent disséminées comme les graines de chardon de Russie, car cette tige fragile, légère et généralement sphérique se rompt à partir de la racine. Elle est alors emportée par le vent, disséminant les graines sur son chemin. C'est notamment le cas de l'espèce urbaine, *Lepidium virginicum*, petite et trapue, tandis que sa cousine campagnarde, *Lepidium campestre*, est plus haute et moins fragile.

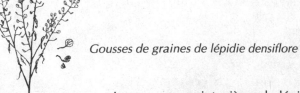

Gousses de graines de lépidie densiflore

Les pousses printanières de lépidie densiflore sont comestibles en salade et ont un petit goût poivré. Toutefois, prenez garde si vous cueillez des plantes en ville, car il est fort probable qu'elles auront été polluées par les gaz d'échappement des voitures et les excréments des chiens.

Le nom générique, *Lepidium*, signifie «petite écaille» et désigne les deux graines ocre. Les moineaux adorent ces graines, si l'on en juge par les innombrables traces de pattes que l'on peut observer sur la neige, à proximité de la plante. Outre son comportement intéressant, la lépidie densiflore est une jolie plante dont les membranes transparentes ponctuent la tige gracieusement recourbée et dotée de nombreuses branches. L'ensemble fait souvent penser à un ouvrage de dentelle compliqué.

LYSIMACHIA /*LOOSESTRIFE (LYTHRUM SALICARIA)*

La lysimachia, dont les fleurs mauves sont omniprésentes en été, serrées au bord des lacs et des marécages, se fait toute petite en hiver. Ils sont peu nombreux ceux qui parviennent à identifier correctement cette herbe séchée. En hiver, les branches élancées de la lysimachia se recourbent le long de la mince tige centrale. À intervalles réguliers, elles sont ponctuées d'amas de capitules.

Lysimachia mauve

Cette plante est un curieux mélange de géométrie et de relations numériques. La tige principale est généralement hexagonale, tandis que les branches sont carrées. Elles poussent généralement en verticilles de trois sur la même tige principale. Les amas de fleurs poussent par groupes de deux, chaque amas contenant trois fleurs. Les relations numériques entre les autres organes de la plante sont faciles à découvrir, mais il serait trop long de les décrire ici.

Branches de lysimachia

La lysimachia mauve, originaire d'Europe, est aujourd'hui la plus répandue de son genre en Amérique du Nord. Recherchez les tiges près des lacs et des marécages en hiver. Les branches tournées vers le haut sont ornées de capitules à intervalles réguliers. Le nom générique signifie «sang qui coule des blessures» et désigne soit les fleurs violettes, soit les feuilles d'un rouge vif à l'automne. Quant au nom spécifique, *salicaria*, il signifie «de la forme d'un jonc» et se rapporte à la forme des feuilles de la lysimachia. À l'instar des joncs, les lysimachias poussent près de l'eau; jouant un rôle semblable à celui de la massette, elles remplissent peu à peu les zones marécageuses.

MARGUERITE JAUNE /*BLACK-EYED SUSAN* (ESPÈCE *RUDBECKIA*)

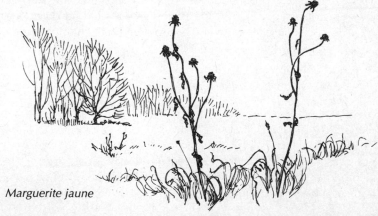

Marguerite jaune

En été, la fleur de la marguerite jaune est véritablement «l'œil de la prairie». Son cœur noir est entouré de pétales jaune vif qui émergent des autres herbes. Mais en hiver, quelques indices seulement nous rappellent le flamboiement de l'été. Notons par exemple le cœur noir, «l'œil», constitué d'un superbe assemblage de graines parvenues à maturité. Elles sont disposées en spirale depuis le sommet du cône, dans le sens des aiguilles d'une montre et dans le sens inverse. Cette symétrie à deux sens est quelque peu surprenante, mais elle nous rappelle que la géométrie dont nous avons nourri notre esprit a toujours été présente dans la nature.

Il est difficile de distinguer, en hiver, la marguerite jaune de sa cousine germaine, la rudbeckie, qui possède également un cœur noir en forme de cône. Toutes deux appartiennent au genre des *Rudbeckia*, nom donné par Linné en l'honneur de son professeur de botanique, Olaf Rudbeck (1660-1740), qui, à ses heures perdues, écrivit notamment un ouvrage dans lequel il alléguait que la Suède était tout ce qui restait du continent perdu de l'Atlantide.

Le nom spécifique de la marguerite jaune, *Hirta*, signifie «chevelue». Ce qualificatif décrit les poils qui recouvrent les feuilles et la tige. Ces poils sont probablement destinés à empêcher une trop grande perte d'eau par évaporation.

La marguerite jaune est bisannuelle. La première année, vous ne verrez qu'une sorte de minuscule rosette. Elle adore les champs gorgés de soleil et est originaire des prairies nord-américaines. Au fur et à mesure que les colons s'avançaient en nombre croissant vers l'ouest et qu'ils ouvraient des voies dans des régions sauvages, les marguerites jaunes faisaient le chemin inverse, en direction de l'est. Aujourd'hui, on peut en voir un peu partout dans l'Est et dans le Sud du continent, où elles ravivent les couleurs des champs et des talus de leur présence dorée.

Capitule de marguerite jaune

MASSETTES /*CATTAILS* (ESPÈCE *TYPHA*)

La présence de massettes indique que le biotope est en train de se modifier, car on les trouve là où les milieux humides laissent peu à peu la place aux zones sèches.

Massettes

Les racines farineuses des massettes poussent dans l'eau peu profonde des étangs et des marécages et forment un coussin épais juste sous la surface. Chaque année, tandis que les vieilles tiges meurent, de nouvelles pousses surgissent des racines. Au bout de quelques années, le terrain fangeux autour des racines est recouvert des anciennes tiges en décomposition. C'est ainsi que là où il y avait de l'eau, on trouve maintenant du sol. Les plantes qui préfèrent la terre humide empiètent sur le territoire des massettes qui, pendant ce temps, continuent de produire de nouvelles pousses de plus en plus loin vers le centre de l'étang, réduisant progressivement l'étendue d'eau.

Ce processus est parfois ralenti par la présence des rats musqués pour lesquels les massettes sont un précieux élément de subsistance. Ils mangent les pousses au printemps, les feuilles et les tiges en été, les racines en automne et en hiver. Non seulement ils utilisent les bouquets denses comme abri, mais encore ils construisent leurs logis aquatiques à l'aide de tiges et de feuilles de massette. En outre, ces plantes abritent la sauvagine en période de nidification.

Capitule de massettes

Les capitules bruns, en forme de cigare, peuvent contenir jusqu'à 125 000 graines chacun et sont entourés d'une sorte de mousse compacte. Tout au long de l'hiver, les capitules éclatent, ressemblant à de vieux matelas troués dont le rembourrage émerge peu à peu. Le vent et l'eau transportent les graines vers de nouvelles zones boueuses de la berge. En hiver, la mousse est utilisée comme matériau isolant par les souris. Au printemps, les oiseaux la recueillent pour en tapisser leurs nids.

En voiture, vous apercevrez facilement des massettes, car elles poussent volontiers dans les fossés humides, le long des routes, leurs tiges rigides surmontées de velours marron bravant la bise hivernale jusqu'au plein été.

MILLEPERTUIS COMMUN/*ST. JOHNSWORT* (*HYPERICUM PERFORATUM*)

En Europe, on avait jadis coutume de suspendre un bouquet de fleurs jaunes de millepertuis à la fenêtre, le soir de la Saint-Jean, pour éloigner les mauvais esprit et repousser le mauvais œil. En général, la présence de la plante dans un jardin ou un champ était considérée comme un présage favorable, car on croyait qu'elle éloignait la foudre et révélait l'identité des sorcières qui passaient par là. Par conséquent, le millepertuis proliféra longtemps en paix autour des fermes. Toutefois, lorsqu'il émigra au Nouveau Monde, il laissa toutes ses traditions derrière lui. Bien qu'il n'ait probablement rien perdu de son effi-cacité contre les mauvais esprits, on ne l'utilise plus, de nos jours, pour remplir ces fonctions.

Capitule de millepertuis commun

Les branches latérales du millepertuis s'écartent par paires de la tige centrale. À l'extrémité de chaque branche se trouvent de nombreuses gousses en forme de coupes, remplies chacune de plus d'une centaine de minuscules graines noires et brillantes. Lorsque le vent fait osciller la tige, les graines tombent ou sont dispersées aux alentours. Aucun animal ne semble consommer de millepertuis dont les tiges ocre-rouge ponctuent le paysage hivernal d'agréables taches de couleur.

MOUTARDE / *MUSTARD* (ESPÈCE *BRASSICA*)

La moutarde est facile à identifier sur le bord des routes et dans les champs en jachère couverts de neige, car ses membranes transparentes sont pointées vers le ciel de chaque côté de la tige, ce qui lui donne l'aspect aérien d'une plume.

Gousses translucides de graines de moutarde

Les graines, petits disques noirâtres, demeurent parfois fixées aux membranes. Foncées s'il s'agit de la moutarde noire ou claires s'il s'agit de la moutarde blanche, ce sont elles qui entrent dans la composition du condiment si populaire lors des parties de baseball ou des pique-niques. En général, les graines pulvérisées de la moutarde noire sont vendues sous forme de moutarde sèche tandis que la moutarde en pot est confectionnée à partir des deux types de graines que l'on mélange à du vinaigre et à d'autres épices.

Le nom générique de la moutarde, *Brassica*, signifie en réalité «chou». Il reflète ainsi sa proche parenté avec toutes sortes de plantes telles que le rutabaga, le chou vert, le chou rouge, le chou-fleur, le chou de Bruxelles, le navet, le chou-rave et bien d'autres encore qui appartiennent au même genre. En effet, les feuilles printanières de la moutarde constituent une excellente épice et les capitules sont comestibles, une fois accommodés comme du brocoli.

Rosette de moutarde en hiver

La famille de la moutarde comprend un autre genre, *Barbarea* ou «cresson». À l'automne, cette plante produit une rosette de feuilles vertes de forme très particulière que vous pouvez cueillir tout l'hiver et manger en salade.

ONAGRE /*EVENING PRIMROSE (OENOTHERA BIENNIS)*

Les fruits d'hiver de l'onagre sont l'un des aspects les plus attachants de la plante. En forme d'amande, ils se divisent en quatre à partir de l'extrémité libre, s'enroulant sur eux-mêmes comme les pétales d'une fleur des bois. Chaque partie est tapissée de deux rangées de graines libres qui ressemblent à des grains de café par leur couleur et leurs formes irrégulières. Il arrive que des larves d'insectes passent l'hiver dans ces capsules. (Il est évident que toutes les capsules qu'une plante produit pour y enfermer des graines peuvent très bien servir d'abri aux insectes. Beaucoup d'autres fruits de plantes hivernales sont ainsi utilisés.)

Capsules d'onagre

Le nom anglais de la plante, *Evening Primrose,* ou littéralement, «primevère du soir», a comme origine un certain comportement estival pour le moins curieux. Les fleurs jaunes s'ouvrent la nuit et sont parfois pollinisées par les sphinx, papillons nocturnes qui volètent au-dessus de la plante comme des colibris sur des fleurs, allongeant le long tube qui leur sert de bec pour aspirer le nectar. Seules quelques fleurs s'ouvrent en même temps.

Rosette d'onagre en hiver

Pendant la première année, l'onagre forme une rosette serrée de feuilles lancéolées. Les racines de cette rosette sont comestibles mais, si l'on veut en savourer pleinement le goût, on devrait les cueillir en hiver. Dégagez les nouvelles feuilles à la base de la tige et déterrez la racine que vous pourrez faire cuire à l'étuvée, à deux reprises si vous la trouvez trop poivrée. Assaisonnez de sel et de beurre. Dès le deuxième printemps, la racine devient dure et fibreuse. La plante produit alors la haute tige qui survivra tout l'hiver.

ONOCLÉE SENSIBLE /*SENSITIVE FERN* (*ONOCLEA SENSIBILIS*)

L'onoclée sensible déconcerte fréquemment les naturalistes amateurs en hiver, car elle est très différente des autres plantes. Elle ne présente aucun vestige de feuille, elle n'est jamais en fleur, elle dure plus de deux ans et ses capsules ne semblent contenir qu'une poussière brunâtre. L'onoclée est une fougère, mais si vous ne connaissez pas les caractéristiques de reproduction des fougères, vous ne serez guère plus avancé.

Sporoblastes d'onoclée sensible

Les fougères se reproduisent à l'aide de spores plutôt que de fleurs. La «poussière brunâtre» est en réalité constituée de centaines de milliers de spores qui, par temps sec, seront disséminées au gré du vent. Les spores de fougères ne donnent pas naissance à une plante identique à celle dont elles sont issues. Chacune produit une petite feuille cordiforme, de 1 cm de hauteur environ. Cette minuscule plante se reproduit de manière sexuée, à l'aide d'ovules et de spermatozoïdes. De l'ovule fécondé naissent de belles feuilles vertes que nous appelons habituellement fougères. La tige sporifère est produite en même temps que les feuilles, qui meurent après la première gelée d'automne. En revanche, la tige survit à l'hiver.

L'onoclée sensible est l'une des seules fougères dotées d'une tige sporifère aussi résistante, et vous la trouverez souvent à proximité des milieux humides. Vers la fin de l'hiver, il est possible que les sporoblastes, capsules contenant les spores, se soient déjà ouvertes et vidées sous l'action des premières chaleur et de l'humidité.

Feuilles d'onoclée sensible en été

PATIENCE /*DOCK* (ESPÈCE *RUMEX*)

La patience est l'une des plantes hivernales les plus surprenantes. Son roux flamboyant, ses amas pointus de graines et sa tige à peine recourbée agrémentent les paysages d'hiver de leur richesse et de leur vitalité.

Patience

Elle est membre de la famille du sarrasin, ou blé noir, dont elle présente les graines triangulaires si caractéristiques. Chaque graine est enveloppée de trois feuilles cordiformes; elles ont un goût léger mais agréable et peuvent être utilisées sous forme de farine. Toutefois, cela demande beaucoup de travail pour un résultat plutôt médiocre. Les graines de patience sont enveloppées d'un revêtement protecteur qui leur permet, une fois consommées puis digérées par certains animaux, d'être dispersées, intactes, dans l'écosystème par les excréments de ces animaux. Elles partagent cette propriété avec plusieurs autres espèces d'herbes sauvages, car il s'agit là d'un mode de dissémination très répandu.

La patience est une plante vivace qui produit de nouvelles feuilles chaque automne sous forme de rosettes. Vous pouvez les recueillir en creusant dans la neige, à la base de la tige d'hiver. Longues et effilées, elles constituent un excellent légume vert, riche en vitamines A et C, qu'il suffit de faire cuire à l'étuvée avant de l'assaisonner de beurre et de sel. Certaines personnes préfèrent la patience à l'épinard cultivé.

Dans la terre meuble de nos jardins, les pivots de patience peuvent atteindre près de 2 m de longueur. Si vous taillez les feuilles, la grosse racine fera de nouvelles pousses. Par conséquent, tout dépend de vous: soit que vous considériez la patience comme une mauvaise herbe tenace, soit que vous en fassiez une source d'alimentation saine et que vous profitiez de la touche de couleur qu'elle ajoute à votre jardin en hiver.

Graines de patience　　　　　*Rosette de la patience en hiver*

POTENTILLE /*CINQUEFOIL* (ESPÈCE *POTENTILLA*)

La potentille est surtout répandue dans les terrains vagues au sol pauvre. Elle atteint rarement plus d'une trentaine de centimètres de hauteur et ses branches s'écartent en éventail, formant un délicat motif. À l'extrémité de chaque branche se trouvent des capitules en forme de coupe qui contiennent de nombreuses petites graines. Si vous heurtez la plante en passant, les graines glisseront par les côtés ouverts des cupules.

Potentille

Il existe maintes espèces de potentilles, certaines demeurant très basses, d'autres poussant bien droit et formant un petit buisson. La plus courante en hiver est la potentille dressée. À l'instar de ses sœurs, elle fait courir des stolons sur le sol stérile. À un certain moment, ces stolons prennent racine et produisent une tige verticale. La tige meurt en hiver, mais il est fréquent que le stolon demeure vert. Ce mode de reproduction végétative est proche de celui des rhizomes, mais il a lieu en milieu aérien et permet donc à la plante de coloniser des sols rocheux impénétrables.

Capitules de potentille

Potentille en été

Le nom anglais de la plante, *Cinquefoil*, désigne les cinq feuilles serrulées et palmées qui ressemblent, en plus petit, aux feuilles du marronnier d'Inde commun. Le nom générique est dérivé du latin et signifie «puissant». En effet, on croyait jadis que la potentille possédait de puissantes vertus médicinales. Toutefois, aucun témoignage ne vient corroborer cette croyance, bien que les racines de certaines espèces soient comestibles et que l'on puisse confectionner une tisane à partir des feuilles d'une autre espèce.

PRUNELLE /HEAL-ALL (PRUNELLA VULGARIS)

La prunelle fait partie de la famille des Menthes mais elle n'a aucune saveur ni odeur de menthe en hiver. Son capitule, de forme inhabituelle, est composé de plusieurs étages de bractées couvertes de poils, couronnant une tige unique. Deux épines séchées jaillissent de chaque étage. Les petites graines noires sont probablement disséminées par le vent et par les animaux qui secouent les tiges en passant.

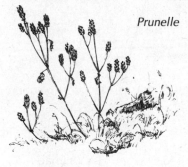

Prunelle

Capitules de prunelle

La prunelle est une plante vivace qui s'étend au moyen d'un réseau de rhizomes souterrains. De nouvelles pousses surgissent périodiquement des rhizomes. Cette plante tolère diverses conditions climatiques et se trouve aussi bien à l'ombre qu'au soleil. Elle ne forme ni colonies nombreuses ni taillis épais. On la trouve surtout en groupes isolés le long des routes ou sur les pelouses.

SCIRPE /*BULRUSH* (ESPÈCE *SCIRPUS*)

Les scirpes forment un vaste groupe de plantes aux formes semblables. En hiver, leurs hampes solitaires, couronnées d'une cascade d'organes floraux et de graines, permettront au naturaliste débutant de ne pas revenir bredouille. Les scirpes sont assez pittoresques pour embellir tout bouquet hivernal. On les trouve toujours à proximité de l'eau, parfois carrément dans l'eau, parfois à côté, dans une région marécageuse. La terre humide et molle leur permet d'étendre leurs racines qui, à leur tour, produisent de nouvelles pousses.

Scirpe

Les scirpes sont extrêmement précieux pour les animaux. La sauvagine se nourrit volontiers des graines noires. Les rats musqués préfèrent les racines. En outre, les scirpes servent d'abri aux jeunes mammifères et aux oiseaux pendant leur nidification.

La plupart des scirpes se distinguent des autres mauvaises herbes par leur tige triangulaire, mais ceux que nous voyons en hiver semblent avoir surtout des tiges rondes. Le scirpe souchet est un autre nom vernaculaire du genre *Scirpus*.

SPIRÉE /*SPIRAEA* (ESPÈCE *SPIRAEA*)

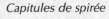

Capitules de spirée

La spirée est l'une des herbes sauvages dont les tiges demeurent en vie pendant l'hiver. Étant donné qu'il s'agit d'une plante à feuilles caduques, on la considère souvent comme un buisson. Elle perd ses feuilles à l'automne, laissant apparaître une tige lisse, de couleur roussâtre, qui, au printemps, s'habille de nouvelles feuilles. À l'extrémité de la tige, de minuscules capitules ouvragés apparaissent. Leur structure en cinq éléments révèle que la plante appartient à la famille des Roses. Ne manquez surtout pas d'admirer sa fragile beauté.

Spirée à larges feuilles et spirée tomenteuse

La spirée tomenteuse et la spirée à larges feuilles (aussi appelée «thé du Canada») sont les deux espèces les plus courantes. Elles sont faciles a distinguer l'une de l'autre, même en hiver, car les fleurs de la spirée tomenteuse sont disposées en forme de clocher élancé tandis que celles de la spirée à larges feuilles forment un toit arrondi, plus large. Toutes deux prolifèrent dans l'herbe des vieilles prairies. Souvent, leurs feuilles protègent du soleil estival des nids de moineaux et parfois même des nids de guêpes.

Spirée à larges feuilles avec un nid de moineaux

Le nom générique, *Spiraea*, signifie «herbe à guirlandes». Il a sans doute été attribué à la plante en raison de ses solides tiges souples revêtues de feuilles et de fleurs de couleurs vives, idéales pour tresser des guirlandes et des couronnes. La spirée tomenteuse et la spirée à larges feuilles sont toutes deux indigènes en Amérique du Nord et elles ont une prédilection pour les sols rocheux des États du nord-est et de la partie septentrionale du Canada.

TANAISIE /*TANSY (TANACETUM VULGARE)*

La rosette de feuilles de tanaisie, qui survit tout l'hiver, est un véritable plaisir pour l'odorat. Creusez la neige à la base de la tige pour recueillir un morceau d'une de ses feuilles semblables à celles des fougères, écrasez-le entre vos doigts et sentez-le. Le parfum provient de l'huile que contiennent les feuilles. Au cours des âges, cette plante a été utilisée à diverses fins en cuisine, ainsi que pour soulager les coups de soleil et éloigner les insectes. À forte dose, elle est toxique.

Tanaisie

La tige hivernale de la tanaisie est surmontée de petits «boutons» bruns regroupés en amas aplati. Recueillez l'un de ces boutons et frottez sa surface. Les graines éclateront dans votre main. Elles sont minces et entassées dans un demi-globe sur le capitule. De juillet à septembre, les «boutons» sont jaune vif. Broyés, ils constituent la base d'une excellente teinture jaune.

La tanaisie, originaire d'Europe, pousse dans les jardins européens depuis des siècles et les herboristes la prescrivaient pour remédier à de nombreux troubles. Aujourd'hui, nous ne l'utilisons plus. La majorité d'entre nous ne la voient même plus. Pourtant, elle peuple abondamment les terrains vagues des villes et ourle les routes de campagne de ses feuilles parfumées et de ses amas de boutons.

Rosette hivernale de tanaisie

Capitules de tanaisie

VERGE D'OR /*GOLDENROD* (ESPÈCE *SOLIDAGO*)

Verges d'or et cécidies

Sur les tiges de verges d'or en hiver, essayez de repérer des renflements ronds ou ovales à mi-hauteur. Il s'agit d'un phénomène naturel très fréquent qui porte le nom de «cécidie». Des insectes forment ces renflements pendant l'été en pondant à l'intérieur des jeunes tiges. Ils sécrètent en même temps un produit chimique qui incite la plante à former une excroissance autour des œufs. Une fois que les œufs sont éclos, les larves se nourrissent de l'excroissance de la plante et, arrivées à maturité, elles viennent fréquemment hiverner dans l'abri ainsi creusé.

En hiver, vous pourrez découvrir trois types de cécidies de la verge d'or. La cécidie ovale et la cécidie circulaire se trouvent sur la tige et sont produites par les papillons et les mouches. La troisième, la cécidie en oignon, se forme à l'extrémité de la tige et ressemble à une fleur au schéma complexe (voir chapitre 4).

Dans la neige qui entoure les tiges, vous apercevrez les traces des moineaux, des chardonnerets et des juncos qui mangent les graines. Celles qu'ils dédaignent sont disséminées par le vent, ce qui permet aux verges d'or de se perpétuer jusqu'aux terrains vagues des villes. La verge d'or est une plante vivace qui, une fois bien enracinée, continuera de pousser au même endroit. Elle n'apprécie guère les terres cultivées et sa présence signifie que le terrain est en jachère depuis au moins un an.

Formes des tiges de verges d'or   *Organes floraux stelloïdes*
des verges d'or

Vers la fin de l'hiver, tandis que les petites graines et les organes floraux en forme d'étoiles sont emportés par le vent, les verges d'or paraissent sèches et sans vie mais, en fait, beaucoup de tiges protègent dans leurs cécidies la vie des insectes de l'an prochain.

VERVEINE /*VERVAIN* (ESPÈCE *VERBENA*)

Les branches de verveine qui s'étirent vers le ciel sont élancées et recouvertes de graines à l'extrémité, ce qui fait paraître la plante plus fragile que la majorité de ses compagnes hivernales. Sa délicate apparence en a fait une plante ornementale.

Verveine hastée et verveine à feuille d'ortie

Deux espèces de verveine sont répandues en Amérique du Nord et, contrairement à la plupart des herbes sauvages d'hiver, on les distingue facilement des autres lorsqu'elles sont sèches. Chez la verveine à feuilles d'ortie, ou verveine blanche *(Verbena urticifolia),* les graines sont irrégulièrement espacées le long de l'extrémité des branches, tandis que les branches de verveine hastée *(Verbena hastata)* sont entièrement revêtues de graines. Les deux espèces peuvent atteindre près de 1,50 m si elles occupent un milieu bien ensoleillé.

Bien que la verveine possède une tige carrée, elle n'appartient pas à la famille des Menthes, qui ont pourtant cette caractéristique. Ses innombrables graines sont parfois consommées par les oiseaux, mais on sait également que les Amérindiens de Californie les utilisaient, grillées puis broyées, pour fabriquer du pain. La verveine est une plante vivace, indigène en Amérique du Nord. Elle pousse rarement en colonies et on la trouve surtout sous forme de pieds isolés le long des routes et sur les terrains vagues.

Verveine à feuille d'ortie

II

La neige

Chaque année, la neige est une nouvelle source d'émerveillement. Les premiers flocons, toujours ensorcelants, nous attirent irrésistiblement vers l'extérieur lorsqu'ils blanchissent peu à peu le paysage. Les animaux voient-ils la neige comme nous? Peut-être s'émerveillent-ils, eux aussi. Mais leur instinct les prépare à considérer la neige d'abord et avant tout comme une force de la nature capable de les faire mourir de froid ou de les réchauffer, de les nourrir ou de les affamer, de les emprisonner ou de les libérer. Notre combat contre la neige se limite à déblayer notre entrée et nos rues. Les animaux, eux, doivent lutter en permanence. Beaucoup passent l'hiver dans un état second, entre la survie et la mort. C'est la neige qui, par sa consistance et son épaisseur, décidera de leur sort.

Chaque forme de vie subit différemment l'épaisseur de la couche de neige. Quelque 2 ou 3 cm suffisent à la souris des champs pour échapper au regard perçant de ses prédateurs. Mais cette même épaisseur suffit à empêcher le colin de voir les insectes et les graines dont il se nourrit. Lorsque la neige est un peu plus abondante, elle forme une couche isolante qui protège les insectes, les plantes et les petits mammifères en hibernation contre les vents secs et glaciaux, tout en laissant le passage à l'énergie solaire.

Au fur et à mesure que la couche de neige s'épaissit, l'existence des animaux devient plus précaire. Le renard roux se déplace

Les graines s'éparpillent sur la croûte de neige

facilement dans une vingtaine de centimètres de neige, mais dès que l'accumulation est plus importante, il est contraint d'avancer par bonds, gaspillant ainsi ses précieuses réserves énergétiques. Ses muscles perdent leur efficacité, ce qui le prive plus souvent de sa proie. Un cerf de Virginie affaibli par la faim peut se retrouver totalement immobilisé dans des congères épaisses et, même s'il est en bonne santé, il n'échappera qu'à grand-peine à l'attaque d'un lynx roux. En revanche, le lapin à queue blanche trouve à se nourrir abondamment dans la neige et déguste les bourgeons hivernaux des branches. L'épaisseur de la neige lui permet d'atteindre plus facilement les bourgeons haut placés.

Abri de gélinotte ou de lapin sous une jeune épinette, dans la neige épaisse

La consistance de la neige est aussi importante que son épaisseur. Chaque plante, chaque animal réagit à sa façon selon que la neige est floconneuse, compacte, mouillée, sèche et poudreuse, recouverte d'une croûte mince ou glacée en profondeur. L'instinct de chaque espèce, sa faculté d'adaptation, lui indique comment tirer parti de la consistance de la neige.

La présence annuelle de la neige depuis des millénaires a permis aux plantes et aux animaux d'acquérir certaines caractéristiques physiques qui facilitent leur adaptation. Les bouleaux sont de petits arbres dotés de branches minces que le poids de la neige et de la glace courbe jusqu'à terre. Leurs troncs demeurent élastiques même en hiver, et c'est ainsi qu'au moment du dégel, ils sont capables de se redresser. La belette à longue queue blanchit complètement en hiver, ce qui la rend invisible non seulement aux yeux des prédateurs mais encore à ceux de ses proies favorites. La gélinotte huppée acquiert, de chaque côté de ses orteils, un rayon, sorte de palme qui l'empêche de s'enfoncer dans la neige. Le lynx et le lièvre d'Amérique ont eux aussi des pattes larges grâce auxquelles ils peuvent subsister beaucoup plus au nord que les autres félidés et léporidés.

Bouleaux courbés sous la neige

La neige modifie également le comportement des animaux. Les loups se déplacent sur la neige durcie par le vent des lacs du nord. Les loutres utilisent une savante combinaison de glissades et de bonds pour voyager à l'intérieur des terres, vers la fin de l'hiver.

Les cerfs se tiennent volontiers au pied des épinettes, là où la neige est moins épaisse puisque les branches en ont retenu près du tiers. Les lynx roux profitent des traces laissées par les humains et les autres animaux, car ils se méfient des dangers que peut receler la neige vierge. Enfin, la gélinotte huppée se blottit sous la neige poudreuse qui la tient au chaud pendant la nuit.

Paquets de neige prisonniers des aiguilles d'épinette

Ce ne sont là que quelques exemples des innombrables types de relations que les animaux et les plantes entretiennent avec la neige. Car elle modifie la nature sur une échelle encore plus vaste. En protégeant les insectes des oiseaux qui se nourrissent au sol, les petits mammifères des prédateurs et les plantes vertes des brouteurs, elle encourage la croissance de leurs populations et favorise la diversité des espèces, été comme hiver. Et, d'un autre côté, en limitant la nourriture des oiseaux, des prédateurs et des brouteurs, la neige limite la population et la diversité de ces animaux. C'est pourquoi la neige est l'un des facteurs déterminants de la vie au sein d'un biotope; pour comprendre l'écologie des régions nordiques, il faut non seulement en connaître toutes les caractéristiques, mais encore savoir de quelle manière la neige influence la vie animale et végétale.

La neige peu profonde sous un tronc abattu offre une voie de passage aux écureuils et aux rongeurs.

Dans une certaine mesure, la consistance de la couche de neige dépend du type de cristaux qui la composent. C'est surtout au moment d'une tempête que cette influence est la plus accentuée car, une fois au sol, les cristaux se transforment en granules de neige de formes semblables. Mais c'est le type de cristal qui se forme pendant la chute qui est responsable de la consistance ultérieure de la neige, qui sera collante, compacte, aérée ou poudreuse.

Les cristaux se forment dans les nuages lorsque la température oscille entre -38 et -40 °C. Les nuages sont composés de gouttelettes d'eau si minuscules que plusieurs milliers tiendraient dans l'espace circonscrit par le point qui surmonte la lettre «i». Nous les apercevons sous forme de nuages simplement parce qu'elles sont concentrées à certains endroits. Les gouttelettes sont accompagnées de particules microscopiques de poussière et de sel qui proviennent de la surface de la terre et de la mer et sont transportées à des kilomètres d'altitude par les vents dominants.

Ces particules refroidies ont la propriété physique d'attirer les molécules d'eau que contiennent les gouttelettes microscopiques des nuages. Au fur et à mesure que ces molécules se rassemblent autour de la particule, elles gèlent et forment des cristaux de glace. C'est ainsi que naît un flocon — ou cristal — de neige.

Tandis que les cristaux grossissent, ils commencent à tomber, heurtant souvent au passage d'autres cristaux qui se brisent et constituent le noyau d'un autre cristal. Cette réaction en chaîne donne souvent naissance à d'autres cristaux, et les spécialistes expliquent ainsi les soudaines aggravations des tempêtes de neige.

Les cristaux empruntent habituellement l'une des sept configurations habituelles, en fonction de la température et de l'humidité de l'air où ils se forment. Si l'air est froid et peu humide, on assiste à la formation de petites colonnes. Si l'air est plus chaud et très humide, des étoiles se formeront. Étant donné qu'un cristal traverse fréquemment plusieurs types de conditions atmosphériques avant de se poser au sol, il peut naître sous forme de plaque hexagonale et se métamorphoser en étoile avant de repasser à travers des conditions qui lui redonneront sa forme originale de plaque.

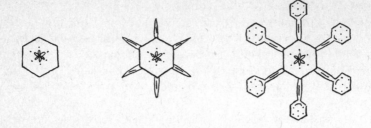

Un autre cristal, né sous la forme d'une colonne, traversera des conditions qui le transformeront en plaque.

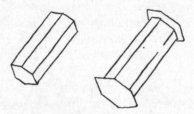

Il est fréquent que les cristaux qui se forment sous des températures relativement chaudes entrent en collision les uns avec les autres et forment un amalgame. Ils tombent alors sous forme d'agglomérats dont le diamètre peut atteindre près de 5 cm. Ce type de flocon se forme également lorsque la structure du cristal est assez complexe pour lui permettre de s'agripper à d'autres cristaux et de fusionner avec eux.

Une fois les cristaux parvenus au sol, ils perdent leurs fines arêtes selon un processus qui porte le nom de sublimation. Les parties extérieures, plus délicates, fondent et se condensent sur la partie centrale, plus épaisse, du cristal. C'est ainsi que presque tous les cristaux subliment rapidement, c'est-à-dire qu'ils se transforment, une fois au sol, en petits granules de neige.

La neige, la pluie, le grésil et la grêle

La neige naît d'un noyau de poussière ou de sel; ce noyau attire les molécules d'eau des gouttelettes qui forment les nuages.

Au fur et à mesure que ces molécules s'accumulent autour du noyau, elles forment un cristal de glace qui acquiert progressivement un diamètre de plus en plus grand.

Pour qu'il pleuve, il faut que les gouttelettes microscopiques des nuages soient si concentrées qu'elles en arrivent à se fondre les unes aux autres pour former de plus grosses gouttes d'eau. Trop lourdes pour demeurer en suspension, ces gouttes finissent par tomber à terre.

Le grésil est simplement formé de gouttes de pluie qui, en traversant une couche d'air très froid, ont gelé avant d'atteindre la surface terrestre.

La grêle est composée de grésil repoussé vers les nuages par les courants ascendants des tempêtes. Une fois de retour au cœur du nuage, les gouttelettes gelées attirent d'autres molécules d'eau avant de retomber, et ainsi de suite jusqu'à ce que les courants ascendants ne soient plus assez puissants pour les retenir en suspension. Les grêlons, dont le diamètre peut atteindre 6 ou 7 cm, sont les plus grosses précipitations que nous connaissions sur terre.

COMMENT RECONNAÎTRE LES CRISTAUX DE NEIGE

Chaque fois qu'il neige, l'observation des cristaux nous ouvre tout un monde de découvertes. En plus d'être une source de plaisir esthétique, les cristaux nous renseignent sur le type d'accumulation neigeuse qu'ils formeront; ainsi peut-on savoir si la neige nous permettra de suivre les animaux à la trace, si elle cassera les branches des arbres, si elle s'entassera en énormes congères, et ainsi de suite. Les cristaux sont habituellement des variantes de quelques formes de base. Les schémas ci-dessous illustrent les différentes formes et variantes possibles; ils sont suivis d'une description plus détaillée des cristaux et des types de nuages dans lesquels ils se forment. En observant à quelques reprises les flocons qui tombent pendant la même tempête, vous parviendrez à suivre la progression des cristaux, dont la forme change généralement plusieurs fois.

Observez les cristaux sur une surface sombre, par exemple la manche d'un anorak ou d'un chandail. Certains seront trop petits pour que vous puissiez les examiner sans loupe mais la majorité peuvent être observés à l'oeil nu; ne vous penchez pas trop, car votre haleine risque de les faire fondre.

Cristaux simples

Cristal agrandi	Dimensions réelles maximales	Nom
		Plaque hexagonale
		Étoile ou cristal dendritique
		Colonne
		Aiguille

Cristal agrandi	Dimensions réelles maximales	Nom

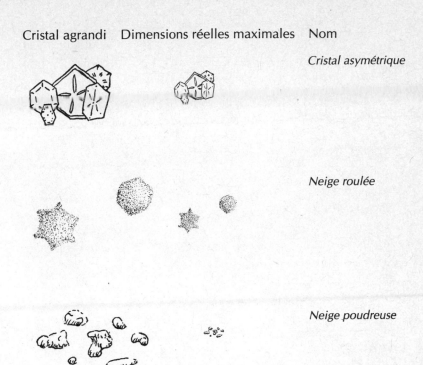

Cristal asymétrique

Neige roulée

Neige poudreuse

Cristaux complexes

Il s'agit de cristaux composés de plus d'un type de cristal simple.

Cristal agrandi	Dimensions réelles maximales	Nom

Cristal tsuzumi

Cristal agrandi	Dimensions réelles maximales	Nom

Cristal hélicoïdal

Dendrite spatiale

Plaques hexagonales avec formations étoilées

Étoiles avec formations en plaques hexagonales

DESCRIPTIONS SCIENTIFIQUES

Cristaux simples

PLAQUES HEXAGONALES: Il s'agit d'un cristal plat, à six côtés, dont la surface peut être travaillée selon différents motifs. Les plus grands peuvent avoir jusqu'à 0,5 cm de diamètre mais la plupart ne mesurent guère plus de la moitié. Ils ne constituent qu'un petit pourcentage des flocons d'une tempête et accompagnent souvent les étoiles. N'ayant aucune projection, ils ne s'accrochent pas aux autres et tombent librement.

Je les trouve particulièrement agréables à observer, car ils forment un hexagone parfait et toutes leurs surfaces reflètent la lumière.

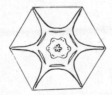 

ÉTOILES OU CRISTAUX DENDRITIQUES: Comme leur nom l'indique, ils ont la forme d'une étoile à six branches. L'extrémité des branches est généralement pointue, mais elle peut aussi présenter n'importe quel motif plus complexe. Ce sont ces cristaux que nous appelons habituellement «flocons» de neige. Leurs dimensions maximales ne dépassent jamais 1,25 cm de diamètre. Ils ne constituent toutefois qu'un petit pourcentage des cristaux qui tombent pendant une tempête. On les observe souvent en compagnie des plaques hexagonales.

Les étoiles se forment dans les nuages de faible altitude, là où la température n'est pas trop basse et où le degré d'humidité est élevé. En raison de leur forme ouvragée, ils s'accrochent souvent les uns aux autres en tombant et s'agglomèrent en flocons qui peuvent avoir jusqu'à 5 cm de diamètre, puis se laissent choir tout doucement jusqu'au sol. Leur masse les retient souvent au sommet des arbres, sur les branches et, en ville, sur les panneaux indicateurs. La lenteur de leur chute suscite cette impression de paix et de douceur que nous ressentons si souvent pendant une chute de neige.

COLONNES: Il s'agit de petits cristaux à six faces, en forme de colonnes, aux extrémités plates ou pointues. Ils n'ont jamais plus de 6 mm de long. Souvent, ils sont creux à l'intérieur, mais ce phénomène est difficile à observer en raison de la petite taille de chaque cristal. C'est un type assez peu courant.

Les colonnes se forment dans les nuages très froids qui ont un taux d'humidité extrêmement faible. Les cirrus qui apparaissent très haut dans le ciel et semblent formés de morceaux de coton ou de cheveux, sont presque entièrement constitués de colonnes en hiver. Lorsqu'ils passent devant la lune, ils l'entourent d'un magnifique halo coloré.

AIGUILLES: Ce type de cristal est formé d'une mince colonne à six faces, pointue à chaque extrémité. Il est très fréquent et constitue un gros pourcentage de toute accumulation de neige. Les aiguilles peuvent avoir entre 6 mm et 9 mm de long. Souvent, ils s'amalgament et gèlent ensemble, formant de gros agglomérats qui tombent lentement jusqu'au sol, mais semblent se briser en plusieurs éclats de glace s'ils atterrissent sur une surface dure.

CRISTAUX ASYMÉTRIQUES: Il s'agit de plaques soudées les unes aux autres qui forment un motif irrégulier. Chaque tempête de neige en contient un gros pourcentage. Lorsque ces cristaux se joignent pour former des agglomérats, on peut les prendre, de loin, pour des dendrites. Les plus gros peuvent avoir jusqu'à 9 mm de diamètre.

NEIGE ROULÉE: La neige roulée est constituée de petits granules de neige, soit de petites plaques hexagonales, soit de petites dendrites, qui se recouvrent de gouttelettes gelées — ou givre — en tombant à travers des nuages gorgés d'humidité. La forme initiale du cristal est généralement à peine visible. La neige roulée tombe en chutes brèves mais concentrées pendant une tempête et rebondit souvent en atteignant une surface dure.

NEIGE POUDREUSE: Comme son nom l'indique, cette qualité de neige est formée de minuscules granules. Elle est bien connue des skieurs, qui l'apprécient, car elle ne devient pas compacte en touchant le sol. Bien que les cristaux ressemblent à de petits grains, ils sont en réalité constitués de minuscules plaques et cylindres qui se sont accrochés les uns aux autres pour former des motifs irréguliers, trop petits pour que nous puissions les distinguer à l'œil nu.

Cristaux complexes

Cette expression désigne les cristaux qui se sont formés dans certaines conditions atmosphériques avant d'en traverser d'autres.

CRISTAL TSUZUMI: Il s'agit d'une colonne dont chaque extrémité est couronnée d'une plaque hexagonale. Son nom lui vient d'un type de tambour japonais qui présente une forme comparable.

PLAQUES HEXAGONALES AVEC FORMATIONS ÉTOILÉES: Ces cristaux sont soit des plaques hexagonales qui ont traversé des nuages propices à la formation d'étoiles, soit des étoiles qui ont traversé des nuages propices à la formation de plaques hexagonales. Ils sont très courants et revêtent parfois des formes des plus spectaculaires.

CRISTAUX HÉLICOÏDAUX (aussi appelés «colonnes fusionnées»): Ce sont simplement des colonnes terminées à une extrémité par une pyramide hexagonale et qui ont fusionné avec d'autres du même type.

DENDRITES SPATIALES: Les dendrites spatiales sont formées d'étoiles très aérées dont chaque branche initiale porte, à son extrémité, une formation arboriforme qui s'élève à angle droit par rapport à la branche.

III

Les arbres en hiver

Les arbres sont des plantes qui ont acquis des tiges ligneuses pour que leurs feuilles puissent se développer en hauteur, évitant ainsi la concurrence pour la lumière solaire au niveau du sol. À l'instar de toutes les plantes vertes, les arbres doivent d'abord et avant tout placer leurs feuilles au soleil puisqu'il est leur principale source d'énergie. C'est en hiver que cette lutte permanente pour la lumière est la plus facile à deviner. À la surface des branches nues, vous apercevrez des centaines de fissures qui revêtent chacune une forme linéaire différente, créée par les forces de la lumière et de la vie.

Les branches des arbres sont disposées le long du tronc selon deux modèles fondamentaux. Le premier est celui de l'arbre au tronc principal unique duquel partent les branches. Quant au second modèle, c'est celui du tronc qui, à peu de distance du sol, se divise en plusieurs troncs secondaires. Les arbres du premier type sont coniques et pointus. Il s'agit entre autres des thuyas, des pins et des épinettes. Ceux du second type sont plus étalés, plus arrondis. Observez par exemple la forme d'un chêne, d'un orme ou d'un sycomore.

Les branches d'un arbre ne croissent pas toutes au même rythme. Certains arbres possèdent deux types de branches: les longues pousses qui croissent rapidement, formant de longues branches qui, plus tard, donneront à l'arbre sa forme générale; et les pousses courtes qui croissent plus lentement, formant les petites ramilles qui remplissent l'espace entre les branches et supportent habituellement les feuilles. La proportion de longues pousses par rapport aux pousses courtes et leur emplacement respectif détermine le port général de l'arbre, le faisant paraître touffu ou aéré, trapu ou délicat.

Toutefois, le modèle de croissance d'un arbre et la disposition des branches en direction de la lumière sont très variés. L'arbre peut être long et mince ou rabougri et tordu en fonction de son environnement et de l'intensité de la concurrence pour la lumière solaire. Dans les champs, les arbres parviennent à adopter les formes les plus pures, mais il arrive aussi que le vent inhibe leur croissance. Au cœur des forêts, ils semblent s'étirer le plus possible, leur tronc étant dépourvu de branches jusqu'à la hauteur d'une petite couronne aplatie qui s'est taillée une place au soleil, au-dessus du couvert végétal. À la lisière des bois, sur la berge des lacs ou des rivières, les arbres poussent vers la lumière, s'éloignant de leurs rivaux condamnés à l'ombre.

Mais que fait donc un arbre en hiver? Comment sait-il que le printemps est arrivé et qu'il doit commencer à bourgeonner? Pourquoi perd-il ses feuilles à l'automne?

Pour les végétaux, l'hiver est une période de sécheresse; la plus grande partie de l'eau étant gelée dans le sol ou en surface, sous forme de neige, ils ne peuvent donc pas en profiter. Les sécheresses hivernales peuvent durer plus de six mois et les plantes doivent absolument s'adapter à cette dangereuse situation.

Comme la production de nourriture et la croissance, qui ont lieu en été, obligent l'arbre à consommer d'énormes quantités d'eau, ces deux processus, concentrés dans la feuille, doivent s'interrompre en hiver; par conséquent, les arbres des climats tempérés perdent leurs feuilles en automne et recouvrent le point de fixation de chacune avec un tissu à consistance liégeuse. Même les feuilles de l'année suivante, encore en miniature à l'intérieur des bourgeons d'hiver, sont protégées par des écailles qui conservent l'humidité. Les arbres qui gardent leurs feuilles, les conifères notamment, ont mis au point un système qui leur permet d'économiser l'eau en acquérant de petites feuilles pointues, ou aiguilles, qui sont recouvertes d'une sorte de cire.

Mais les arbres n'interrompent pas leur croissance en hiver. En réalité, ils font alterner les parties qui poussent: ils expédient de l'énergie d'un côté et en privent l'autre côté.

Par exemple, les arbres ont, en été, déjà produit les feuilles de l'année suivante. Celles-ci ont encore des dimensions miniatures et sont emprisonnées dans des gousses écaillées. À la fin de l'été, la croissance de ces feuilles s'interrompt tandis que mûrissent les graines et les fruits de l'année en cours.

En hiver, les arbres contrôlent leur croissance; ils ne doivent pas ouvrir leurs feuilles et leurs fleurs prématurément au printemps, car ces dernières pourraient geler si la température baissait précipitamment. Pour effectuer correctement ce «calcul», ils ne peuvent pas uniquement se fier à la température ou à la quantité d'eau disponible, les dégels de fin d'hiver étant particulièrement trompeurs. Les arbres doivent donc «analyser» des conditions plus fiables, telles que la libération de produits chimiques à l'intérieur de leurs cellules ou l'augmentation de la longueur des périodes diurnes, qui reflètent l'évolution de la saison solaire.

Ainsi, il est erroné de considérer un arbre en hiver comme le symbole de la mort et du néant. Ce mythe doit mourir lui-même car en réalité les arbres contiennent déjà, en hiver, les feuilles et les fleurs de l'année suivante, et ils réagissent constamment à la lumière et à la température. Leurs silhouettes représentent l'image très nette de bras qui se tendent vers le soleil pour en retirer la vie.

COMMENT IDENTIFIER LES ARBRES EN HIVER

Reconnaître les arbres en hiver n'est pas si difficile qu'on le croit, surtout lorsqu'on commence par identifier les arbres les plus répandus. Si vous apprenez à identifier les six principales espèces de feuillus et les conifères, vous reconnaîtrez près de 80 p. 100 des arbres de la plupart des forêts boréales.

Dans la première partie de la rubrique qui suit, vous trouverez de courtes descriptions et des illustrations des six feuillus les plus courants. Commencez par eux. Entraînez-vous à les reconnaître et vous constaterez peu à peu que l'identification des arbres en hiver devient de plus en plus facile.

Une fois que vous connaîtrez parfaitement ces arbres, choisissez-en un autre que vous voyez souvent en forêt. Examinez ses bourgeons, son écorce et son réseau de branches. Vous pouvez également étudier ses graines et ses feuilles mortes. Puis consultez votre liste des autres arbres et trouvez-en un dont les principales caractéristiques sont identiques à celles de l'arbre choisi. Si vous ne trouvez rien, ne vous découragez pas. Gardez cet arbre dans un coin de votre mémoire et allez en choisir un autre.

Lorsqu'une feuille tombe d'un arbre, une petite marque, qui porte le nom de cicatrice foliaire, est visible juste à l'endroit où la feuille était fixée à l'arbre. Au-dessus des cicatrices foliaires les plus récentes se trouvent des bourgeons qui contiennent les feuilles et les fleurs de l'année suivante. Ces bourgeons, que l'on appelle des boutons floraux, sont différents pour chaque espèce d'arbre et, par conséquent, ils facilitent l'identification en hiver.

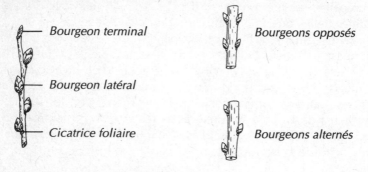

Les six espèces les plus courantes

CHÊNE: Le chêne possède des amas d'au moins quatre bourgeons, de taille très variable, à l'extrémité de chaque ramille. On remarque parfois que certains chênes, surtout les plus jeunes, conservent tout l'hiver des feuilles brunes et ridées.

ÉRABLE ET FRÊNE: Nos forêts boréales ne contiennent que quatre espèces indigènes à branches opposées: le cornouiller, le marronnier; l'érable et le frêne, ces deux derniers étant de loin les plus courants et faciles à distinguer grâce à leurs bourgeons terminaux. Le bourgeon terminal du frêne est foncé, en forme de dôme, tandis que celui de l'érable est ovale, d'une longueur se situant entre 0,75 et 1,25 cm. Aucun autre arbre à branches opposées ne possède de bourgeons semblables, à l'exception du marronnier. Mais, les bourgeons du marronnier ayant bien plus de 1,25 cm de longueur, il est impossible de les confondre avec des bourgeons d'érable.

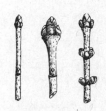

Bourgeon terminal de frêne   *Ramilles et bourgeons terminaux d'érable*

HÊTRE: Le hêtre se reconnaît à ses bourgeons ou à son écorce. Les bourgeons sont d'une nuance qui peut varier du brun au beige, ils sont longs et pointus, différents de ceux des autres arbres. L'écorce du hêtre est gris argent, très lisse; d'autres arbres en ont une semblable lorsqu'ils sont jeunes mais, avec l'âge, elle se fissure tandis que l'écorce du hêtre reste intacte tout au long de la vie de l'arbre.

Bourgeons de hêtre

BOULEAU: Deux indices vous permettront d'identifier un bouleau. Tout d'abord, les longues lignes horizontales, très fines, qui parcourent son écorce; ensuite les chatons (type d'inflorescences enveloppées par des écailles), qui pendent de l'extrémité des branches supérieures. Certains arbres présentent l'une ou l'autre de ces caractéristiques, mais seul le bouleau les a toutes deux. L'écorce de certains bouleaux est très blanche; d'autres ont un tronc argenté, d'autres encore ont une écorce presque noire.

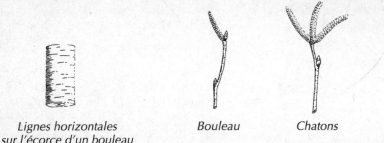

*Lignes horizontales
sur l'écorce d'un bouleau*   *Bouleau*   *Chatons*

TREMBLE: Deux caractéristiques vous permettront d'identifier un tremble en hiver. Tout d'abord, il pousse au sein d'un peuplement composé d'autres petits arbres, à la lisière des bois ou sur un terrain vague. En outre, l'écorce lisse et claire du haut du tronc présente une nuance verdâtre. L'endroit où vous repérerez un tremble est important, car cette espèce a une prédilection pour les espaces ensoleillés tels que les champs abandonnés, les terrains vagues autour des échangeurs autoroutiers, les vieilles carrières de gravier et les dépotoirs. Ils forment de petits groupes d'arbres qui vivent peu longtemps et dépassent rarement quelque 8 m de hauteur. Leur écorce claire et lisse, teintée de verdâtre, est générale-ment facile à reconnaître: c'est la principale caractéristique de cet arbre en hiver.

La taille, la couleur et la texture des bourgeons du tremble sont variables. Toutefois, les bourgeons sont toujours pointus; le peuplier-faux tremble possède de gros bourgeons bruns et luisants (*voir* illustration), tandis que ceux du peuplier à grandes dents sont grisâtres et duveteux.

Ramille et bourgeons du peuplier-faux tremble

Arbres à aiguilles ou à cônes

PIN: Longues aiguilles minces, fixées par bouquets de cinq, trois ou deux.

Aiguilles de pin

CÈDRE: Petites aiguilles en forme d'échelle, disposées le long des ramilles.

Aiguilles de cèdre

PRUCHE: Aiguilles plates, présentant deux nervures blanches au verso. Tige courte entre l'aiguille et la ramille. Longueur des aiguilles: 1,25 cm environ.

Aiguilles de pruche

SAPIN BAUMIER: Aiguilles plates, légèrement arrondies à l'extrémité, possédant deux nervures blanches au verso. Pas de tige sur l'aiguille. Longueur des aiguilles: 2,5 cm environ.

ÉPINETTE: En général, aiguilles à quatre côtés (pas d'aiguilles plates), très pointues.

MÉLÈZE: Il perd ses aiguilles en hiver mais vous pourrez apercevoir de petits cônes. Les branches sont dotées de ramilles courtes mais épaisses.

Cône de mélèze et branche

Les autres feuillus sont énumérés ci-dessous, en commençant par les plus courants, et accompagnés de deux caractéristiques. Pour identifier un arbre, déterminez la première caractéristique qui correspond à votre arbre. Une fois que vous l'avez trouvée, cherchez la seconde. Lorsque toutes les deux correspondent, vous avez identifié l'arbre. Toutefois, lorsque la seconde caractéristique est entre parenthèses, cela signifie que la première suffit généralement pour identifier l'arbre.

Arbres dépourvus d'aiguilles vertes ou de cônes

ORME: Bourgeons latéraux placés légèrement sur le côté de la cicatrice foliaire. (Le tronc se divise souvent en petits troncs secondaires.)

Réseau de branches de l'orme d'Amérique

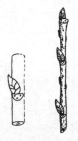

Bourgeons d'orme

SAULE: Une écaille unique recouvre les bourgeons. (Les ramilles sont jaunes ou orangées.)

Bourgeons de saule

CERISIER: Marques horizontales épaisses sur l'écorce foncée de la partie supérieure du tronc et des branches. L'écorce des jeunes ramilles a le goût d'un cigare rassis. (N'en prenez qu'une petite bouchée!)

Écorce de cerisier

CARYER: Grosses cicatrices foliaires alternées. Gros bourgeons terminaux de forme ovale; parfois, ils sont plus minces et de couleur jaune moutarde.

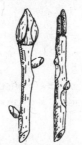

Bourgeons terminaux
de caryer

Cicatrices foliaires
de caryer

ROBINIER-FÉVIER: Petites épines disposées par paires sur les ramilles ou longues épines directement fixées au tronc. (Gousses plates fixées à l'arbre ou tombées au sol.)

Gousse de févier épineux　　　*Gousses de robinier faux acacia*

TILLEUL: Bourgeons rouges, cireux, chacun étant seulement recouvert de deux écailles. (Les graines demeurent parfois sur les arbres en hiver.)

Graines de tilleul　　　*Bourgeons de tilleul*

SYCOMORE (PLATANE): Taches blanches, irrégulières, apparaissant sous l'écorce extérieure, plus foncée. Amas de graines, formant des boules, pendant à l'extrémité des ramilles.

Boule de graines de sycomore

PEUPLIER: Longs bourgeons à extrémité pointue, visqueux ou parfumés lorsqu'on les frotte. Les bourgeons latéraux alternés s'écartent de la ramille.

Bourgeons de peuplier

TULIPIER: Graines beiges, disposées en amas floraux sur les ramilles supérieures. Les bourgeons terminaux sont vert foncé et aplatis comme le bec d'un canard.

Amas de graines de tulipier

MARRONNIER: Bourgeons latéraux opposés. Gros bourgeons terminaux ovales, d'une taille supérieure à 1,25 cm.

Bourgeons de marronnier

SASSAFRAS: Ramilles et bourgeons terminaux d'un vert très foncé. Les ramilles dégagent un parfum citronné lorsqu'on les gratte, et elles ont un goût de citron prononcé lorsqu'on les mâche.

Ramille de sassafras

CORNOUILLER: Bourgeons latéraux et cicatrices foliaires opposées. Les bourgeons terminaux peuvent avoir deux formes.

Bourgeons terminaux de cornouiller

POMMIER: Grand nombre de ramilles de 2,5 cm de longueur qui ressemblent à des épines. Ces courtes ramilles présentent des cicatrices foliaires en relief, parfois entourées d'une fine résille de lignes.

Ramille de pommettier   *Ramille de pommier*

AUBÉPINE: Longues épines lisses, sans ramilles. (Petit arbre aux branches touffues.)

Épines d'aubépine

OSTRYER DE VIRGINIE: Petits chatons sur les branches supérieures, par groupes de trois. L'écorce présente de nombreuses bandes verticales très minces qui se décollent perpétuellement.

Chatons d'ostryer

CHARME DE CAROLINE: Écorce lisse, fine, gris foncé sur les petits arbres; on remarque souvent plusieurs troncs réunis. Ramilles rouge foncé, minces et polies.

NOYER: Grosses cicatrices foliaires alternées. Duvet au-dessus de la cicatrice; ou bourgeons latéraux duveteux, gris, arrondis et protubérants.

Bourgeons latéraux de noyer   *Cicatrices foliaires de noyer*

Arbustes

Bien que les arbustes soient trop nombreux pour que nous puissions les énumérer ici, j'en mentionne quelques-uns tels que l'airelle, le sumac, l'aulne et le viorne car ils sont répandus dans les régions boréales. Quant à l'hamamélis, ses extraordinaires capsules méritent à elles seules une mention ici.

Airelle en corymbe/ High Bush Blueberry (Vaccinium corymbosum)

Aulne/ Alder (*Espèce* Alnus)

*Hamamélis de Virginie/*Witch Hazel (Hamamelis virginiana)

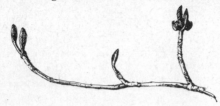

*Viorne à feuilles d'aulne/*Hobblebush (Viburnum alnifolium)

Sumac (Espèce Rhus*)*

DESCRIPTIONS ET CARACTÉRISTIQUES BOTANIQUES

AUBÉPINE /*HAWTHORN* (ESPÈCE *CRATAEGUS*)

Le mot *aubépine* signifie «épine blanche» tandis que le mot anglais *hawthorn* rappelle qu'il s'agit d'un buisson épineux qui vit le long des haies. En effet, l'aubépine est utilisée depuis des siècles en Europe pour séparer les champs. Les oiseaux, après avoir grignoté les baies rouge vif, excrètent les graines lorsqu'ils se perchent sur les clôtures. L'aubépine pousse aussi dans les champs abandonnés, les graines ayant également été disséminées par les oiseaux.

Aubépines

Ses longues épines acérées en font des haies redoutablement efficaces. Les oiseaux nichent dans les branches d'aubépine, à l'abri des ratons laveurs, des écureuils, des serpents et des autres mangeurs d'œufs. Pourquoi certains arbres ont-ils des épines? C'est une question à laquelle il est bien difficile de répondre. Les épines ne protègent pas les baies des oiseaux et n'empêchent ni les lapins de manger l'écorce, ni les cerfs de brouter les ramilles, ni les insectes de dévorer les feuilles. La seule fonction des épines semble être d'empêcher les écureuils, les ratons laveurs et autres mammifères de taille moyenne de grimper dans l'arbre pour se régaler des baies ou des feuilles. Il est également possible que les épines se soient développées à une époque où l'arbre avait des besoins différents et qu'elles soient restées, simples vestiges d'une fonction aujourd'hui disparue.

Écorce d'aubépine rongée par les lapins et épines

Dans l'Est du continent, il existe des centaines de variétés d'aubépine qui ont des baies de saveurs très différentes. Certaines sont comestibles telles quelles, d'autres — la majorité — ne le sont pas. Toutefois, on s'accorde à reconnaître que la plupart, cuites avec du sucre, constituent l'une des meilleures gelées et confitures de fruits sauvages.

BOULEAU/*BIRCH* (ESPÈCE *BETULA*)

Les bouleaux sont surtout reconnaissables en hiver par les lignes qui traversent horizontalement leur écorce lisse. Ces marques, appelées «lenticelles», permettent à l'air de pénétrer jusqu'à l'écorce interne. Au fur et à mesure que les bouleaux croissent, leur écorce étroitement ajustée au tronc finit par s'étirer. Les lenticelles s'ouvrent progressivement et, peu à peu, l'écorce externe se décolle de manière différente selon le type de bouleau. L'écorce de bouleau blanc ou bouleau à papier, par exemple, se décolle sous forme de grandes feuilles vierges; l'écorce de bouleau jaune s'arrache en petites bandes qui s'enroulent sur elles-mêmes; quant à l'écorce de bouleau flexible, elle se décolle à peine.

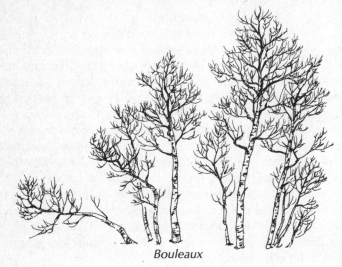

Bouleaux

L'écorce de bouleau est extrêmement résistante et peut demeurer intacte une fois que tout le bois est pourri. Quelques petits oiseaux tirent parti de ce phénomène en donnant des coups de becs à travers l'écorce pour se creuser des cavités de nidification dans le bois en putréfaction. Les cylindres vides d'écorce de bouleau à papier qui gisent sur le sol constituent un excellent petit bois que la résine qu'ils contiennent permet d'enflammer même après des pluies abondantes.

Essayez d'apercevoir des chatons aux extrémités des branches supérieures. Ils sont oblongs, renflés et apparaissent soit seuls, soit par groupes de deux ou trois. Au printemps, ils éclatent en libérant le pollen qui fécondera les chatons femelles. Les amas de graines qui mûrissent avant l'automne durent parfois jusqu'à l'hiver. Ils sont entassés en forme de cône et très appréciés des oiseaux en hiver, lorsque la nourriture se fait rare. Le vent les disperse sur la neige, leur donnant l'apparence de petites étoiles au firmament nival.

Graines de bouleau

Les forêts boréales contiennent quatre principales essences de bouleaux dont deux, le bouleau à papier et le bouleau à feuilles de peuplier, ont une écorce blanche. Le second a tendance à coloniser les vieux champs abandonnés. Le bouleau à papier est ainsi nommé en raison de la qualité de son écorce sur laquelle on peut écrire et qui se décolle en grandes feuilles. Les Amérindiens l'utilisaient pour fabriquer leurs canots tandis que les colons en revêtaient leurs toits. Le bouleau jaune a une écorce argentée et, de tous les bouleaux, son bois est le plus prisé commercialement. On en fabrique de beaux meubles car il est solide et, une fois poli, il présente un beau fini. Le bouleau flexible a une écorce noire et ses ramilles contiennent une huile odorante et sucrée. Vous pouvez d'ailleurs confectionner une tisane légèrement arômatisée en faisant infuser les jeunes ramilles.

Écorce de bouleau à papier

Écorce de bouleau jaune

Écorce de bouleau flexible

Les bouleaux représentent une précieuse source de nourriture pour les animaux en hiver. Lapins et cerfs broutent les ramilles tandis que les gélinottes dégustent les bourgeons. D'innombrables petits oiseaux se régalent des graines.

CARYER / *HICKORY* (ESPÈCE *CARYA*)

Le caryer le plus répandu et le plus caractéristique est le caryer ovale. Son écorce se fend en grandes bandes grisâtres qui donnent une apparence échevelée au tronc. Il suffit de voir une seule fois un caryer ovale pour ne plus l'oublier.

Caryer ovale

Tous les arbres subissent les forces qui provoquent la fissure de l'écorce du caryer. Une nouvelle couche d'écorce pousse sous la précédente et finit par la fendre. Chaque espèce réagit à sa façon, en fonction de la structure de l'écorce. Le caryer ovale perd son écorce externe très jeune et en bandes plus larges que celles de la plupart des autres arbres de la forêt boréale.

Écorce de caryer ovale

Dans la région couverte par ce guide, vous trouverez quatre types de caryers: le caryer ovale, le caryer glabre, le caryer cordiforme et le caryer tomenteux. Chacun possède un bourgeon terminal caractéristique et tous présentent des cicatrices foliaires en forme de bouclier. Ils produisent également des noix, généralement enfermées dans une coque divisée en quatre parties qui se fend lorsque le fruit est mûr, contrairement aux autres noix dont la coque, plus souple, ne se fend pas. Celle des noix de caryer est plus ou moins épaisse selon le type d'arbre. C'est le caryer ovale qui produit les coquilles les plus minces ainsi qu'une noix comestible et savoureuse. Chez les autres caryers, la coque est beaucoup plus épaisse, donc moins appréciée de la faune.

*Bourgeon et tige foliaire
de caryer ovale*

*Noix et coquille
de caryer ovale*

Peut-être connaît-on le bois de caryer surtout parce qu'il sert à fumer le jambon et le bacon, du moins lorsqu'il est encore vert. Mais le bois mûr et sec fournit un excellent combustible, et l'on prétend qu'une corde de caryer produit autant d'énergie thermique qu'une tonne de charbon.

«CÈDRE» (GENÉVRIER, THUYA)/*CEDAR*
(*JUNIPERUS VIRGINIANA, THUJA OCCIDENTALIS*)

Ni le genévrier rouge, familièrement appelé «cèdre rouge», ni le thuya occidental, dont l'un des noms vernaculaires est «cèdre blanc», ne sont véritablement des cèdres, pas plus qu'ils n'appartiennent au même genre. Néanmoins, on a tendance à les classer côte à côte, non seulement en raison de la similitude de leurs noms, mais encore parce qu'ils se ressemblent, en apparence. Tous deux sont des arbres sempervirents, en forme de fuseau, et ils possèdent de petites feuilles en forme d'échelle qui diffèrent de celles de la plupart de nos autres conifères. Mais là s'arrête la ressemblance.

Genévriers rouges

Le genévrier rouge *(Juniperus virginiana)* adore le soleil et ne tarde pas à mourir lorsque d'autres arbres lui font de l'ombre. Ses petites baies bleues sont très appréciées des souris et des oiseaux qui disséminent dans leurs excréments les graines non digérées. Par conséquent, vous trouverez des genévriers rouges dans les champs qui servent d'autoroutes aux souris et le long des clôtures sur lesquelles les oiseaux se perchent. Une fois disséminées, les graines mettent deux à trois ans pour germer. La croissance du genévrier est lente, car il peuple généralement le sol appauvri des champs abandonnés.

Les «fleurs» mâles et femelles se trouvent souvent sur des arbres distincts. Les fleurs femelles produisent des cônes charnus, bleu pâle, qui ressemblent à des baies et exhalent un parfum entêtant lorsqu'on les broie. Les cônes, qui restent en vie tout l'automne, représentent une précieuse source de nourriture pour les gros-becs, les roselins et diverses espèces de souris. Le jaseur des cèdres tire son nom de sa prédilection pour les fruits bleutés.

Le feuillage des genévriers rouges peut revêtir deux apparences: des écailles carrées collées aux ramilles ou de courtes aiguilles pointues. Lorsque l'arbre jouit d'un ensoleillement abondant, son feuillage est touffu et il sert d'abri à de nombreux animaux. Les moqueurs, les moineaux et les merles d'Amérique nichent sous ses branches. La souris sylvestre réutilise souvent leurs nids pour y passer l'hiver, après les avoir tapissés de moelleuses fibres végétales. Le feuillage fournit également un abri nocturne aux oiseaux. Juncos et moineaux y passent la nuit ou s'y réfugient pendant les grosses tempêtes.

Aiguilles et baies de genévrier rouge

Les genévriers rouges peuvent vivre jusqu'à 300 ans. On explique leur longévité par la résistance de leur bois qui ne peut être attaqué ni par les insectes ni par les champignons. Ceux d'entre nous qui ont entreposé des vêtements dans une commode de genévrier ou en ont étalé des copeaux au fond de la cage d'un hamster connaissent bien son parfum. Autrefois, les crayons étaient fabriqués à l'aide du genévrier rouge mais cet arbre est devenu si rare que les fabricants utilisent aujourd'hui du cèdre de l'Ouest.

Le genévrier rouge brûle facilement, car son réseau de racines peu profondes est aisément endommagé par la chaleur et sa mince écorce est très inflammable. Elle se décolle facilement du tronc en longues bandes étroites qui constituent un excellent petit bois de feu de camp. Si l'on n'arrache que la couche externe, on n'endommage pas l'arbre. Dans le Nord-Est, on aperçoit souvent des genévriers rouges dépouillés d'une bonne partie de leur écorce. Les coupables sont les écureuils roux, qui l'utilisent pour isoler l'intérieur de leurs nids de feuilles.

Contrairement au genévrier rouge, le thuya occidental *(Thuja occidentalis)* forme souvent des peuplements denses, surtout en bordure des marécages. Il est plus répandu que le genévrier rouge dans le Nord, et il constitue un élément important des abondantes forêts boréales de conifères. Son feuillage, d'un vert luxuriant, formé de groupes d'écailles aplaties, lui donne une apparence compacte, semblable à la pointe d'un as de pique. Les aiguilles broyées exhalent une puissante odeur de verdure. Le cerf de Virginie broute les feuilles et les ramilles avec un tel enthousiasme que l'on aperçoit souvent des thuyas complètement nus jusqu'à l'endroit où les branches sont hors de portée des animaux.

La croissance du thuya est longue mais son écorce résiste bien au feu. Elle est très différente de celle du genévrier rouge. Le bois, qui ne pourrit pratiquement jamais et se fend facilement le long des cernes de croissance, est utilisé pour fabriquer des bardeaux. Les Amérindiens en faisaient la charpente de leurs canots.

Thuya occidental

Contrairement au genévrier rouge, le thuya occidental présente un cône rempli de graines ailées. Tous les trois à cinq ans, l'arbre produit d'innombrables cônes qui font les délices des roselins.

Feuillage et cônes de thuya occidental

CERISIER /*CHERRY* (ESPÈCE *PRUNUS*)

Les lenticelles horizontales, si caractéristiques des bouleaux, se retrouvent aussi sur l'écorce des cerisiers. En hiver, on distingue un cerisier d'un bouleau par l'absence de chatons sur les branches supérieures et par ses ramilles droites et non en lignes brisées.

Deux autres phénomènes naturels permettent d'identifier un cerisier: les vieux nids tissés par les chenilles mangeuses de feuilles et la distorsion des ramilles, provoquée par la présence d'un champignon. La chenille à tente estivale et la livrée d'Amérique consomment les feuilles de cerisier et tissent une «tente» protectrice autour d'elles. En hiver, ces nids ressemblent à des lambeaux de mousseline et, de loin, on peut facilement les confondre avec des nids d'oiseaux. Une excroissance portant le nom de «nodule noir» est également très répandue autour des ramilles ou des branches. Elle est provoquée par un champignon *(Dibotryon morbosum)* dont la croissance tue les cellules et déforme les branches.

La forme des cerisiers est très variable selon leur habitat. En forêt, recherchant la lumière du soleil, ils produisent des troncs hauts et nus. Par contre, dans les champs, la croissance de l'arbre étant inhibée par le vent, le tronc principal se divise en nombreuses branches aux formes biscornues.

Cerisier

On trouve principalement trois espèces de cerisiers dans la région que couvre notre guide: le cerisier de Virginie, qui n'est souvent qu'un arbuste croissant en lisière des forêts, le cerisier de Pennsylvanie, qui peut atteindre jusqu'à 15 m de hauteur, et le cerisier tardif, arbre forestier qui est le plus grand des trois.

Écorce de cerisier tardif

C'est le cerisier tardif qui a la prédilection des ébénistes. Son bois robuste, au grain fin, d'une couleur qui fonce avec l'âge, accepte les teintures de bonne qualité et n'a de rival, parmi les feuillus d'Amérique du Nord, que le noyer noir. Jusqu'au début du siècle, les cerisiers étaient très communs et utilisés pour fabriquer des objets de la vie courante. Aujourd'hui, toutefois, les arbres de bonne taille sont devenus rares, car ils ont été coupés systématiquement. On n'utilise donc plus le cerisier que pour fabriquer des objets coûteux.

Ramille de cerisier tardif et deux ramilles de cerisier de Pennsylvanie

En été, les cerisiers produisent des centaines de fruits constitués d'un gros noyau entouré d'une mince couche de chair. Les oiseaux, notamment les merles, les jaseurs, les becs-croisés et les gros-becs, semblent délaisser tous les autres aliments pour se gaver de cerises à peine mûres. La prédilection des animaux pour ces petits fruits, alliée à la nature totalement indigeste du gros noyau, assure la pérennité de l'espèce: les oiseaux s'envolent et, un peu plus loin, recrachent le noyau. Les mammifères mangent le tout et excrètent les graines non digérées. Les trois types de cerises peuvent entrer dans la composition de confitures et de conserves savoureuses qui demanderont une quantité de travail et de sucre variables d'une espèce à l'autre.

CHARME DE CAROLINE /*HORNBEAM (CARPINUS CAROLINIANA)*

Entre l'étage dominant des hauts feuillus et la strate arbustive proche de la surface du sol, se trouve le sous-étage, niche écologique à laquelle le charme de Caroline s'est parfaitement adapté. Recherchant les sols humides, il produit des branches à peu de distance du sol, tandis que sa couronne est large et de forme aplatie. Ce modèle de branches lui permet de répartir latéralement ses feuilles de manière qu'elles profitent au maximum de la lumière filtrée qui traverse le couvert végétal.

Écorce de charme

Le sous-étage, également peuplé de cornouillers et de jeunes arbres d'autres espèces adaptées à l'ombre, constitue un environnement protégé. Il est à l'abri du vent, de la chaleur et de l'action dessicante du soleil et ne reçoit qu'un faible pourcentage des trombes d'eau de pluie. Il permet aux oiseaux et aux insectes de bâtir des nids bien protégés. C'est également là que les mammifères, les oiseaux et les insectes trouvent des baies, des graines, du brout et des feuilles.

Graines et ramilles de charme

Le charme de Caroline, le bouleau et l'ostryer de Virginie appartiennent tous à la famille des Bétulacées *(Betulaceae)*. Leurs ramilles sont semblables bien que les graines et les écorces soient très différentes. Les graines du charme forment un amas, chacune étant dotée de son aile, exactement comme les graines d'érable. L'écorce, dure et lisse, ne présente pas les lenticelles horizontales de l'écorce de bouleau, pas plus que les bandes verticales de l'ostryer. Des trois essences, c'est la seule qui ne produit pas de chatons en hiver.

CHÊNE /*OAK* (ESPÈCE *QUERCUS*)

Aucune autre espèce arborescente ne nourrit autant d'animaux que le chêne. Sa riche moisson de glands permet à d'innombrables habitants de nos forêts boréales de subsister. La plupart des oiseaux, y compris la gélinotte huppée, le geai bleu, la sittelle et la mésange bicolore, se contentent de grignoter la noix après avoir ouvert la coquille à coups de bec. Le dindon sauvage, en revanche, mange la totalité du gland et peut en consommer jusqu'à 50 en un repas. Les gros mammifères, tels que les ours, les cerfs et les ratons laveurs, se nourrissent aussi de glands en hiver, mais ce sont principalement les écureuils qui en vivent. L'écureuil roux, l'écureuil gris et l'écureuil fauve (très rare au Québec et peu répandu en Ontario) stockent des quantités astronomiques de glands dès l'automne. L'écureuil gris a tendance à enterrer chaque noix à un endroit différent, pour les oublier ensuite. Par conséquent, il contribue largement à la germination des graines qui sont protégées du gel en hiver, à quelques centimètres sous la surface du sol. On croit qu'un nombre considérable de chênes des forêts boréales ont poussé grâce à des noix oubliées sur place par les écureuils.

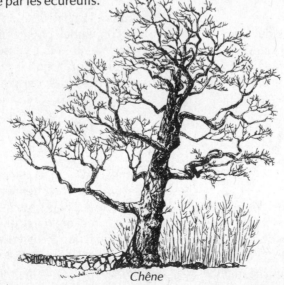

Chêne

Beaucoup d'espèces d'insectes se nourrissent aussi du chêne et s'en servent comme protection. En effet, ils produisent plus de 300 types de cécidies du chêne, que l'on aperçoit facilement en hiver sur les bourgeons, les ramilles et les feuilles mortes. Présentant une forte ressemblance avec une balle de ping-pong de couleur fauve, la cécidie du chêne demeure suspendue à l'arbre tout l'hiver. Elle est produite sur la nervure d'une feuille par une guêpe. Les cécidies grises, également très visibles en hiver, revêtent la forme de petites boules dures fixées aux nouvelles ramilles (*voir* chapitre 4).

Glands

Bien que les chênes vivants résistent facilement aux champignons, les chênes morts sont les abris de prédilection des racines gloutonnes des champignons xylophages. Les troncs morts et les branches isolées sont souvent tapissés de cercles concentriques de couleurs vives, formés par des champignons comme le pourridié, les branchies violettes de *Polyperus pergamenus* ou le motif ouvragé de *Daedalea quercina* (*voir* chapitre 6).

Jeune chêne sur lequel demeurent des feuilles mortes

Lorsque le chêne perd ses feuilles, les insectes et les champignons creusent de petites cavités dans ce que l'on appelle le «duramen» (zone interne du bois). Ensuite, ces cavités sont agran-

dies par les pics-bois à la recherche d'insectes ou d'endroits pour
nicher. Une fois abandonnés par les pics-bois, les orifices sont soit
réutilisés par d'autres oiseaux tels que les hiboux, les étourneaux
et les mésanges, soit par des écureuils qui y installent leurs quartiers d'hiver.

Les humains tirent également parti des ressources offertes par
le chêne. Les Amérindiens broyaient les glands dont ils faisaient
une farine. Les premiers colons utilisaient les cécidies et l'écorce
pour fabriquer de l'encre et des teintures, tout en utilisant l'acide
tannique de l'écorce pour tanner le cuir. À cause de sa qualité, ce
bois est, encore de nos jours, considéré comme l'un des plus
précieux et des plus durables. On l'utilise pour fabriquer des
embarcations, des planchers, des tonneaux, des outils et, évidemment, des meubles.

Le chêne, qu'il soit mort ou vivant, semble attirer la vie car il
fournit gîte et couvert à un vaste éventail d'organismes, depuis les
humains jusqu'aux champignons en passant par les mammifères et
les oiseaux.

CORNOUILLER FLEURI /*FLOWERING DOGWOOD* (*CORNUS FLORIDA*)

En hiver, les bourgeons renversés du cornouiller, si originaux,
portent en eux la subtile promesse de la beauté printanière de
l'arbre, lorsqu'il ourle les champs et les bois de ses fleurs
blanches. Le cornouiller fleuri a une prédilection pour les lisières
des forêts et pour les sous-étages
des forêts ouvertes. Toutefois, il
n'est pas aussi courant en
Amérique du Nord que beaucoup le souhaiteraient, étant
remplacé par plusieurs arbustes
de la même famille.

Cornouiller fleuri

Vers la fin de l'automne et
jusqu'en hiver, les fleurs produi-

sent des grappes de baies rouges dont se nourrissent fréquemment les animaux. Les écureuils, les gélinottes, les dindons sauvages, les cardinaux et les gros-becs en sont les principaux amateurs dans les régions septentrionales du continent. L'écorce et les ramilles nourrissent surtout les lapins.

Le bois du cornouiller fleuri est l'un des bois francs les plus lourds en Amérique du Nord. Plus on le frotte, plus il devient lisse. Ces propriétés, alliées au fait que les arbres atteignent rarement une taille qui les rendrait utilisables pour la construction, en ont fait le bois favori des fabricants de fuseaux. Lorsqu'on a inventé les métiers à tisser, le bois de cornouiller est devenu encore plus précieux, car il pouvait résister à la tension que les machines imposaient aux fuseaux. Ces propriétés en ont fait un bois utile pour fabriquer des poulies, des luges et des fourches. Aujourd'hui les métiers à tisser sont fabriqués à l'aide de pièces de plastique et de métal.

Feuille et boutons floraux de cornouiller

ÉPINETTE /*SPRUCE* (ESPÈCE *PICEA*)

Après une tempête, l'accumulation de neige sous une pessière (peuplement d'épinettes) est deux fois moindre que sous une forêt de feuillus, car les épinettes, en raison de l'orientation de leurs aiguilles, retiennent plus de neige sur leurs branches que les autres arbres. Le feuillage dense des épinettes diminue également la force du vent. Ces deux facteurs incitent de nombreux mammifères à passer l'hiver aux environs des pessières qui leur offrent non seulement la chaleur, mais aussi la liberté de mouvement. Parmi ces animaux, on compte le cerf, le lièvre d'Amérique, le lynx roux, le lynx du Canada et le martin-pêcheur. La gélinotte s'abrite au cœur des branches tandis que les petits oiseaux et les écureuils roux se nourrissent des graines.

Épinettes

Pour distinguer une épinette d'une pruche ou d'un sapin, prenez un rameau dans la main et retournez-le. Si le dessous n'est pas beaucoup plus clair que le dessus, c'est une épinette. En revanche, s'il est nettement plus clair, vous avez affaire à une pruche ou à un sapin. Les aiguilles de l'épinette noire *(Picea mariana)* étaient autrefois utilisées pour fabriquer une bière artisanale. Quant à celles de l'épinette blanche *(Picea glauca),* elles dégagent une odeur nauséabonde lorsqu'on les écrase. On sait que les aiguilles d'épinette demeurent sur la branche entre sept et dix ans.

Aiguilles et cônes d'épinette rouge

L'épinette rouge *(Picea rubens)* croît plus rapidement que les deux autres essences de la forêt boréale et c'est elle qui est la plus prisée à l'échelle commerciale. Ses longues fibres ligneuses en font un excellent bois à pâte et c'est pourquoi d'énormes pessières nord-américaines ont été achetées par les compagnies de pâte et papier. En outre, on utilise le bois d'épinette pour fabriquer les caisses de résonance d'instruments musicaux. S'il est dépourvu de nœuds et autres imperfections, ce bois résonne beaucoup plus clairement que les autres.

ÉRABLE / *MAPLE* (ESPÈCE *ACER*)

Presque toutes les parties de l'érable sont appréciées de la faune. Castors et porcs-épics se régalent de l'écorce, lapins et lièvres, cerfs et orignaux broutent les ramilles et les bourgeons. Quant aux gros-becs, aux roselins pourprés, aux sittelles et aux gélinottes, ils sont friands des bourgeons ainsi que des fleurs. Écureuils et tamias dépouillent les graines de leurs ailes avant de les stocker pour l'hiver. En outre, les oiseaux utilisent les tiges des graines et les feuilles pour construire leurs nids.

L'érable n'est pas une source de nourriture aussi importante pour les humains mais ce qu'il produit est apprécié de tous. Il s'agit bien entendu du sucre et du sirop d'érable, fabriqués à partir de la sève qui monte au printemps. La sève est constituée de l'eau absorbée par les racines à laquelle se mélangent les sucres emmagasinés dans l'arbre. Pour que la sève coule abondamment, les journées doivent être chaudes et les nuits, glacées. Selon la latitude, ces conditions peuvent se présenter à n'importe quel moment, du début de l'année à la fin du printemps.

Érables à sucre équipés de seaux pour recueillir la sève

Les Amérindiens apprirent aux premiers colons à extraire la sève des arbres. Étant donné que l'eau venue des racines traverse la partie extérieure du tronc, un orifice de 1,5 cm de diamètre et de 6,5 cm de profondeur suffit pour faire s'écouler la sève, à condition que ce trou soit creusé de bas en haut. Ensuite, on enfonce dans la cavité un morceau de tuyau auquel on suspend un seau. Dans un arbre de taille moyenne, on peut facilement creuser deux cavités, qui libéreront plus de 75 L de sève en un seul printemps. Ce volume, une fois diminué sur le feu, donnera environ 2 L de sirop et, si on le laisse encore bouillir, entre 1,3 et 1,8 kg de sucre. Tous les érables produisent de la bonne sève, en quantités variables. On remarque que la teneur en sucre varie autant entre les arbres d'une même espèce que d'une espèce à l'autre. Toutefois, 90 p. 100 des érables exploités pour la sève sont des érables à sucre.

Le bois d'érable se divise habituellement en deux types: le bois dur (érable à sucre, érable noir) et le bois tendre (érable rouge et érable argenté). Les érables durs sont de loin les plus prisés sur le plan commercial. Le bois de l'érable à sucre est beaucoup plus léger, plus solide et plus rigide que celui du chêne blanc. Dès les premières années de la colonisation, il a été employé pour fabriquer des outils, des meubles, des planchers et des instruments de musique. Certains érables à sucre ont un grain que l'on dit courbe et ce bois est très recherché. Quant aux bois tendres, ils sont moins résistants et se fendent facilement. Ils ne sont donc pas utilisés à l'échelle commerciale.

Érables rouges

C'est l'érable rouge qui est le plus répandu dans les forêts de l'est et du centre de l'Amérique du Nord. S'épanouissant sur les basses terres marécageuses, près des lacs et des ruisseaux, les érables rouges forment souvent des peuplements purs. Ils portent bien leur nom car, dès le début du printemps, ils produisent des amas de fleurs rouges, suivies de feuilles aux tiges rouges. À l'automne, les feuilles deviennent écarlates et, une fois au sol, dévoilent la présence de ramilles, de bourgeons et de petites feuilles rouges. Ces couleurs se perpétuent tout l'hiver et symbolisent la promesse du renouveau printanier.

Les frênes, d'allure quelconque mais extrêmement résistants, représentent l'une des quatre espèces communes dotées de branches et de bourgeons latéraux face à face. Les cicatrices foliaires sont nettement visibles près de l'extrémité des branches. Les frênes poussent facilement dans des sols moyens, généralement éparpillés au sein d'une forêt, rarement réunis en peuplement.

Quatre frênes fort semblables poussent dans la région couverte par notre guide. Ils portent tous un nom de couleur: le frêne blanc d'Amérique, le frêne vert, le frêne bleu et le frêne noir. Les deux premiers produisent les fleurs mâles et femelles sur des arbres distincts tandis que sur le frêne bleu et le frêne noir, les deux sexes sont présents. Les graines, auxquelles sont fixées des ailes, mûrissent à l'automne. Elles pendent en grappe et demeurent jusqu'au milieu de l'hiver. Puis elles tombent, tourbillonnant dans les airs comme des hélices à pale unique. La présence de l'aile ralentit leur chute, laissant au vent le temps de disséminer les graines loin de la plante mère.

Tronc de frêne présentant
des branches opposées

Graines de frêne

Malgré leur abondance, les frênes ne sont que modestement utiles à la faune. Toutefois, les roselins, les gros-becs et les cardinaux mangent les graines à l'automne et au début de l'hiver. Les castors et les porcs-épics grignotent parfois l'écorce tandis que les cerfs et les lapins mâchent occasionnellement les jeunes ramilles d'une branche jusqu'à la dénuder complètement.

Ramille et bourgeons de frêne

C'est la qualité de son bois qui donne au frêne toute sa distinction. Pratiquement tout le matériel de sport en bois est en frêne: bâtons de baseball ou de hockey, raquettes de tennis, avirons, raquettes et skis, allées de bowling, manches d'outils de jardinage. Le frêne est léger et robuste, il supporte de fortes tensions, et il est juste assez souple pour avoir du ressort tout en étant résistant. D'autres bois tels que le chêne et le caryer sont plus robustes, mais ils sont aussi plus lourds. Certains d'entre vous possèdent peut-être encore des paniers de pique-nique en frêne noir qui ont appartenu à leurs parents ou à leurs grands-parents. Les Amérindiens ont appris aux colons à battre le frêne noir jusqu'à ce qu'il se fende le long de ses cernes de croissance, formant ainsi de minces lambeaux que l'on pouvait ensuite tresser pour fabriquer des paniers ou des sacs à dos. Le frêne pousse très vite et on peut récolter son bois après quelques années seulement. C'est ce qui lui a épargné le sort de beaucoup d'autres bois précieux qui, étant longs à pousser et très prisés, ne sont pas remplacés aussi vite qu'ils sont méthodiquement retirés de nos forêts.

HÊTRE /*BEECH (FAGUS GRANDIFOLIA)*

C'est en hiver que les peuplements de hêtres sont les plus remarquables, lorsque leur écorce argentée reflète les rayons du soleil qui illumine la forêt environnante. Les feuilles sèches demeurent souvent sur les jeunes arbres. Dépouillées de leur teinte verte, elles n'intercepent plus la lumière mais forment une tache de couleur lorsque le soleil les effleure. Les premiers colons les utilisaient pour bourrer les paillasses, car elles restent souples longtemps et sont plus douces au toucher que la paille.

Troncs de hêtre

Vous apercevrez peut-être des coques de noix sur les branches supérieures de l'arbre ou dans la neige, au pied du tronc. Divisée en quatre parties, la coque est piquante au toucher. Avant d'éclater, elle a contenu une savoureuse noix triangulaire. C'est à l'automne que l'on recueille les noix des hêtres, du moins lorsqu'on réussit à prendre de vitesse les oiseaux et les mammifères, qui en sont très friands. Chaque arbre produit une abondante récolte tous les deux ou trois ans seulement.

Bourgeons, coques et noix de hêtre

Les hêtraies pures sont très nombreuses. Elles se créent, d'une part, parce que les hêtres, tout comme les pruches, tolèrent bien l'ombre et, d'autre part, parce que leur feuillage touffu engendre une ombre trop épaisse pour permettre à la plupart des autres essences de prospérer à proximité. En outre, les hêtres mûrs produisent des pousses à partir de leurs racines latérales. Ces pousses deviennent de jeunes arbres qui finissent par remplacer les vieux arbres mourants. Les cerfs contribuent peut-être aussi à la création de hêtraies, car ils dédaignent les pousses de hêtres, tout en broutant abondamment celles d'autres essences telles que les chênes, les érables, les frênes et les bouleaux.

Il est heureux pour nous qu'un arbre aussi majestueux que le hêtre n'ait pratiquement aucune utilité en tant que bois commercial.

MARRONNIER /*BUCKEYE*
(ESPÈCE *AESCULUS*)

Marronnier d'Inde

À l'extrémité des branches sinueuses du marronnier se trouvent les plus gros bourgeons terminaux de tous nos arbres nordiques. Pointés vers le haut, ils sont le prélude des somptueuses fleurs qui, vers la fin du printemps, surgissent à l'extrémité des épines. À l'intérieur du bourgeon brun et luisant, vous trouverez de minuscules feuilles composées et palmées, au nombre de cinq, poussant depuis l'extrémité d'une tige unique, exactement comme les cinq doigts d'une main (d'où le qualificatif «palmées»). Une substance visqueuse recouvre le bourgeon, peut-être pour le protéger des insectes. Les bourgeons latéraux se font face, le marronnier étant l'une des quatre espèces dotées de bourgeons opposés.

Bourgeon de marronnier

Le marronnier est surtout célèbre pour ses graines luisantes, de couleur acajou. En général, chaque coque verte en contient trois. Lorsqu'elle tombe à l'automne, elle se casse en trois morceaux, révélant la présence des marrons. Chaque graine porte une cicatrice grise et circulaire que l'on appelle «ombilic». Comme son nom l'indique, il s'agit de l'endroit par lequel la nourriture a été transfusée de l'arbre à la graine. Sa forme a rappelé à quelqu'un celle de l'œil d'un cerf, et c'est ce qui a donné au marronnier son nom vernaculaire anglais *buckeye,* ou littéralement «œil de cerf». (Les glands présentent aussi un ombilic très facile à distinguer lorsqu'ils sont encore fixés à leur chapeau.) Vous découvrirez facilement des graines de marronnier au pied du tronc à l'automne ou pendant les dégels, en hiver.

Marrons et coque de marronnier

Bien qu'il soit évidemment riche en fécule, le marron ne tente guère la faune, peut-être parce qu'il contient de l'esculine, un glucoside (sucre végétal) toxique pour la plupart des animaux. En revanche, les humains peuvent broyer les marrons pour en faire une farine, après les avoir laissés tremper longtemps. J'ai remarqué que les écureuils les épluchaient et ne mangeaient que la partie située autour de l'ombilic. Bien qu'ils ne soient pas comestibles tels quels, les marrons sont jolis et agréables au toucher; il est bien difficile de s'éloigner de l'arbre sans en emporter quelques-uns dans notre poche.

Les forêts boréales abritent au moins trois espèces de marronniers. Le marronnier jaune *(Aesculus octandra)* et le marronnier glabre *(Aesculus glabra)* sont indigènes en Amérique du Nord et poussent près des Grands Lacs, surtout du côté des États-Unis. Le marronnier d'Inde *(Aesculus hippocastanum)* est natif d'Asie, ayant été introduit par les colons européens. On le plante souvent comme arbre ornemental, et il est aujourd'hui répandu dans la partie Est de l'Amérique du Nord.

MÉLÈZE D'AMÉRIQUE /*LARCH (LARIX LARICINA)*

Tout l'été, les mélèzes ressemblent à des arbres sempervirents, habillés de pied en cap d'aiguilles d'un gris-vert très doux. Mais une fois l'automne arrivé, les branches deviennent mordorées et perdent toutes leurs aiguilles, comme si une tornade les avait dépouillées. Pour nous qui sommes habitués aux conifères toujours revêtus de leurs aiguilles vertes, un mélèze a l'air mort en hiver... mais il ne l'est pas. En réalité, il s'agit de notre unique conifère à feuilles caduques.

En été, les aiguilles forment des bouquets accrochés à des ramilles trapues, semblables aux éperons des pommiers, qui deviennent particulièrement visibles en hiver et facilitent l'identification de l'arbre. Les petits cônes, une fois qu'ils se sont ouverts pour libérer les graines, ressemblent à des fleurs ligneuses, poussant bien droites le long des branches.

Mélézin

En hiver, le mélèze poursuit sa croissance selon un modèle bien précis. Il possède un tronc unique duquel partent les branches principales, d'où partent les branches secondaires qui produisent, à leur tour, les éperons auxquels sont suspendues les aiguilles. Ce mode de croissance fait du tronc principal du mélèze un bois de construction très recherché. En outre, sa durabilité n'est

pas affectée même lorsqu'il est en contact avec la terre ou l'eau. On l'utilisait autrefois pour fabriquer des poteaux, des traverses de chemin de fer, des chambranles de porte et des quilles de bateau.

Ramilles de mélèze avec éperons et cônes

Dans la taïga, les mélèzes forment souvent des bosquets serrés, autour des zones spongieuses ou marécageuses. Dès que l'hiver arrive, ils commencent à perdre leurs aiguilles; les mélézins (peuplements de mélèzes) ressemblent à des espaces vides à travers le tissu dense de la forêt impénétrable.

NOYER /*WALNUT* (ESPÈCE *JUGLANS*)

Vous aurez bien de la chance si vous apercevez un noyer en pleine nature car ils sont rares. En général, on les trouve plutôt autour des maisons ou dans les jardins publics. Avant l'arrivée des colons européens, les noyers étaient répandus au cœur de nos forêts de feuillus. Les Amérindiens mangeaient les noix et utilisaient les coques pour fabriquer de la teinture. Mais les colons, découvrant la grande qualité du bois, abattirent systématiquement presque tous les noyers de l'Est du continent. Aujourd'hui, il faudrait sans doute promulguer une loi pour le protéger.

Noyer cendré

Noix de noyer noir, dont certaines ont été ouvertes par les écureuils

Deux noyers sont indigènes dans nos régions: le noyer noir d'Amérique, *Juglans nigra*, et le noyer cendré, *Juglans cinerea*. L'aire de distribution du premier s'étend plus au sud que celle du second. Il est plus précieux comme bois de construction, car il produit un tronc haut et massif, un duramen foncé qui acquiert une chaleureuse nuance roussâtre une fois huilé. Pour qu'un arbre produise des noix, il doit avoir entre vingt et trente ans et, même cet âge atteint, il n'offre une bonne récolte que tous les trois ans. Les fruits du noyer noir s'accumulent sous la neige, en hiver. Ils sont sphériques et mesurent environ 4 cm de diamètre. La coque est souple, lisse et dépourvue de subdivisions, contrairement à la coque du caryer, qui est ligneuse et constituée de quatre parties. La chair du noyer noir est difficile à extraire mais le jeu en vaut la chandelle. Toutefois, vous risquez fort de découvrir qu'un petit rongeur de la forêt est passé par là avant vous, ne laissant qu'une coque vide.

Le noyer cendré produit une huile (d'où son nom anglais, *butternut,* ou «noyer à beurre») que l'on peut extraire en faisant bouillir les noix dans l'eau. L'huile et la chair flottent en surface et, une fois séparées de l'eau et passées au mélangeur, elles peuvent être consommées sous forme de beurre végétal. Les coques des deux types de noix contiennent une sorte de teinture d'un jaune brunâtre. Le duramen du noyer cendré est plus clair que celui du noyer noir. Toutefois, c'est un arbre qui, avec un tronc court et des branches étendues, est moins prisé comme bois de construction. Ayant été épargné par les bûcherons, il est donc plus répandu mais son fruit est souvent négligé.

Ramille et bourgeons de noyer cendré

Les deux types de noyer présentent de grosses cicatrices foliaires. En général, il s'agit d'une cicatrice laissée par une feuille large ou longue qui a besoin d'un soutien supplémentaire. Ce sont les noyers qui ont les feuilles composées les plus grandes de tous nos arbres nordiques. Elles ont une tige de 30 à 60 cm de longueur, qui porte entre 11 et 23 folioles. Le noyer cendré est particulièrement reconnaissable à ses ramilles, car il produit une «moustache» duveteuse entre la cicatrice foliaire et le bourgeon.

ORME /*ELM* (ESPÈCE *ULMUS*)

Peu d'arbres sont aussi appréciés pendant la saison estivale que l'orme d'Amérique. Son tronc se divise à 6 m au-dessus du sol en un bouquet de branches gracieusement recourbées, créant une vaste surface d'ombre filtrée. Ces propriétés, alliées au gracieux balancement de ses branches, ont fait de l'orme d'Amérique un habitant privilégié de milliers de jardins publics et d'allées urbaines.

Orme d'Amérique

En réalité, il existe deux autres types d'ormes qui n'ont pas le même port que l'orme d'Amérique et sont, par conséquent, souvent négligés. Il s'agit de l'orme liège ou orme de Thomas *(Ulmus thomasii)* et de l'orme rouge ou orme gras *(Ulmus rubra)*. Des deux, c'est le second qui a reçu le plus d'attention en raison des propriétés de son écorce interne, de couleur claire. Légèrement visqueuse mais d'odeur agréable, elle était autrefois arrachée des arbres au printemps, séchée au soleil puis broyée. On utilisait ensuite la poudre ainsi obtenue pour soulager les blessures enflammées. On pouvait également mâcher l'écorce interne.

L'orme liège tire son nom des arêtes liégeuses qui parcourent souvent toute la longueur de ses ramilles internes. Il est reconnaissable à l'extrémité tombante de ses branches. Peu répandu sur la côte Est, on le trouve surtout vers les hautes terres de l'ouest de la

Nouvelle-Angleterre, en direction des Grands Lacs. Il est assez rare au Québec et en Ontario sauf dans la vallée de l'Outaouais et une partie de l'Estrie.

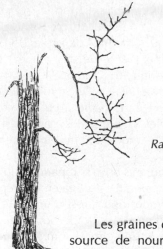

Ramilles et écorce d'orme

Les graines d'orme sont une importante source de nourriture printanière pour les oiseaux et les écureuils. En hiver les cerfs grignotent ramilles et bourgeons. Les extrémités pendantes des branches attirent les orioles, qui y construisent leurs nids suspendus.

Orme mort

Vers les années trente, un champignon déjà connu en Europe sous le nom de *Ceratostomella ulmi* est apparu en Amérique du

Nord. Il s'est attaqué aux ormes et, peu à peu, les a tués. On a donné à cette maladie le nom de «maladie hollandaise de l'orme» et elle est transmise par un insecte indigène qui se nourrit des ormes. Au fur et à mesure qu'il colonise de nouveaux arbres, il transporte avec lui les spores du champignon et facilite leur pénétration dans le bois, car il a coutume de creuser des trous dans l'écorce. En dépit d'énergiques mesures de protection, le champignon s'est propagé rapidement et a tué des milliers d'arbres sur tout le continent. Étant donné qu'autrefois on avait presque uniquement planté des ormes le long des rues de nombreuses villes de Nouvelle-Angleterre, la maladie a eu des conséquences désastreuses. Jadis rafraîchies et embellies par les majestueuses voûtes d'ormes centenaires, les rues sont aujourd'hui nues sous le soleil infernal de l'été.

Les ormes morts ou mourants sont si répandus qu'un champignon du bois, *Polyporus conchifer,* s'est également répandu, car il vit dans les troncs en décomposition. Il est d'un blanc immaculé, de la taille approximative d'une capsule de bouteille. Vous pourrez facilement l'apercevoir sur une ramille tombée d'un arbre, à la fois symbole de la popularité de l'orme auprès des humains et signe avant-coureur de l'extinction prochaine de l'espèce.

OSTRYER DE VIRGINIE /*HOP HORNBEAM (OSTRYA VIRGINIANA)*

C'est un arbre dont on entend rarement parler, bien qu'il soit fort répandu dans nos régions. En général, il pousse seul, sous le couvert des érables, des hêtres et des bouleaux beaucoup plus hauts que lui. Sa petite taille et la qualité de son écorce en font un arbre aisément identifiable. En effet, l'écorce se compose de minces bandes rectangulaires qui se chevauchent et retroussent à l'extrémité inférieure.

Ostryer de Virginie

Écorce d'ostryer de Virginie

Les fleurs mâles sont également caractéristiques en hiver et portent le nom de chatons. Leur présence trahit la parenté de l'ostryer avec le bouleau, qui produit aussi des chatons en hiver. Toutefois ils sont très différents de ceux de l'ostryer. Au printemps, les chatons libèrent le pollen qui féconde les fleurs femelles. Les capsules de l'ostryer, de forme inhabituelle, se développent à l'automne et ressemblent aux gousses coniques du houblon commun *(Hops)*, d'où le nom anglais, *Hop Hornbeam*, de l'arbre. Les graines sont enfermées dans de petites enveloppes distinctes, de couleur beige. Le vent les disperse à la surface de la neige.

Graines et chatons d'ostryer de Virginie

Bien que le bois d'ostryer soit l'un des plus durs que l'on connaisse, d'où l'un de ses noms vernaculaires, «bois de fer», l'arbre ne devient jamais assez gros pour qu'on puisse l'exploiter pour la qualité de son bois. Quant aux graines, elles sont trop peu nombreuses pour être utiles à la faune.

L'ostryer de Virginie est un arbre magnifique en hiver. Son écorce finement divisée, ses ramilles rouge foncé et les capsules en forme de petites lanternes qui agrémentent les branches inférieures le rendent toujours agréable à découvrir au sein d'une forêt assoupie par l'hiver.

PEUPLIER / *POPLAR* (ESPÈCE *POPULUS*)

Les régions boréales abritent quatre essences qui appartiennent au genre du peuplier: le peuplier faux tremble, le peuplier deltoïde ou peuplier du Canada, le peuplier baumier et le peuplier de Lombardie. Nous décrirons les trembles dans une rubrique distincte en raison de leur importance, de leur abondance dans nos régions et de la forme très particulière de leurs bourgeons d'hiver. En revanche, les trois autres essences présentent des points communs: les dimensions et la forme des bourgeons sont comparables; tous produisent des fleurs à partir de chatons, les fleurs mâles sont sur un arbre et les fleurs femelles, sur un autre. En dehors de ces ressemblances, il s'agit d'arbres si différents que nous allons les étudier successivement.

Bourgeons de peuplier baumier

Le peuplier deltoïde, *Populus deltoides*, porte le nom vernaculaire de cotonnier, car ses graines sont enveloppées d'un duvet cotonneux qui semble omniprésent dans l'air printanier, là où plusieurs arbres sont rassemblés. Il occupe une niche écologique comparable à celle des saules, croît le long des berges et étire ses racines vers l'eau. C'est un arbre qui pousse vite et que l'on coupe pour en faire du bois à pâte, des caisses d'emballage et du vernis. Les premiers colons et pionniers s'installaient ou campaient volontiers à proximité des peupliers deltoïdes des Prairies, car non seulement ces arbres les abritaient des intempéries mais ils fournissaient du combustible aux humains et du brout au bétail. Bien que le bois se déforme au fur et à mesure qu'il mûrit, il est suffisamment solide pour servir à bâtir une maison temporaire.

Peuplier baumier

Le peuplier baumier, *Populus balsamifera*, adore le froid et, par conséquent, pousse plus au nord que nos autres feuillus indigènes. Sa forme et son modèle de croissance rappellent ceux du tremble dont il diffère par le parfum sucré, entêtant et vaguement oriental qui, en hiver, se dégage de ses bourgeons lorsqu'on les frotte. C'est un véritable plaisir que je laisse rarement passer et, à chaque reprise, je repars les poumons remplis de cette délicieuse essence.

Peuplier de Lombardie

Le peuplier de Lombardie, *Populus nigra*, de la variété *italica*, a été importé d'Italie du Nord, où il constitue un élément caractéristique du paysage. On l'emploie surtout comme arbre ornemental, sa forme élancée de fuseau étant plaisante à l'œil sans pour autant créer de l'ombre. Dans les régions agricoles, on plante des rangées de peupliers de Lombardie le long des champs pour atténuer l'effet du vent.

Ce peuplier présente une étrange caractéristique. En effet, on ne lui connaît que des fleurs mâles. Puisqu'il ne peut se reproduire par ensemencement, on doit, pour le perpétuer, utiliser soit des boutures soit les drageons qui jaillissent de ses racines.

PIN/*PINE* (ESPÈCE *PINUS*)

Le pin est l'un des premiers arbres à graines qui aient été produits par l'évolution. En effet, il existait sur la terre avant les dinosaures. Aujourd'hui, on trouve un peu partout en Amérique du Nord des pins dont la forme générale n'a guère changé depuis 250 millions d'années. Cette capacité d'adaptation lui a permis de survivre aux bouleversements climatiques et aux catastrophes naturelles qui ont ébranlé les temps géologiques.

Pins

C'est en partie grâce à leurs feuilles en forme d'aiguilles qu'ils se sont si facilement adaptés. La surface offerte aux éléments est réduite au minimum et protégée par une sorte de revêtement ciré qui ralentit l'évaporation et permet à la neige de glisser. Par conséquent, le pin est particulièrement bien équipé pour survivre sous des climats très froids. Les aiguilles demeurent entre trois et cinq ans sur l'arbre avant d'être remplacées par de nouvelles aiguilles qui poussent à l'extrémité des branches.

Cônes et graines de pin rigide

Certaines espèces de pin se sont également adaptées au feu. Le pin blanc et le pin rouge, par exemple, possèdent une écorce externe très épaisse qui isole les cellules vivantes de l'intérieur en cas de chaleur mortelle. Le pin gris et, dans une certaine mesure, le pin rigide, produisent des cônes qui demeurent fermés et fixés à l'arbre pendant de nombreuses années. C'est uniquement après avoir senti l'extrême chaleur engendrée par un incendie que le pin gris ouvre ses cônes pour libérer les graines. Elles tombent sur le sol calciné et s'y établissent avant que d'autres arbres aient eu la possibilité de recoloniser les terres dévastées. C'est ainsi que de vastes peuplements de pins gris se sont créés tout autour des Grands Lacs les plus à l'ouest.

Aiguilles et cônes de pin blanc   *Aiguilles et cônes de pin rigide*

La croissance des pins se fait sur un modèle particulier. De petites branches poussent à partir d'un tronc central. C'est un bourgeon terminal, situé à la cime du tronc, qui régit toute la croissance des parties inférieures de l'arbre en libérant des phytohormones de croissance qui portent le nom d'auxines. Lorsque le bourgeon apical est endommagé — par la foudre ou par des insectes — la branche latérale la plus proche s'oriente à son tour vers le ciel et assume les fonctions du bourgeon devenu «invalide». Cette distorsion est très fréquente chez les pins. Si vous apercevez un tronc fendu en deux parties principales dont l'une ressemble, à son extrémité supérieure, à une houlette, cela signifie que la croissance n'est plus assurée par le bourgeon apical. Un insecte, le charançon du pin blanc, s'attaque aux bourgeons apicaux de cette essence. Les bûcherons, qui recherchent principalement le bois bien rigide produit par une croissance normale, considèrent ce charançon comme un véritable fléau.

Les branches de pin croissent en verticilles autour du tronc, chaque groupe d'organes disposés en cercle correspondant, chez la plupart des espèces, à une année de croissance. Au cœur de la forêt, seules les branches supérieures restent en vie. Les autres meurent et se rompent près du point de fixation avec le tronc.

De tous les arbres, les pins sont, juste après les chênes, ceux qui offrent le plus de possibilités de subsistance à la faune. Dans le Nord-Est du continent, c'est le pin blanc qui produit le plus de nourriture. D'innombrables oiseaux, parmi lesquels les mésanges, les becs-croisés, les bros-becs, les sittelles et les chardonnerets des pins, dévorent les graines nourrissantes. Les tamias, les écureuils roux et gris ainsi que les souris à pattes blanches s'en régalent aussi. Quant aux gros mammifères, tels que les lapins, les porcs-épics, les castors et les cerfs, ils préfèrent ne manger que le feuillage et l'écorce.

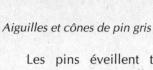

Aiguilles et cônes de pin gris

Les pins éveillent toutes sortes d'agréables sensations. Leurs aiguilles forment un tapis moelleux, leur résine dégage, au soleil, un parfum très doux, et leurs branches les plus hautes font chantonner le vent. Ils occupent une place privilégiée dans d'innombrables mythes et légendes en raison peut-être de leur forme pittoresque, de leur vert émeraude toujours présent dans la forêt et de leur utilité pour les humains. Dans un univers mouvant, ils symbolisent la constance de certains aspects de la vie.

POMMIER /*APPLE* (ESPÈCE *MALUS*)

Les pommiers sont reconnaissables aux robustes ramilles, appelées «éperons», qui garnissent leurs branches. Les éperons ne poussent que de quelques millimètres chaque année, soutenant efficacement le lourd fruit du pommier. Ils sont striés de cernes annuels de croissance. Les cerisiers et quelques autres arbres fruitiers présentent aussi des éperons.

Pommier

Ramille de pommier

Le seul pommier indigène en Amérique du Nord est le pommier odorant ou pommettier. Tous les autres arbres qui produisent les fruits que nous consommons ont été importés d'Europe par les premiers colons. Curieusement, les espèces commerciales ne peuvent être reproduites par ensemencement. En d'autres termes, si vous plantez un noyau de McIntosh, vous obtiendrez un pommier dont les fruits seront légèrement différents des McIntosh. Peut-être seront-ils plus savoureux ou, au contraire, plus fades. Il existe des centaines de variétés de pommes et de pommettes, mais seulement quelques-unes sont parvenues sous le palais des amateurs. Nombre de ces variétés ont d'ailleurs été obtenues par hasard; c'est le cas de la McIntosh, découverte par John McIntosh en Ontario, tandis qu'il défrichait ses bois. D'autres variétés ont été produites à l'aide d'une hybridation soigneusement organisée. Lorsqu'on découvre une variété succulente, il est préférable de la perpétuer par greffage ou par bouturage plutôt que par ensemencement.

Les pommes sauvages et cultivées sont appréciées de la faune. Dès que les fruits mûrissent, renards, cerfs, ratons laveurs et oiseaux émergent des bois pour les déguster. Les larves d'insectes apprécient également les pommes. Les guêpes ont une prédilection pour les fruits en voie de putréfaction.

Pommettier chargé de fruits

Les pommettiers indigènes en Amérique du Nord sont de petits arbres dont les fruits sont de qualité très variable. Habituellement, les pommettes sont bien trop aigres pour être mangées telles quelles, mais elles font d'excellentes gelées. Parfois, les fruits demeurent tout l'hiver suspendus aux arbres, leur abondance colorée détonnant au sein de l'austérité hivernale.

La pruche se plaît à l'ombre, colonisant souvent l'ubac des vallées profondes. Les peuplements mûrs engendrent une ombre si dense que seules leurs propres graines parviennent à survivre. Il ne reste donc plus que des pruches jusqu'au jour où les humains, la maladie ou les incendies modifient assez profondément leur milieu pour permettre à d'autres espèces de s'installer. C'est un type de forêt que l'on qualifie de climacique, qui se régénère d'elle-même sans tolérer l'invasion de nouveaux types de plantes.

Pruche

Sous chaque aiguille de pruche, on peut voir deux nervures blanches, composées de centaines de petits orifices, les stomates: ils s'ouvrent et se referment pour régulariser l'entrée et la sortie d'air et de vapeur d'eau. Toutes les feuilles ont des stomates, mais chez la pruche elles sont regroupées de manière à être particulièrement visibles.

Le nom anglais de la pruche, *hemlock,* signifie aussi «ciguë», mais ce n'est pas une décoction d'aiguilles de pruche qui a empoisonné Socrate. Il s'agit en réalité d'une plante extrêmement toxique, sans rapport avec la pruche, de la famille des Carottes. Au contraire, les bourgeons et les aiguilles de pruche sont comestibles et peuvent servir à confectionner une tisane buvable bien qu'un peu fade. Gélinottes et lapins se régalent des bourgeons et aiguilles tandis que les cerfs arrachent l'écorce des jeunes branches, s'en servant comme denrée de base lorsque les autres aliments sont enfouis sous la neige.

Les cônes de pruche sont également appréciés de la faune. Poussant à l'extrémité des ramilles, ils ont moins de 2,5 cm de longueur et contiennent deux graines ailées sous chaque écaille. Ils s'ouvrent par temps froid et sec pour se refermer ensuite. Les écureuils roux et les souris sylvestres rongent les écailles pour atteindre les graines. L'écureuil roux éparpille les écailles en mangeant, mais la souris sylvestre en fait une jolie petite pile sur la neige. Beaucoup d'oiseaux vivent de graines de pruche en hiver.

Aiguilles de pruche

Cônes de pruche

Dans certaines régions, le porc-épic passe fréquemment l'hiver dans les pruches. Parfois, il demeure des semaines entières dans un arbre, mangeant l'écorce et mâchant de grosses ramilles. Si vous apercevez un tapis de ramilles éparpillées au sol sous une pruche, vous pouvez être sûr qu'un porc-épic est installé en haut des branches. Les cerfs ne manquent pas de profiter de cette manne véritablement tombée du ciel.

Les pruches aimant l'ombre, leurs branches inférieures vivent très longtemps. Même après leur mort, elles demeurent fixées au tronc, la sève s'accumulant aux points de jonction. Ces poches de résine deviennent si dures qu'elles peuvent faire éclater la lame d'une hache. C'est pourquoi beaucoup de pruches sont dédaignées comme bois de construction.

Au siècle dernier, l'écorce de pruche fournissait la matière première de toute une industrie, car elle est riche en tannin, une huile utilisée pour tanner le cuir. On arrachait l'écorce en grandes bandes carrées de plus de 1 m de côté, ce qui tuait peu à peu les arbres. Comme le pin est tout aussi abondant et beaucoup plus utile en tant que bois de construction, les pruches étaient abandonnées sur pied et des centaines de peuplements pourrissaient. Aujourd'hui, grâce à la fabrication d'agents synthétiques de tannage, l'écorce de pruche est heureusement devenue inutile.

ROBINIER FAUX ACACIA, FÉVIER ÉPINEUX /*HONEY LOCUST, BLACK LOCUST (ROBINIA PSEUDOACACIA, GLEDITSIA TRIACANTHOS)*

Robinier faux acacia

Bien qu'ils ne soient pas directement apparentés, le robinier faux acacia et le févier épineux sont regroupés ici, car ils sont les seuls membres arborés de la famille des Légumineuses dont nous traiterons dans ce chapitre. Les Légumineuses se caractérisent généralement par la production de gousses contenant des graines. Bien entendu, tous les légumes qui portent le nom de pois, haricots ou fèves sont aussi des Légumineuses. Toutefois, les gousses du robinier faux acacia, qui ont entre 7,5 et 10 cm, contiennent quatre à huit petites graines noires, particulièrement toxiques. Les graines du févier épineux peuvent avoir jusqu'à 45 cm de long et renferment de grosses graines sphériques, entourées d'une sorte de gomme sucrée. En hiver, les gousses pendent des deux arbres. Celles du robinier durent jusqu'au printemps tandis que les gousses du févier commencent à tomber au début de l'hiver. Le robinier faux acacia est boudé par la faune. Quant aux graines et aux gousses du févier épineux, elles ne sont consommées que par le bétail et quelques écureuils.

Gousses de robinier faux acacia   *Gousses de févier épineux*

Toutefois le robinier faux acacia est un arbre précieux, car il recolonise les terres autrefois ravagées par l'exploitation minière ou par d'autres types d'activité. Son réseau racinaire fibreux est très étendu. En plus d'expédier des drageons vers la surface à la fin de sa cinquième année de croissance, il peut retenir les eaux de ruissellement et, conséquemment, il ralentit l'érosion. En outre, il abrite certaines bactéries qui, vivant dans ses racines, attirent l'azote de l'atmosphère à l'intérieur du sol afin de l'incorporer à la matière végétale. Il s'agit d'un processus crucial pour les êtres vivants, car bien que l'azote soit le principal composant de l'atmosphère et un élément essentiel de chaque protéine et acide aminé, les animaux — dont les humains — et les formes supérieures de vie végétale sont dépourvus de tout moyen de l'absorber directement. Par conséquent, nous dépendons entièrement de ces bactéries qui, en introduisant l'azote dans les plantes, le mettent à notre portée.

Ce même mécanisme d'absorption de l'azote permet au robinier de régénérer un sol lessivé de ses composants azotés. En revanche, le févier épineux n'a pas cette intéressante caractéristique.

Épines du tronc de févier épineux

Ces deux arbres portant des noms scientifiques ont été baptisés en l'honneur de trois botanistes par Linné, vers 1750. Jean et Vespasien Robin *(Robinia)* avaient été chargés d'explorations botaniques par les rois de France du siècle précédent et ils introduisirent le robinier faux acacia en Europe. Quant à Johann Gottlieb Gleditsch *(Gleditsia),* c'était un botaniste allemand bien connu à l'époque de Linné.

Les deux arbres ont des épines, mais elles sont difficiles à repérer sur le robinier. Si vous observez les ramilles d'un peu plus près, vous finirez pas apercevoir de minuscules épines disposées face à face. En revanche, celles du févier épineux sont longues et fourchues; elles recouvrent les branches, parfois même le tronc, et donnent à l'arbre une apparence quelque peu sinistre.

SAPIN BAUMIER */BALSAM FIR (ABIES BALSAMEA)*

Sapin baumier

Le meilleur moyen d'identifier un sapin baumier consiste à écraser quelques aiguilles dans la main et de les sentir. Si elles dégagent une odeur capiteuse qui évoque Noël, ce sont bien des aiguilles de sapin baumier. Peut-être en installerez-vous un dans votre salon, orné de guirlandes, peut-être trouverez-vous un petit arbre vert au sein d'une forêt de feuillus, peut-être encore repérerez-vous un sapin baumier dissimulé parmi d'autres conifères au cœur de l'épaisse forêt boréale.

Le sapin baumier tolérant l'ombre, il peut se permettre de conserver ses branches inférieures, ce qui fait de lui le plus symétrique des conifères. Sa forme harmonieuse, alliée au fait que ses aiguilles demeurent vertes longtemps après qu'il a été coupé, en a fait le sapin de Noël favori. Près de quatre millions de sapins baumiers sont coupés chaque année, ainsi que des millions d'épinettes et de pins, pour servir d'arbres de Noël. Mais étant donné que la majorité sont produits en pépinière, cette gigantesque demande ne dépeuple pas nos forêts naturelles.

À l'instar des aiguilles de pruche, les aiguilles du sapin baumier sont plates et dotées de rangées de stomates, sous forme de deux lignes blanches au verso de chacune d'elles. Les aiguilles des branches supérieures sont plus courtes que les autres et peuvent demeurer jusqu'à huit ans sur l'arbre avant d'être remplacées. Les gélinottes se posent sur les branches pour grignoter les aiguilles tandis que les orignaux et les cerfs mangent toute la ramille. Le couvert des branches inférieures forme un abri pour les animaux et les oiseaux par mauvais temps.

Les sapins produisent des cônes de couleur violette lorsqu'ils sont jeunes. Contrairement à ceux des autres conifères, les cônes du sapin perdent leurs écailles et libèrent des graines. Ensuite, il ne reste sur la branche qu'une pointe dénudée, là où les écailles et les graines étaient fixées. Les graines possèdent une aile unique et sont dispersées par le vent, si les becs-croisés, les écureuils et les tamias ne s'en régalent pas avant. Il arrive que les sapins se reproduisent par voie végétative, lorsque les branches les plus basses, chargées de litière forestière, produisent leurs propres racines.

Cônes de sapin baumier

En regardant de près le tronc d'un sapin baumier, vous apercevrez des renflements dans la jeune écorce. C'est ce qu'on appelle des poches de résine, qui éclatent sous la pression des doigts, libérant un liquide clair, la résine du Canada. Elle est utilisée à l'échelle commerciale pour monter les plaquettes de microscope et pour coller le matériel optique, car, une fois sèche, elle présente les mêmes propriétés que le verre. Pendant les incendies de forêt, les poches de résine éclatent et leur contenu s'enflamme, favorisant la calcination rapide des arbres.

Au fur et à mesure que l'on se dirige vers le nord, on constate qu'un nombre croissant de boutiques de cadeaux vendent des coussins et des poupées bourrés d'aiguilles parfumées. Mais ces objets ne donnent qu'une piètre idée de l'odeur naturelle qui, par une journée tiède et ensoleillée, imprègne les forêts boréales où vivent les sapins baumiers.

SASSAFRAS/*SASSAFRAS (SASSAFRAS ALBIDUM)*

Ne vous éloignez pas d'un sassafras avant d'avoir mâché l'écorce de ses ramilles vertes, si caractéristiques, à la saveur sucrée de limette. D'ailleurs, chaque partie de l'arbre a un parfum ou un goût agréables. En été et en automne, les feuilles ont un goût semblable à celui des ramilles en hiver. Le bois est odorant et l'écorce extérieure des racines rappelle la saveur de la racinette d'autrefois.

Bourgeons de sassafras

Ce parfum et ce goût impressionnèrent tellement les explorateurs européens de l'Amérique du Nord qu'ils crurent avoir découvert une panacée universelle. Des bruits exagérés commencèrent à se répandre en Europe et, dès 1625, l'importation de racines et de bois de sassafras était en plein essor. Bien qu'on l'utilise encore pour confectionner une savoureuse tisane, les propriétés magiques du sassafras ne tardèrent pas à être remises en question et, peu à peu, la demande diminua.

Le bois aromatique est durable, et l'on croyait jadis qu'il éloignait les insectes. C'est pour cette raison qu'on a commencé à l'employer pour fabriquer des planchers, des tonneaux et des cadres de lit. Aujourd'hui, on ne l'utilise presque plus.

Clone de sassafras

Le sassafras, qui se perpétue en produisant de nouvelles pousses à partir du pivot d'origine, forme fréquemment de véritables peuplements dont chaque membre a un matériel génétique identique à celui de la plante mère, puisque nulle reproduction sexuée n'a eu lieu. Les peuplements de ce genre portent le nom de clones.

Les fleurs mâles et femelles poussent sur des arbres différents qui, lorsqu'ils sont proches les uns des autres, permettent la fécondation des fleurs femelles. À l'automne, celles-ci produisent un fruit bleu très dur. Toutefois, fruits et feuilles sont habituellement boudés par la faune. Les cerfs grignotent à l'occasion les ramilles et les bourgeons, et les oiseaux se contentent parfois des fruits.

SAULE /*WILLOW* (ESPÈCE *SALIX*)

Les saules sont particulièrement adaptés aux berges des ruisseaux et des rivières. Les graines, transportées par les eaux de faible courant, germent en moins de deux jours une fois qu'elles ont été abandonnées sur une rive boueuse. Ensuite, la plante peut atteindre plus de 2 m la première année, tout en développant un vaste réseau de racines fibreuses. Ce déploiement et cette rapidité de croissance garantissent sa survie dans l'environnement variable et aisément érodé que sont les berges de rivières. Outre des graines, l'arbre mûr produit des ramilles souples qui se rompent facilement. Si elles se brisent pendant une crue et sont emportées jusqu'à une autre rive boueuse, elles ne tarderont pas à produire des racines et, conséquemment, un nouvel arbre.

Saule noir

Pendant très longtemps, les humains ont planté des saules pour freiner l'érosion et protéger les berges des cours d'eau. Un seul saule est indigène dans nos régions boréales: le saule noir, *Salix nigra*. C'est le plus grand des saules et ses ramilles orangées, pointées vers le ciel, sont regroupées à l'extrémité des branches. Les ramilles des autres saules sont plus jaunes et pendent vers la terre, comme celles du saule pleureur, *Salix babylonica*, originaire de Chine. Ces deux arbres sont souvent plantés près des étangs, dans les jardins publics, leur gracieux feuillage se reflétant tout l'été dans l'eau.

Tout comme chez les cornouillers, on note chez les saules la présence de nombreux arbustes qui produisent des bourgeons parfois différents de ceux des arbres, parfois semblables. Ces saules arbustifs dominent souvent les milieux humides autour des ruisseaux, formant des bosquets denses, impénétrables. Certaines des plus belles cécidies, telles que la cécidie en pétales et la cécidie en cône, se forment sur ces arbustes. Le plus connu de ces arbustes est évidemment le saule discolore *(Salix discolor)*, dont on cueille vers la fin de l'hiver les branches chargées de fleurs cotonneuses.

Saule pleureur

*Bourgeons de saule pleureur recouverts
chacun d'une écaille simple*

SYCOMORE (PLATANE)/*SYCAMORE (PLATANUS OCCIDENTALIS)*

Le sycomore, ou platane occidental, célèbre par son écorce tachetée, est l'arbre indigène le plus massif que l'on trouve à l'est des Rocheuses. À ciel ouvert, il produit une large couronne, de plus de 30 m de diamètre, ainsi que de longues branches qui s'étendent parallèlement au sol. Il pousse dans les riches terres d'alluvions, souvent le long des berges.

Écorce de sycomore

Bien que le bois du sycomore soit dur, il a tendance à pourrir à l'intérieur du tronc, l'arbre ne demeurant sur pied que grâce à la couche extérieure intacte. Ces cavités sont rapidement colonisées par certains animaux tels que les oppossums, les ratons laveurs et les mouffettes, ainsi que par les chauves-souris en hibernation et les hirondelles qui s'en servent comme abri diurne. On a mesuré l'écorce extérieure de certains sycomores et on s'est aperçu qu'elle encerclait une cavité de près de 40 m^2, soit la superficie d'une grande pièce. Les premiers colons utilisaient ces arbres comme granges, voire comme maisons.

En outre, le sycomore possède la plus grande feuille de tous nos arbres à feuilles simples. Étant donné qu'il résiste particulièrement à la fumée et aux gaz d'échappement, le sycomore est idéal pour ombrager les rues de nos villes.

En hiver, les boules de graines pendent du bout des branches en forme de zigzag. Chacune a la forme d'une sphère qui, autour d'un noyau central compact, renferme plus de 200 graines légèrement coniques, toutes équipées de leur propre parachute filamenteux. En hiver, la sphère éclate, libérant les graines qui tombent au sol ou dans l'eau. Le vent ou le courant les emportent vers des régions boueuses, idéales pour la germination.

Boules de graines de sycomore

Le bois du sycomore, lorsqu'il n'est pas pourri, est léger, résistant et difficile à fendre. Par le passé, on l'a utilisé pour fabriquer des pirogues, des roues de chariot, des boîtes, des meubles et des meules à trancher. Les troncs creux des branches étaient également employés comme barils. On se contentait d'en tailler une longueur adéquate puis on fermait une extrémité en clouant des planches au fond.

Le sycomore est l'un des plus jolis arbres du paysage hivernal, facilement reconnaissable à son écorce qui, peu élastique, se décolle en dessinant des taches d'un vert, d'un blanc et d'un beige délicats. Malheureusement, il lui faut des sols riches pour prospérer, le type de sol que les colons défrichaient perpétuellement pour y pratiquer l'agriculture. C'est pourquoi le sycomore, bien que répandu en ville, se retrouve de moins en moins dans son biotope d'origine et parvient rarement à atteindre les dimensions gigantesques de ses ancêtres.

Sycomore

TILLEUL /*BASSWOOD* (ESPÈCE *TILIA*)

En automne et au début de l'hiver, le tilleul se caractérise par ses graines extraordinairement aérodynamiques; dures et rondes, elles sont attachées sous une feuille en forme d'aile qui tourbillonne lorsqu'elles tombent. Comme dans le cas du pin, du frêne, de l'érable et du tulipier, l'aile sert uniquement à ralentir la chute, laissant au vent le temps d'éloigner légèrement la graine de son arbre d'origine. Elle remplit donc une fonction différente de celle des parachutes qui transportent sur de grandes distances les graines de sycomore, de peuplier ou de saule. Vers la fin de l'hiver, une fois les graines disparues, le tilleul demeure facile à reconnaître, car ses bourgeons sont d'un rouge vif et ont une texture cirée. Chaque bourgeon est recouvert de deux écailles arrondies. Si vous les mâchez, vous libérerez un sirop épais au goût agréable.

Graines de tilleul

Tilleul

Beaucoup de parties du tilleul sont utilisables. Lorsqu'elles sont séchées, les fleurs permettent de confectionner une tisane ou de parfumer l'eau du bain. L'écorce interne, que l'on détache de l'écorce externe en la faisant tremper, forme de longues fibres solides que l'on tresse pour fabriquer des cordages, des tapis ou des filets de pêche. Le bois, clair et léger, est principalement utilisé pour fabriquer les moules du miel en rayons.

La hauteur du tilleul et ses nombreuses branches gracieusement recourbées en font un arbre ornemental apprécié pour l'ombre qu'il engendre. Cette qualité, alliée au parfum que dégagent ses fleurs, l'a placé parmi les pensionnaires privilégiés des jardins publics et privés. Dans la nature, le tilleul pousse seul, entouré d'autres essences feuillues.

TREMBLE /ASPEN
(POPULUS GRANDIDENTATA, POPULUS TREMULOIDES)

Les flancs de collines érodés, les champs abandonnés, les forêts calcinées et les champs de trèfles autour des échangeurs d'autoroutes sont les terrains de prédilection des trembles. Avec le temps, ils se sont habitués à coloniser des terres trop difficiles d'accès ou trop pauvres pour les autres arbres.

Au printemps, des centaines de milliers de graines mûrissent sur les trembles, chacune ayant un poids infinitésimal. C'est grâce à leur poids plume qu'elles peuvent être transportées très loin. Leur abondance accroît les chances de survie de l'espèce. Comme elles se dispersent longtemps avant celles des autres arbres, les graines de trembles atterrissent sur les sols humides et nus du printemps, germent facilement et partent avec une longueur d'avance sur les autres lorsqu'il s'agit de rivaliser pour la lumière solaire.

Une tremblaie en hiver

Les trembles font partie du même genre que les peupliers et sont membres d'une vaste famille, celle des Saules. Ils produisent, vers la fin de l'hiver, des excroissances duveteuses de couleur argentée, semblables à celles que l'on peut observer sur le saule discolore. En réalité il s'agit de fleurs, le tremble produisant les fleurs mâles et femelles sur des arbres distincts.

Lorsqu'ils sont jeunes, les trembles croissent rapidement et se reproduisent à l'aide des pousses produites par les racines autant que par les graines. Les tremblaies, d'abord touffues, finissent par s'éclaircir avec le temps. Il est rare qu'elles durent plus de 80 ans, car les arbres sont attaqués par les insectes et les champignons. En outre, ils dépérissent si des arbres plus hauts les privent de lumière solaire.

Le bois de tremble est généralement trop tendre et les troncs ne grossissent pas suffisamment pour être utilisés comme bois de construction. Toutefois, son abondance et sa croissance rapide jouent en sa faveur. Aujourd'hui, on l'utilise principalement comme bois à pâte et pour fabriquer de l'aggloméré.

L'écorce, bien qu'amère, est la nourriture de prédilection des castors. Après l'avoir dégustée, ils utilisent les branches bien droites, complètement pelées, pour construire leurs barrages et leurs huttes. Si vous avez envie d'une excellente canne de marche, allez donc récolter une branche de tremble sur un barrage de castor. L'écorce et les bourgeons d'hiver sont également appréciés des gélinottes, des orignaux, des cerfs et des lapins.

Le bourgeon d'hiver et
la fleur printanière du tremble

Écorce du tremble

Bien qu'en hiver les trembles soient dépouillés de leurs feuilles d'un vert rafraîchissant ou de leurs brillantes couleurs d'automne, ils demeurent agréables à l'œil, car la partie supérieure du tronc est légèrement teintée de vert. En regardant de loin une tremblaie à la lisière d'un bois, vous aurez un avant-goût du printemps.

TULIPIER /*TULIP TREE (LIRIODENDRON TULIPIFERA)*

Le tulipier est l'un des plus hauts arbres à feuilles larges de l'Est du continent. En forêt, il produit un tronc bien droit, dépourvu de branches jusqu'à une certaine hauteur. Sa rigidité et l'absence de branches, alliées à un bois léger et résistant qui se travaille facilement, en ont fait un arbre prisé des compagnies forestières.

Tulipier

Le tulipier appartient à la famille des Magnolias et nous offre une somptueuse floraison dès le début de l'été. Les graines sont assorties d'ailes disposées sur les ramilles comme les pétales d'une fleur. C'est d'ailleurs grâce à elles que nous parvenons à identifier facilement l'arbre, car elles demeurent en place tout l'hiver. D'un beige brillant, elles reflètent les rayons du soleil. Toutefois, vous aurez probablement besoin de jumelles pour les observer de près, étant donné la hauteur de l'arbre. Si les graines sont appréciées de la faune, c'est surtout parce qu'elles sont présentes en hiver.

Les bourgeons terminaux du tulipier sont aplatis. C'est un autre indice qui vous permettra d'identifier l'arbre. En fait, ils ressemblent étrangement à des becs de canard. Si vous goûtez la ramille adjacente, vous aurez d'abord l'impression d'avoir mâché un morceau de sassafras. Ensuite, le goût devient légèrement amer.

Amas de graines de tulipier

Le nom générique, tiré du grec *(Liriodendron),* signifie «arbre-lis». Quant au nom spécifique *(tulipifera),* il veut dire «qui porte des tulipes». Linné, qui a baptisé l'arbre, désirait évidemment évoquer ses feuilles en forme de tulipe et les gros boutons qu'il produit en été. Peut-être le naturaliste pensait-il aussi au motif floral que dessinent les graines en hiver.

IV

La présence des insectes

J'ai longtemps cru que l'un des plaisirs de l'hiver était l'absence d'insectes. Une fois les moustiques, mouches noires, moucherons ou tiques disparus du paysage, je pouvais enfin me promener tranquillement, explorer les marécages et les berges de la rivière. Et pourtant, c'est en hiver que j'ai appris à connaître les insectes. Tout en vagabondant au cœur de la forêt, j'ai découvert de plus en plus de traces de leur vie estivale et de leurs logis hivernaux. Une fois les feuilles disparues, on peut examiner sans danger les tunnels creusés dans les troncs d'arbre, les cécidies qui abritent les larves et les merveilleux nids de guêpes et d'abeilles. En hiver, on découvre partout des traces d'insectes, sur les plantes et sur les édifices, dans les champs et dans les bois, en ville comme à la campagne. Une fois qu'on a pris l'habitude de repérer ces traces, elles deviennent de plus en plus évidentes et permettent à l'observateur minutieux d'apprendre tous les détails du comportement et du cycle évolutif des insectes.

La première chose qui frappe l'entomologiste amateur, c'est l'incroyable diversité des espèces. En effet, nous en connaissons aujourd'hui près de 1 million et près de 5 000 nouvelles espèces sont découvertes chaque année. Ce nombre effarant nous empêche d'entreprendre leur étude en suivant la même démarche que celle qui nous paraît logique pour observer les oiseaux ou les mammifères. Les noms et le comportement des gros mammifères d'une région donnée sont faciles à connaître. Mais apprendre à identifier ne serait-ce que le centième des espèces locales d'insectes est une tâche dont l'ampleur ne peut que nous épouvanter. Il est évident que la seule démarche possible consiste à nous intéresser aux ordres et aux familles plutôt qu'aux espèces. Et même dans ce cas, le nombre de noms à apprendre est stupéfiant. Mais bien que le cycle évolutif des insectes soit extrêmement diversifié, nous pouvons tenter quelques généralisations qui nous aideront à établir les fondements d'une connaissance plus approfondie.

L'une de ces généralisations, indispensable à quiconque souhaite comprendre les insectes, se rapporte à leurs phases de croissance. Contrairement aux mammifères, qui conservent plus ou moins la même apparence toute leur vie (si vous savez à quoi ressemble un écureuil, vous le reconnaîtrez chaque fois que vous le rencontrerez, quel que soit son âge), les insectes traversent des phases au cours desquelles ils changent radicalement. Chez certains, les phases sont au nombre de quatre, aussi différentes que possible les unes des autres. Chez d'autres, la croissance est progressive et la transformation, bien que totale entre le début et la fin, est presque imperceptible lors de deux phases consécutives.

Dans ce dernier cas, la métamorphose porte le qualificatif de «graduelle». Durant la première phase, l'insecte est un œuf. Puis une série d'étapes a lieu, au cours desquelles le jeune insecte mue à plusieurs reprises et grossit au fur et à mesure qu'il acquiert une nouvelle enveloppe externe. Pendant la métamorphose, il porte le nom de «nymphe». Par conséquent, on peut résumer ainsi le processus de croissance: œuf-nymphe-adulte. Lorsqu'il est devenu adulte, l'insecte parfait, que l'on appelle alors «imago», cesse de muer et commence à se reproduire.

L'autre type de métamorphose est qualifiée de «totale». Tout commence là aussi par un œuf, duquel jaillit une minuscule chenille que l'on appelle «larve». Cette larve passe son temps à se nourrir et à grossir. Ensuite, elle tisse autour d'elle une sorte de cocon, le «puparium», à l'intérieur duquel elle se métamorphose lentement en adulte selon un mécanisme appelé «la pupation». Pendant ce temps, la larve porte le nom de pupe. Par conséquent, le processus complet peut se résumer ainsi: œuf-larve-pupe-imago.

La métamorphose totale se produit chez les espèces les plus récemment apparues sur la terre. La majorité des insectes que nous connaissons la subissent, notamment les papillons de jour et de nuit, les guêpes, les abeilles, les fourmis et les scarabées. En revanche, les mouches, les libellules, les criquets et les sauterelles se développent selon une métamorphose graduelle.

Mais où sont donc les insectes en hiver? Que font-ils? Où vont-ils? Et pourquoi ne nous harcèlent-ils pas?

Les insectes sont tous des animaux à sang froid, ce qui signifie simplement que leur organisme n'est pas, comme le nôtre, adapté à une température intérieure constante. Au contraire, leur température s'adapte à celle de l'extérieur. Le froid ralentit leur métabolisme et les températures hivernales les immobilisent presque tous. Pour survivre aux variations saisonnières, ils ont acquis la capacité de passer la période la plus froide de nos climats tempérés en inactivité totale. Au printemps, ils émergent de nouveau afin de poursuivre leur croissance. La phase de repos porte le nom de «diapause». On l'observe également chez les insectes de régions qui ne connaissent qu'une saison sèche et une saison humide. En général, la diapause se produit lors de toute saison qui rend l'activité normale difficile.

Qu'est-ce qui déclenche la diapause? vous demanderez-vous, à juste titre. Il est évident que si un insecte attend l'arrivée du froid pour entrer en période de repos, il risque d'être contraint de ralentir son métabolisme au point de ne pas pouvoir terminer ses préparatifs. Par conséquent, il doit se préparer à l'hiver tant que la température demeure clémente, longtemps avant l'arrivée des premiers froids et avant que la nourriture ne se fasse rare.

Au cours de la dernière centaine d'années, les entomologistes ont acquis la certitude que les insectes étaient sensibles à la lumière et que leurs préparatifs étaient soumis au changement du nombre d'heures de lumière par jour, par rapport au nombre d'heures d'obscurité. En laboratoire, des chenilles qui habituellement tissent des cocons vers la fin de l'été sont demeurées actives, sans interruption, pendant plus de dix ans, sous un éclairage artificiel qui imitait la lumière du jour. Les aphidiens (pucerons) qui donnent naissance à des petits vivants pendant l'été mais qui, à l'automne, commencent à pondre des œufs, conservent leur comportement reproductif d'été en laboratoire. On découvre de plus en plus de preuves de l'importance du rapport obscurité-lumière pour les insectes.

Les préparatifs de la diapause peuvent emprunter deux démarches complémentaires ou consécutives selon l'espèce. L'une est destinée à réduire au minimum l'influence de conditions environnementales défavorables. C'est pourquoi de nombreux insectes migrent, non du nord au sud comme les oiseaux, mais du milieu aérien des arbres, des arbustes et des plantes vers un milieu souterrain tel que les racines, les troncs tombés à terre, les crevasses des rochers, les tranchées et le dessous de la litière. D'autres insectes, qui vivent à la surface de l'eau en été, plongent sous l'eau en hiver. D'autres encore se déplacent des hauts-fonds vers les profondeurs. Dans tous les cas, le milieu hivernal choisi est plus chaud et plus stable que l'air ambiant.

Pour se préparer à la diapause, l'insecte jouit d'une autre méthode qui lui permet d'entamer une phase différente de son cycle de vie et de résister à l'hiver. Pour beaucoup d'espèces, il s'agit de l'œuf. Vers la fin de l'été et à l'automne, beaucoup d'adultes pondent puis meurent. Les œufs n'entament leur croissance qu'au printemps, avant d'éclore. D'autres insectes se trouvent en phase larvaire, tels que les chenilles ou les charançons, en été et en automne et ils se nourrissent de la végétation luxuriante. Ils entament la pupation au début de l'hiver, ce qui leur permet d'émerger sous forme d'imagos au printemps. D'autres encore ont la capacité de s'acclimater lentement au froid et ils passent l'hiver sous leur forme adulte, dans des milieux abrités. En fait, les insectes peuvent traverser l'hiver pendant n'importe quelle phase de leur cycle évolutif, mais chaque espèce suit une démarche bien précise.

Une fois le problème de l'hiver réglé, comment l'insecte sait-il qu'il est temps de mettre fin à la diapause? Ce phénomène est un peu plus complexe, car beaucoup d'espèces passent l'hiver dans une obscurité totale et ne peuvent donc pas se fier aux changements de luminosité. Leur retour est également compliqué par le risque que leurs sources de nourriture (plantes, autres insectes, mammifères, etc.) ne soient pas prêtes au printemps, lorsque la chaleur revient.

On a formulé une théorie selon laquelle la tête des insectes contiendrait des récepteurs de lumière qui, lorsqu'ils sont exposés aux changements du rapport lumière-obscurité de l'automne, libéreraient un produit chimique qui, à son tour, inciterait l'insecte à se préparer à la diapause. Pendant l'hiver, ce produit se décomposerait, peut-être sous l'influence du froid. L'insecte retrouverait alors son comportement habituel et émergerait à l'air libre. Chaque espèce produirait ainsi son propre volume de ce produit chimique, afin de synchroniser son réveil de manière qu'il coïncide avec l'apparition de conditions optimales et la présence de nourriture.

En réalité, ces théories n'ont été confirmées que pour un minuscule pourcentage du nombre d'espèces et demeurent donc largement conjecturales. Toutefois, les principes du rapport lumière-obscurité et de la libération du produit chimique sont valides chez d'autres animaux et chez certaines plantes. Cela nous incite à penser que beaucoup de formes de vie présentent des points communs dans ce domaine.

TABLEAU DES TRACES DE LA PRÉSENCE DES INSECTES

Galeries et gravures dans le bois

Fourmis charpentières
Scolytes

Cécidies des plantes

- Airelle en corymbe: Cécidie de la tige
- Chêne: Cécidie des branches et ramilles
  Cécidie en billes
  Cécidie globuleuse
- Épinette: Cécidie conique
- Saule: Cécidie en pomme de chou
  Cécidie strobilaire
- Verge d'or: Cécidie en bouquet
  Cécidie en oignon
  Cécidie ovale

Insectes actifs en hiver

Plécoptères
Podures

Nids de guêpes

Frelons
Polistes
Sphex

Nids d'insectes dans les arbres

Chenille à tente estivale
Livrée d'Amérique

DESCRIPTIONS ET CARACTÉRISTIQUES ENTOMOLOGIQUES

FOURMIS CHARPENTIÈRES /*CARPENTER ANTS* (ESPÈCE *CAMPONOTUS*)

En hiver, vous apercevrez facilement des signes de l'existence des fourmis charpentières ainsi que d'autres fourmis. Souvent, sur les arbres morts encore debout, on peut voir les galeries creusées par les fourmis. Elles s'installent dans le bois sec des arbres morts et certaines espèces vont jusqu'à parasiter le bois vivant. Toutefois, vivant ou mort, le bois doit être en contact avec le sol pour permettre le forage dans des conditions à la fois sèches et humides. Les tunnels protègent la colonie et permettent d'élever les petits. C'est pourquoi les fourmis ont besoin d'un milieu sec et d'un milieu humide, les œufs, les larves et les pupes devant jouir d'une température et d'une hygrométrie qui favorisent leur croissance.

Galeries de fourmis charpentières

Contrairement aux termites, les fourmis charpentières ne mangent pas le bois des tunnels. Elles transportent chaque particule à l'extérieur du nid. Dans le bois sec, les nids revêtent l'apparence d'une sculpture lisse et complexe, semblable à une pièce de dentelle.

À l'instar des sociétés de fourmis et, dans une certaine mesure, des sociétés de guêpes, celles des fourmis charpentières sont constituées d'une reine féconde qui peut vivre jusqu'à 15 ans et de mâles qui vivent peu de temps; leur unique fonction consiste à féconder la reine, après quoi ils meurent aussitôt. Enfin, il y a de nombreuses femelles stériles qui remplissent les tâches d'ouvrières et de soldats. Elles se divisent parfois en deux groupes, selon leur taille: les ouvrières majeures et les ouvrières mineures. La colonie s'occupe principalement de se reproduire et c'est à cette fin qu'elle creuse le nid, élève et protège les petits, et établit de nouvelles colonies. Au fur et à mesure que l'hiver approche, le rythme de ponte se ralentit et les petits grandissent. La colonie s'installe alors au centre d'un tronc mort ou dans la partie souterraine de son nid pour survivre aux rigueurs de l'hiver. Elle hiberne en groupes que vous découvrirez facilement en fendant le bois que vous avez l'intention de brûler dans votre cheminée. Chaque

fois que la température s'élève au-delà du point de congélation, elles redeviennent actives.

Fourmis charpentières: ouvrière, reine et mâle

Le grand pic est l'un des principaux prédateurs des fourmis charpentières. Il creuse d'énormes orifices dans les troncs pour se nourrir des colonies. On constate fréquemment que les galeries des fourmis charpentières sont réutilisées par d'autres genres de fourmis ainsi que par d'autres insectes. Les trous creusés dans le bois permettent également à l'humidité et aux champignons d'entrer, ce qui accélère le mécanisme de putréfaction.

SCOLYTE /*BARK BEETLE* (FAMILLE DES SCOLYTIDÉS)

Les scolytes sont de petits insectes discrets qui passent le plus clair de leur temps sous l'écorce des arbres. Peut-être cela vous paraît-il saugrenu de les inclure à une étude des formes de vie que l'on rencontre communément en hiver. Cependant, leur inclusion se justifie par la présence d'innombrables tunnels creusés par les adultes et les larves dans le bois de surface des arbres morts. Beaucoup de ces tunnels, qui ressemblent à un fin travail de gravure, forment de ravissants motifs et reflètent le comportement fascinant des scolytes.

En effet, les scolytes peuvent être soit monogames, soit bigames, soit polygames. Chez les espèces monogames, la femelle, quelquefois aidée par le mâle, commence à creuser le tunnel après l'accouplement. Chez les espèces polygames ou bigames, c'est le mâle qui commence à creuser l'écorce, créant une cavité qui porte le nom de «chambre nuptiale» ou «chambre d'accouplement». Deux ou plusieurs femelles y entrent, s'accouplent avec le mâle et creusent ensuite, à partir de cette petite pièce, les tunnels où elles iront déposer leurs œufs.

À partir de là, les scolytes vivent tous de la même façon. La femelle creuse son tunnel à la surface du bois, déposant les œufs dans de petites niches latérales. Les larves éclosent et creusent leur propre tunnel en grignotant le bois. Chacune de ces «mines» larvaires s'étend au fur et à mesure que la larve grossit. Ensuite, chaque larve creuse une petite pièce dans laquelle elle tisse un puparium et se transforme en pupe. Ensuite, l'imago émerge de l'écorce pour aller coloniser un autre arbre.

Scolyte

Les scolytes passent l'hiver sous forme de larves, de pupes ou d'adultes. Vous les trouverez en arrachant l'écorce d'un arbre contaminé, mais vous aurez quelques difficultés à examiner l'insecte lui-même car il ne mesure que quelques millimètres de longueur. En outre, la présence des scolytes dans un arbre est difficile à détecter. Ils ont de nombreux prédateurs, dont les pics-bois, qui se régalent des insectes toute l'année et principalement en hiver.

La famille de Scolytidés se divise en trois groupes, que l'on différencie en fonction de leur comportement. Les véritables scolytes creusent leurs tunnels entre l'écorce et le bois. Les scolytes xylophages creusent le bois même, tandis que les scolytes de l'espèce *Ambrosia* vivent des champignons qui se sont installés dans les galeries creusées dans le bois.

Nous ne parlerons ici que des véritables scolytes, car ce sont leurs tunnels qui sont les plus faciles à repérer. Il existe plusieurs genres, dont les plus importants sont les *scolytus*, les *dendroctonus* et les *ips*. Il est impossible d'affirmer qu'un genre creuse un seul type de tunnel de ponte. C'est pourquoi j'évite ici de mentionner à chaque reprise le nom générique, préférant mettre l'accent sur la construction des galeries et sur ce qu'elles nous apprennent de leurs bâtisseurs. Toutefois, il faut savoir que chaque espèce parasite uniquement certains types d'arbres, voire jusqu'à certaines parties de l'arbre seulement, qu'il s'agisse des branches inférieures, des branches supérieures ou du tronc. En observant assidûment les scolytes, vous parviendrez peu à peu à connaître leur comportement habituel.

Tunnels de ponte simples

Il s'agit des tunnels creusés par la femelle d'un couple monogame. Parfois, elle tient compte du grain de l'arbre, parfois elle s'en moque totalement. Tout dépend de l'espèce à laquelle elle appartient. Le tunnel peut être droit ou biscornu. Sa longueur peut aller de 3 à 30 cm. En général, des niches destinées à recevoir les œufs sont creusées sur les côtés. Les galeries des larves, rayonnant à partir du tunnel central, sont parfois visibles. En revanche, si elles sont creusées sous l'écorce, vous ne parviendrez pas à les voir.

Tunnels de ponte simples

Tunnels de ponte fourchus

Ces tunnels sont creusés par des scolytes bigames ou mono-games. Ils commencent par une galerie simple qui se divise en deux, suivant deux sens opposés ou dans le même sens. En géné-ral, ils suivent le grain des branches. Il arrive que les tunnels des larves, voire parfois les niches à œufs, soient creusées dans l'écorce et demeurent invisibles.

Tunnels de ponte fourchus

Tunnels de ponte en rayons

Il s'agit de galeries creusées uniquement par les scolytes poly-games. Parfois, ils sont en forme d'étoiles, soit en direction du grain, soit en travers. La chambre nuptiale est quelquefois creusée dans l'écorce, donc invisible à l'œil nu.

Tunnels de ponte en rayons

Cavernes de ponte

Ces cavernes représentent la forme la plus primitive des gale-ries de ponte. Elles peuvent être creusées par n'importe quelle espèce de scolyte, qu'elle soit monogame ou polygame. Il s'agit de cavités agrandies dans lesquelles les femelles pondent tous leurs œufs. Les larves dévorent les parois de la petite pièce, ce qui lui donne ses formes étranges.

Cavernes de ponte

Tunnels de ponte de forme irrégulière

Cette catégorie est simplement destinée à démontrer que le comportement des scolytes n'est pas aussi prévisible que les quatre exemples précédents le suggèrent. Beaucoup de tunnels de scolytes sont de véritables labyrinthes dépourvus de toute régularité.

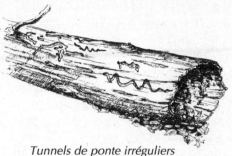

Tunnels de ponte irréguliers

Cécidies des plantes

Les cécidies (communément appelées «galles») sont des déformations des plantes provoquées par les insectes qui les utilisent pour se protéger et se nourrir pendant leur croissance. En Amérique du Nord, on connaît plus de 1 500 insectes qui provoquent des cécidies. La plupart d'entre nous ont déjà vu une cécidie, mais peu de gens les reconnaissent en tant que telles. Beaucoup sont faciles à voir en été, car elles revêtent la forme de renflements, d'excroissances ou de décolorations des arbres et des plantes. D'autres sont plus visibles en hiver car elles déforment les ramilles.

Les cécidies intéressent les scientifiques pour trois raisons. Tout d'abord, elles sont nuisibles aux récoltes. C'est notamment le cas de la cécidie du blé. Ensuite, étant considérées comme des exemples de tumeurs, on les étudie dans le cadre de la recherche sur le cancer. Enfin, le cycle évolutif des insectes cécidogènes (responsables des cécidies) est souvent inhabituel et particulièrement complexe.

Malgré tout, les cécidologues parviennent difficilement à analyser la formation des cécidies, et le cycle évolutif de la majorité des insectes cécidogènes demeure un mystère. Pour l'instant, on pense que l'insecte bouleverse le mécanisme de croissance de la plante soit par irritation physique, soit par sécrétion d'un produit chimique. Autour de l'insecte se crée une tumeur qu'il utilise ensuite pour se nourrir et se protéger pendant sa croissance.

Certaines cécidies ne sont provoquées que par un seul insecte tandis que d'autres peuvent abriter toute une colonie. Certains insectes s'installent volontiers dans les cécidies créées par d'autres. Lorsque l'insecte cécidogène n'est pas tué par l'envahisseur, ce phénomène porte le nom d'«inquilinisme». Mais lorsque l'envahisseur tue l'insecte cécidogène, il s'agit alors d'un cas de «parasitisme». Après qu'une cécidie a été abandonnée par l'insecte qui l'a provoquée, elle peut être utilisée comme abri par d'autres insectes pendant l'hiver. Les oiseaux et les mammifères les ouvrent pour y dévorer leurs occupants. En cherchant à repérer les cécidies mentionnées ici, vous en trouverez indubitablement beaucoup d'autres, ce qui vous permettra de constater à quel point ce phénomène est répandu.

CÉCIDIE DE LA TIGE D'AIRELLE EN CORYMBE /*BLUEBERRY STEM GALL*

Si vous repérez cette cécidie, vous saurez que vous venez d'identifier un pied d'airelle en corymbe, l'un des arbustes les plus répandus dans nos forêts. La cécidie se rencontre aussi sur les tiges de gaylusaccia et c'est en corrélation avec cet arbuste qu'elle est fréquemment mentionnée dans les ouvrages de référence. Toutefois, on la trouve principalement sur l'airelle en corymbe. C'est une guêpe particulière *(Hemadas nubilipennis)*, de la famille des Cynips, qui en est responsable.

La cécidie apparait au début de l'été dans le cambium — la couche en pleine croissance des jeunes ramilles. La tumeur déforme la ramille, la forçant à se recourber. Lorsque l'automne arrive, la cécidie est d'un brun rougeâtre, en forme de rognon. Au printemps, elle sera percée de trous par les imagos de cynips qu'elle contient. Il s'agit donc d'une cécidie plurialvéolée, c'est-à-dire qu'elle est composée de plusieurs cocons. Certaines mouches inquilines viennent vivre dans la cécidie provoquée par les cynips.

Cécidies de la tige d'airelle en corymbe: celle de gauche est jeune, celle de droite est vieille.

En hiver, vous apercevrez sans doute les cécidies de l'année précédente et celles de l'année en cours. Les premières sont brunes et lisses tandis que les secondes sont grisâtres, percées de minuscules orifices et situées en arrière sur la ramille.

CÉCIDIES DU CHÊNE

Le chêne abrite plus d'insectes cécidogènes que toute autre plante. Des 1 500 cécidies nord-américaines que nous connaissons jusqu'à présent, plus de 800 ont été observées sur des chênes. Toutes les parties de l'arbre semblent atteintes: racines, tronc, branches et ramilles, feuilles, fleurs et fruits (glands). Les feuilles sont les hôtes les plus prisés, juste avant les ramilles. Une fois que vous aurez pris l'habitude de reconnaître les cédidies, vous identifierez les chênes en hiver grâce aux innombrables tumeurs que présentent leurs branches.

Presque toutes les cécidies du chêne sont provoquées par une famille de guêpes cécidogènes, les Cynipidés ou cynips. On sait que beaucoup d'entre elles ne produisent pas les insectes des deux sexes à chaque génération. Certaines générations, en général une fois sur deux, ne créent pas de cynips mâles. Toutefois, le cycle évolutif de la majorité des cynips, même les plus répandus, est encore inconnu. Leur étude est compliquée par le fait que des générations de la même espèce peuvent former des cécidies différentes sur des hôtes différents.

Vous trouverez ci-dessous la description des trois types de cécidies du chêne les plus répandues en hiver. Beaucoup d'ouvrages d'introduction à l'entomologie affirment que certaines espèces créent certains types de cécidies, mais il s'agit d'une simplification excessive qui ignore l'incroyable diversité des cécidies et leurs subtiles différences. Chacune des trois que nous présentons ici possède de nombreuses variantes et chacune peut être créée par des espèces différentes.

CÉCIDIES DES BRANCHES ET DES RAMILLES DU CHÊNE

Il s'agit évidemment d'une rubrique très générale que nous incluons ici, car ses divers membres sont abondamment représentés en hiver. Les cécidies en billes entrent naturellement dans cette catégorie, mais nous leur avons consacré une rubrique distincte en raison de leur forme très particulière. Les autres types de cécidies revêtent la forme d'excroissance et de renflements irréguliers qui apparaissent à l'extrémité des ramilles de chêne. Contrairement aux cécidies globuleuses et aux cécidies en billes, elles peuvent contenir de nombreuses larves.

Cécidies de la branche et de la ramille du chêne

Selon les régions, elles portent divers noms vernaculaires («goutte du chêne», par exemple), mais ce sont principalement les membres des genres *Neuroterus* et *Plagiotrochus* qui en sont responsables.

CÉCIDIES EN BILLES DU CHÊNE /*OAK BULLET GALLS*

Comme leur nom l'indique, il s'agit de petites cécidies rondes, de la taille approximative de billes. Contrairement aux cécidies globuleuses, elles ne se forment que sur les ramilles. On les trouve seules ou par groupes de deux ou plus. Il arrive qu'elles forment des amas de vingt billes ou davantage, selon leur type. En Amérique du Nord, nous connaissons pour le moment plus de cinquante types de cécidies en billes, les plus courantes étant provoquées par des guêpes du genre des *Disholcapsis*.

Cécidies en billes du chêne

CÉCIDIE GLOBULEUSE DU CHÊNE / *OAK APPLE GALL*

Cette cécidie revêt la forme de petites boules beiges de 2,5 à 5 cm de diamètre. Elles se forment sur les feuilles, souvent sur la veine médiane de la feuille ou sur le pétiole. On les aperçoit aussi fréquemment sur le bourgeon même. Elles se divisent en deux groupes: celles qui se forment au printemps sur la feuille en pleine croissance et celles qui apparaissent à l'automne ou à la fin de l'été sur la feuille mûre. Les cécidies printanières sont plutôt molles tandis que les autres présentent une carapace plus dure et se développent plus lentement. Il est évident qu'en hiver, vous verrez surtout des cécidies du second groupe. Peut-être seront-elles tombées à terre ou pendront-elles de l'arbre comme des boules de sapin de Noël. Il arrive qu'une branche soit couverte d'une vingtaine ou d'une trentaine de cécidies globuleuses qui lui donnent véritablement un air de fête.

Cécidie globuleuse du chêne: l'une a été ouverte à coups de bec par un oiseau, l'autre a été fendue en deux pour mettre l'intérieur en évidence.

On divise ensuite ces cécidies en deux catégories, selon leur structure interne. Les cécidies globuleuses pleines contiennent une matière spongieuse, répartie entre les cavités dures du centre et l'écorce. En revanche, les cécidies globuleuses vides sont simplement dotées de minuscules fibres disposées en rayons, qui relient l'écorce à la cavité interne.

À l'instar des autres cécidies, celles-ci peuvent abriter des parasites, des inquilins ou des réutilisateurs. Il est fort amusant d'ouvrir une cécidie, car on ne sait jamais ce que l'on va y trouver. Je me souviens d'en avoir ouvert une, en été, qui contenait une centaine d'œufs et autant de fourmis qui ont aussitôt jailli sur mes doigts. À une autre reprise, j'y ai découvert des nids de guêpes constitués de boue.

Parmi les deux principaux genres d'insectes qui provoquent les cécidies globuleuses du chêne, on trouve les *Amphibolips* et les *Cynips*. Il existe plus d'une centaine de types de cécidies globuleuses, que l'on classe selon leur taille, leur forme, leur texture superficielle et la partie de la feuille sur laquelle elles se forment.

CÉCIDIE CONIQUE DE L'ÉPINETTE /*SPRUCE PINEAPPLE GALL*

Cette cécidie se forme à l'extrémité des branches d'épinette, là où a lieu la croissance, et demeure sur l'arbre jusqu'à ce que la branche tombe. Elle ressemble à un ananas miniature de 1,5 ou 2,5 cm de long. Il arrive souvent que les pointes des vieilles aiguilles la transpercent pour ressortir à l'autre extrémité.

Cécidie conique de l'épinette

Épinette avec cécidies

L'insecte cécidogène *(Chermes abietis)* appartient à la famille des Aphidiens (pucerons), dont le cycle évolutif est extrêmement complexe, entraînant ce qu'on appelle «l'alternance des générations». Le parent A pond des œufs qui deviennent le parent B. Le parent B pond des œufs qui, eux, deviennent un nouveau parent A. Les deux générations peuvent se ressembler ou, au contraire, présenter une apparence entièrement différente. Par conséquent, il est souvent extrêmement difficile de suivre le cycle évolutif des pucerons. D'autres membres de la même famille sont encore plus déconcertants, car jusqu'à cinq générations distinctes peuvent se succéder avant que l'on constate un retour au parent A.

L'aphidien à cécidie conique termine son cycle évolutif en un an, soit au bout de deux générations. Mais pour faire contrepoids à cette simplicité pour le moins suspecte, *Chermes abietis* ne procrée pas de mâles, sa reproduction étant parthénogénétique (du grec *parthenos* qui signifie «vierge»). En effet, le cycle débute à l'automne tandis qu'une femelle ailée, le parent A, vole jusqu'à l'épinette la plus proche et pond ses œufs à la base des bourgeons. Une fois éclos, les œufs laissent émerger des nymphes femelles ailées, soit les parents B, qui mangent les aiguilles d'épinette à l'automne et passent l'hiver à la base du bourgeon printanier. Une fois le printemps arrivé, elles recommencent à se nourrir et c'est ainsi que les aiguilles enflent pour former la cécidie. Peu après, les nymphes pondent, et les larves nées de ces œufs se nourrissent des aiguilles, pénètrent dans la cécidie puis en émergent ultérieurement sous forme de femelles ailées. Ce sont de nouveaux parents A qui s'envolent vers de nouvelles épinettes pour recommencer le cycle. Par conséquent, les cécidies sont inoccupées en hiver, mais elles sont utilisées dès le printemps par la génération A.

CÉCIDIE EN POMME DE CHOU DU SAULE / *WILLOW PETALED GALL*

Il s'agit de l'une des plus belles cécidies que l'on puisse voir en hiver. Elle ressemble à une fleur grisâtre, à l'extrémité des branches d'un saule arbustif. Plusieurs cécidies en pomme de chou peuvent se former sur le même arbre, en compagnie de la superbe cécidie strobilaire. On pense que la cécidie en pomme de chou est provoquée par la cécidomyie qui porte le nom de *Rhabdophaga rhodoides*. Elle apparaît au printemps et au début de l'été, pendant la croissance active de la plante. Toutefois, on sait peu de choses du cycle évolutif de la cécidomyie. Il est évident toutefois que les «feuilles de chou» abritent de nombreux insectes en hibernation.

Cécidie en pomme de chou du saule, entière et tranchée par le milieu

À l'instar de la cécidie strobilaire du saule et de la cécidie en bouquet de la verge d'or, la cécidie en pomme de chou est, pense-t-on, formée de feuilles difformes, regroupées en bouquets et dépourvues de tiges. Lorsqu'on tranche ces trois types de cécidies par le milieu, on s'aperçoit que leur structure interne est comparable.

CÉCIDIE STROBILAIRE DU SAULE / *WILLOW PINE CONE GALL*

Cette cécidie n'apparaît que sur les saules arbustifs et on la trouve davantage dans la région des Grands Lacs que dans l'Est. C'est l'une des plus belles, car elle a la forme d'un petit cône de pin bien fermé. Elle n'apparaît qu'à l'extrémité des branches. Un petit insecte, *Rhabdophaga strobiloides*, qui mesure à peine 4 mm, en est responsable. Il appartient à la famille des *Cecidomyiae* qui, comme leur nom l'indique, produisent un vaste pourcentage des cécidies connues.

Le cycle évolutif de l'insecte est étrangement simple. En hiver, une larve vit au centre de la cécidie. Au printemps, elle se transforme en pupe avant d'émerger sous forme d'imago. La femelle fécondée pond sur la nouvelle excroissance à l'extrémité des branches de saule. Les larves naissent et stimulent la croissance de la cécidie dans laquelle elles passent ensuite l'hiver.

Cécidie strobilaire du saule, entière et tranchée dans le sens de la longueur

Outre sa beauté, cette cécidie a suscité l'intérêt des entomologistes, car elle attire un nombre exorbitant d'insectes qui l'utilisent pour y passer l'hiver ou s'y reproduire. Certains sont des inquilins, d'autres des parasites. Au cours d'une étude, on a récolté 23 cécidies qui ont permis d'élever 564 insectes. Seulement 15 contenaient la cécidomyie d'origine, mais on y a en plus trouvé 6 guêpes parasites, 169 autres cécidomyies et 384 œufs de sauterelles *(Xiphidium eusiferum)*. Il est évident que les écailles qui se chevauchent forment un abri précieux pour les autres insectes qui ont appris à tirer parti des capacités cécidogènes de l'insecte responsable.

CÉCIDIE EN BOUQUET DE LA VERGE D'OR / *GOLDENROD BUNCH GALL*

Il s'agit d'une autre cécidie, très courante et facilement reconnaissable. Elle est formée par une cécidomyie, *Rhopalomyia solidaginis,* et, apparemment, elle ne se trouverait que sur un type particulier de plante, la verge d'or du Canada ou *Solidago canadensis*. Elle naît dans le bourgeon et inhibe la croissance de la tige tout en provoquant une prolifération de feuilles. Le produit final ressemble à une fleur dotée de nombreux pétales ligneux. Étant donné qu'elle n'apparaît qu'à l'extrémité de la tige, vous la repérerez facilement en hiver dans un champ de verges d'or.

Cécidie en bouquet de la verge d'or

Chaque cécidie semble être provoquée par une seule larve, car le cœur du renflement ne contient habituellement qu'une cavité, mais d'autres insectes du même genre y pratiquent l'inquilinisme. Le nom spécifique de la cécidomyie, tout comme celui des insectes responsables des deux autres types de cécidies dont nous venons de parler, est dérivé du nom générique de la verge d'or, *Solidago*.

CÉCIDIE EN OIGNON DE LA VERGE D'OR /
GOLDENROD BALL GALL

Cette cécidie revêt la forme d'un renflement sphérique de la tige. Elle est très courante et peut se trouver sur la plupart des verges d'or d'un champ. On a également constaté qu'une même tige pouvait en contenir plusieurs.

Cécidie en oignon de la verge d'or

La cécidie est créée par la larve d'une petite mouche aux ailes tachetées, *Eurosta solidaginis*. Après l'accouplement, la femelle pond sur les nouvelles tiges, vers la fin du mois de mai ou au début de juin. Une fois l'œuf éclos, la larve s'enfouit dans la tige et poursuit ses activités excavatrices jusqu'à obtenir une cavité dans laquelle elle tient largement à son aise. Pendant ce temps, la cécidie se forme autour d'elle. La croissance de la larve s'interrompt alors pendant l'hiver. Au printemps, le futur insecte reprend ses activités et mange toute la matière végétale qui le sépare de la couche externe de la cécidie. Ensuite, il réintègre sa «chambre» qui lui sert alors de puparium. Une fois parvenu au stade de l'imago, il rampe le long du tunnel qu'il avait précédemment creusé vers l'extérieur, perce l'enveloppe de la cécidie et émerge au grand jour.

Par conséquent, la cécidie en oignon contient habituellement la larve de l'insecte cécidogène en hiver. Toutefois, beaucoup d'autres espèces s'attaquent volontiers aux larves sans défense. Il est fréquent que de petits scarabées pénètrent dans les cécidies pour y dévorer la larve qu'elles contiennent, avant d'hiberner eux-mêmes dans la cavité.

CÉCIDIE OVALE DE LA VERGE D'OR /
ELLIPTICAL GOLDENROD GALL

Il s'agit d'une des cécidies les plus répandues parmi toutes celles que l'on peut repérer en hiver. Elle est provoquée par la larve d'un papillon *(Gnorimoschema gallaesolidaginis)*, ce qui est exceptionnel puisque très peu de papillons sont cécidogènes. À l'automne, l'insecte adulte pond sur les feuilles inférieures et les tiges de verges d'or, à raison d'un œuf par feuille et par tige. L'œuf atteint le stade de la pré-éclosion à l'automne et sa croissance s'interrompt pendant l'hiver. Au printemps, la larve surgit de l'œuf, rampe jusqu'à une nouvelle pousse de verge d'or, s'enfouit dans les bourgeons terminaux et descend le long de la tige. Après avoir parcouru quelques centimètres, elle s'installe tranquillement. C'est à ce stade qu'une cécidie se forme autour de l'insecte. La larve continue de se nourrir jusqu'à la fin du mois de juillet environ, puis elle perce un orifice dans la partie supérieure de la cécidie afin de pouvoir sortir une fois qu'elle sera devenue adulte. Avant la pupation, elle bouche l'orifice d'un mélange de soie et de matière végétale. Elle n'émergera sous sa forme d'imago que vers la fin du mois d'août ou au début de décembre.

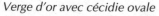

Verge d'or avec cécidie ovale   Cécidie ovale de la verge d'or

Ainsi, la cécidie ovale de la verge d'or ne contient pas en hiver l'insecte qui l'a provoquée. Elle a une ouverture au sommet et, à l'intérieur, un puparium formé d'une membrane rouge brunâtre orientée vers le haut. Mais ce papillon est extrêmement parasité et vous découvrirez facilement les traces de parasitisme si vous examinez les cécidies pendant l'hiver. L'un des principaux parasites est l'ichneumon, *Caliephialtes notandus*, qui possède un ovipositeur (organe de ponte situé à l'extrémité de l'abdomen) placé de telle façon qu'il peut l'insérer dans la cécidie et pondre un œuf sur la larve. L'intrus né dans la cécidie consomme la larve et tisse un long cocon brun qui lui sert de puparium et duquel il émerge à la fin de l'été sous sa forme d'imago.

Une autre guêpe, *Copidosoma gelechiae*, dépose son œuf dans celui du papillon. La larve du papillon se développe normalement jusqu'à la pupation et meurt. La larve du parasite se développe ensuite et sa pupation a lieu à l'intérieur de la larve du papillon. En été, les guêpes adultes émergent du puparium. Il ne reste de leur travail qu'une membrane larvaire percée de trous, à l'intérieur de la cécidie. D'autres insectes passent l'hiver dans la cécidie, adultes ou pupes, soit dans un cocon brun et blanc, soit simplement isolés par les parois de la cécidie.

Intérieur d'une cécidie ovale. De gauche à droite, membrane brune et luisante du puparium de l'insecte cécidogène; cocon blanc et cocon brun des parasites

Outre ces parasites, de nombreux arthropodes réutilisent les cécidies inoccupées. Beaucoup d'araignées, notamment, s'en servent comme abri ou pour y installer leurs œufs. Il semblerait aussi que les abeilles, les fourmis, les scarabées et quelques Thripidés viennent parfois occuper les cécidies ovales désertées.

Insectes actifs en hiver

PLÉCOPTÈRES/*STONEFLY* (ORDRE DES *PLECOPTERA*)

Le plécoptère est l'un des insectes souvent actifs en hiver. On a même constaté que certaines espèces s'étaient si bien adaptées que leur cycle était exactement l'inverse de celui de la plupart des autres insectes. Les larves, qui vivent dans les ruisseaux, commencent à se nourrir et à grossir à l'automne et au début de l'hiver. Les adultes émergent de l'eau vers le milieu de l'hiver et vont s'accoupler sur les berges. La femelle retourne ensuite à l'eau pour y pondre.

Lorsqu'ils volent lentement dans les airs, les plécoptères ressemblent à de gros moustiques grisâtres. Mais vous les trouverez surtout occupés à ramper sur les rochers et la neige, au bord des ruisseaux, où, une fois adultes, ils viennent se nourrir d'algues. Les plécoptères ne tolèrent que l'eau vive, leurs larves se nourrissant et vivant à l'abri des roches situées à l'extrême bord du ruisseau.

Plécoptères rampant sur les rochers

Plécoptères

PODURES/*SPRINGTAILS (ACHORUTES NIVICOLUS)*

Si vous poursuivez vos explorations hivernales, vous ne manquerez pas de rencontrer les «puces de neige». Au pied d'un arbre, par les journées ensoleillées d'hiver, là où le soleil a fait fondre la neige qui recouvrait un amas de feuilles mortes, vous apercevrez d'innombrables petits points noirs sur le blanc environnant. Peut-être penserez-vous d'abord qu'il s'agit de suie. Mais en examinant de plus près ce phénomène, vous constaterez que vous avez affaire à de minuscules insectes grisâtres qui sautillent de tous côtés. Ce sont les «puces de neige», ou podures, les *Acho-rutes nivicolus*.

Podures éparpillés sur la neige au pied d'un arbre

Ils appartiennent à un ordre primitif mais extrêmement répandu d'insectes sans ailes, les *Collembola*. En général, les membres de cet ordre vivent à la surface du sol, mais on les trouve aussi à la surface de l'eau et dans les zones intercotidales (soit entre la basse et la pleine mer). Ils habitent les climats tempérés et tropicaux, se nourrissant généralement d'algues, de pollen et des moisissures de feuilles. Ils sont si nombreux qu'on en compte souvent plus de 10 millions par demi-hectare.

Leur nom anglais, *Springtail*, ou littéralement «queue à ressort», désigne les deux membres qui, rattachés au dernier segment de leur corps, ressemblent en effet à deux pattes modifiées. Ces membres sont habituellement repliés contre l'abdomen et maintenus en place par deux organes semblables à des pinces. Lorsque ces pinces s'ouvrent, les deux «pattes» se déplient comme des ressorts et, en touchant le sol, propulsent l'insecte à quelques centimètres de là. Ce type de locomotion, qui rappelle celui des puces, a contribué, à tort, à faire qualifier les podures de «puces de neige».

Podures

En hiver, les membres de cette espèce sortent pour se nourrir, profitant des microclimats créés par le soleil à certains endroits beaucoup plus chauds que la température ambiante. Si vous apprenez à repérer les podures, vous les remarquerez de plus en plus souvent car, bien que leur taille les rende presque invisibles, ils sont extrêmement nombreux.

Nids de guêpes

FRELONS, GUÊPES JAUNES/*HORNETS, YELLOW JACKETS* (ESPÈCE *VESPULA*)

Les nids de papier des frelons et des guêpes jaunes *(Vespulae)* sont considérés comme plus perfectionnés que ceux des polistes, car ils offrent une meilleure protection contre les prédateurs et les intempéries. Dans l'ensemble, le cycle évolutif de ces deux types de guêpes est comparable à celui des polistes, à la différence près qu'une seule reine commence à construire la colonie et n'est jamais aidée par d'autres reines. Elle bâtit d'abord quelques alvéoles qu'elle fixe à une branche. Puis elle y pond les œufs qu'elle entoure d'une enveloppe de papier. Ensuite, elle nourrit les larves jusqu'à ce qu'elles entament leur pupation et émergent sous forme d'ouvrières adultes. À partir de ce moment-là, ce sont elles qui se chargent de recueillir la nourriture, de construire le nid et de veiller sur la couvée tandis que la reine continue de pondre. À l'automne, des mâles ou des femelles fécondes émergent des œufs. Les adultes s'accouplent, mais seules les femelles fécondées survivront à l'hiver et émergeront au printemps pour entamer la construction de nouveaux nids.

Les nids sont abandonnés en hiver, ce qui vous permettra de vous en approcher en toute sécurité et de les examiner soigneusement une fois que les températures se seront stabilisées en dessous de zéro. Vous apercevrez des nids à des hauteurs diverses, entre 60 cm et 12 m du sol. Ils se trouvent souvent dans les arbres, dans les arbustes et parfois sous les gouttières des toitures. Leur profondeur peut varier entre 20 et 45 cm, les nids de guêpes jaunes étant souvent les plus petits.

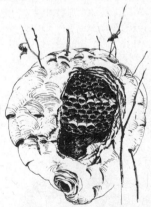

Nid de frelons ouvert

Après l'éclosion des premiers œufs contenant les ouvrières, celles-ci commencent à construire de nouvelles alvéoles et à agrandir le nid en mâchant les couches internes de l'enveloppe pour les retirer et en ajoutant de nouvelles couches à l'extérieur.

Elles fabriquent le papier en recueillant des lamelles de bois sec qu'elles mâchonnent et auxquelles elles ajoutent un liquide qui ressemble à une colle. Si vous examinez l'extérieur du nid, vous découvrirez du bois de couleurs différentes, chaque morceau étant placé en arc de cercle de manière à former un motif de coquillage qui donne l'impression que le nid est «rembourré» et isole complètement l'intérieur. La plupart des nids sont constitués de 6 à 8 couches de papier, l'épaisseur totale atteignant environ 5 cm.

Il a été prouvé que les frelons étaient capables de régler la température intérieure de leurs nids. Au cours d'une expérience, on a découvert qu'alors que les températures extérieures avaient enregistré un écart de près de 30 °C en une semaine, les températures intérieures du nid n'avaient varié que de 5 °. Bien que les capacités régulatrices des frelons eux-mêmes contribuent largement à ce phénomène, l'efficacité de la couche isolante du nid joue certainement un rôle important.

Si vous découpez une partie du nid, vous observerez deux à quatre étages d'alvéoles superposées. Certaines des alvéoles extérieures vous paraîtront courtes, simplement parce qu'elles n'ont jamais été terminées. D'autres peuvent contenir des larves séchées, et vous en conclurez que le nid a été abandonné avant qu'elles aient pu parvenir à maturité. D'autres alvéoles possèdent une couche supplémentaire de papier blanc. C'est parce qu'elles allaient être réutilisées. Les larves qui les ont occupées au départ en ont souillé le fond avec leurs excréments. Par conséquent, l'alvéole étant devenue trop courte pour la larve suivante, les ouvrières, au lieu de la nettoyer, ont simplement bâti une extension. Si vous grattez le fond de ces alvéoles, vous y découvrirez les excréments.

Guêpe jaune et frelon

L'entrée de la ruche est habituellement un trou situé à la base du nid, sur un côté. Bien que les guêpes abandonnent le nid en hiver, il constitue un excellent abri que d'autres types d'insectes et d'araignées ne manquent pas d'utiliser.

Les mêmes nids sont parfois construits dans le sol par les frelons et les guêpes jaunes. Généralement, Ils occupent des terriers ou des cavités naturelles et, à l'automne, les mouffettes ou les ratons laveurs à la recherche de larves les détruisent lorsque le froid ralentit les mouvements des insectes.

POLISTES/*PAPER WASPS (POLISTES FUSCATUS)*

Le nid du poliste est constitué d'une couche unique de rayons de papier, renfermant entre 10 et 150 alvéoles. Vous le trouverez généralement sous les gouttières, sous les toits ou sous les grosses branches. Il est suspendu par un pédicelle (petit pédoncule) unique qui a l'apparence d'un fil, les alvéoles s'ouvrant vers le bas.

Nids de polistes: celui de gauche n'a jamais été terminé.

Pour comprendre les activités qui se déroulent autour du nid, il vous faut connaître les rudiments du cycle évolutif de ces guêpes. Le mâle et la femelle s'accouplent à l'automne avant d'hiverner dans les crevasses des roches et les troncs en putréfaction. Seules les reines survivent à l'hiver, émergeant dès les premières journées tièdes pour chercher l'endroit propice à la construction du nid. Une fois qu'elles l'ont trouvé, elles commencent à bâtir quelques alvéoles dans lesquelles elles pondent, à raison d'un œuf par alvéole. À ce stade, les reines qui ont entamé la construction de leur nid mais qui, pour une raison quelconque, ne l'ont pas terminé, deviennent les ouvrières d'une seule reine, celle qui a achevé son nid. Elles finissent alors de construire les alvéoles et nourrissent les larves une fois les œufs éclos. Lorsque les larves se sont transformées en grosses chenilles blanches, elles scellent leurs alvéoles respectives dans lesquelles se déroule la pupation. Quelques jours plus tard, elles émergent sous forme adulte et sont prêtes à joindre les rangs des ouvrières.

Poliste sur le nid

À la fin de l'été, la reine pond d'autres œufs. Certains sont fertilisés, d'autres pas. Ces œufs sont abondamment nourris et, une fois éclos, donnent naissance à des mâles oisifs et à d'autres reines. Ces deux types de guêpes demeurent aux environs du nid, nourries par les ouvrières. Peu après, la reine cesse de pondre et le nid commence à se briser. Les ouvrières ralentissent leur rythme de travail. Parfois, elles mangent les larves partiellement développées. À l'automne, les mâles et les nouvelles reines quittent le nid, s'accouplent et hibernent. Les reines, ayant emmagasiné des réserves supplémentaires de graisse, survivent à l'hiver et c'est ainsi que le cycle recommence.

Le nid est très révélateur de l'existence des guêpes. Il est constitué de bois sec et de fibres végétales, recueillis sur des poteaux de clôture, de vieux édifices et des arbres morts. Les morceaux de bois sont arrachés par les puissantes mandibules des guêpes. Ils sont emportés au nid, mâchonnés, mélangés à de la salive et appliqués, sous forme de pâte à papier, en cercles concentriques de manière à former les alvéoles. Certains nids présentent des variations de couleurs qui trahissent l'origine des différents bois utilisés.

La reine entame la construction de toutes les alvéoles, mais ce sont les ouvrières qui la terminent. Vous constaterez parfois que les alvéoles extérieures sont deux fois moins longues que les autres. Elles ont simplement été commencées par la reine et jamais terminées. Il est possible que vous trouviez un nid de quelques alvéoles seulement. Il aura probablement été entamé par une reine au printemps et, pour une raison quelconque, abandonné lorsque cette reine aura joint les rangs des ouvrières d'une autre reine.

Le pédicelle unique par lequel le nid est suspendu à la poutre ou à la gouttière serait, pense-t-on, une mesure de protection. Les parasites rampants n'ayant qu'une voie d'accès au nid, les ouvrières peuvent le défendre plus facilement et il arrive même que la reine recouvre le pédicelle d'un produit répulsif pour les fourmis. Le sommet des alvéoles est également revêtu d'une substance luisante destinée à étanchéiser le papier.

Les alvéoles sont construites et remplies en cercles concentriques. Lorsque les premiers œufs sont éclos, il arrive que les cellules initiales soient nettoyées et réutilisées. Vous apercevrez peut-être des restes de larves dans certaines d'entre elles. D'autres aurons été scellées et, si vous les ouvrez, vous y trouverez des guêpes mortes, bien que parfaitement formées. Les ouvrières ne vivent guère longtemps et il est rare qu'il y ait, à un moment donné, autant de guêpes que d'alvéoles.

Vous trouverez parfois des nids au sol, en hiver, là où ils auront été emportés par le vent. Inspectez également l'intérieur des vieux appentis abandonnés, des garages, des granges et le dessous des gouttières des édifices en bois.

SPHEX /*MUD DAUBERS* (FAMILLE DES SPHÉCODES)

Les sphex, que l'on appelle aussi «guêpes maçonnes», sont plutôt solitaires et ne possèdent pas de système de castes. Leur société repose uniquement sur la différence entre les sexes. Après l'accouplement, la femelle construit des nids, les garnit d'insectes paralysés, y pond ses oeufs et les scelle. Les larves se nourrissent des insectes, toujours vivants mais paralysés. Elles passent ainsi l'hiver, juste avant d'entamer la pupation. Au printemps, elles se transforment en pupes et émergent sous forme adulte.

Sphex sur un nid

Parmi les Sphécodes, deux guêpes communes construisent des nids de boue tandis qu'une troisième les réutilise. Ils sont fixés à des ponts ou à des gouttières. On en trouve également dans les appentis, les garages et les granges. Les sphex ont une prédilection pour les endroits chauds, secs et abondamment peuplés d'araignées.

Le sphex jaune *(Sceliphron caementarium)* commence, par les belles journées tièdes, à recueillir de la boue sur la berge des étangs, des mares et des ruisseaux. Il pose d'abord un plancher de boue sur lequel il façonne des demi-cercles, de droite à gauche, pour former une alvéole. Près de trente voyages sont nécessaires pour recueillir la boue qui lui permettra de bâtir une alvéole, et il lui faut une ou deux heures de travail ininterrompu pour terminer la première. Une fois que l'alvéole est remplie d'araignées paralysées, le sphex y dépose un œuf et la referme à l'aide d'un bouchon de boue. Puis il continue de construire des alvéoles à côté de la première. Une fois le nid terminé, il le recouvre d'une dernière couche de boue.

Les vieux nids durent souvent un an ou deux. C'est pourquoi une autre guêpe, le sphex bleu *(Chalybion californicum)*, les nettoie et les restaure avant d'en prendre possession. Dans son jabot, le sphex bleu transporte de l'eau qui lui permet de liquéfier la vieille boue, d'effectuer des réparations et d'étanchéiser les parois des alvéoles. Il est évident que réutiliser un ancien nid lui fait gagner du temps. Il peut ainsi recueillir davantage de nourriture et se consacrer exclusivement à la ponte une fois ses préparatifs terminés. Rien d'étonnant que ce type de guêpe soit plus répandu que celle qui a construit le nid au départ.

Le genre *Trypoxylon* contient un second groupe de guêpes bâtisseuses dont les nids revêtent l'apparence de longs tubes distincts les uns des autres, en forme de tuyaux d'orgue. Contrairement au sphex jaune, la guêpe tubifère ne recouvre pas son nid d'une couche de boue finale et chaque tube est constitué de nombreuses alvéoles qui, chacune, contiennent des araignées et un œuf. Les alvéoles sont séparées les unes des autres par des cloisons de boue.

Il est parfois possible de décoller les nids de sphex sans les abîmer, ce qui permet de gratter la couche de boue afin d'examiner l'intérieur. Selon l'époque de l'année et l'état des alvéoles, on peut y découvrir des araignées et une larve, une larve en état d'hibernation, une pupe ou un cocon vide.

Nids de chenilles

Les deux insectes décrits dans cette rubrique, bien qu'appartenant à des familles différentes, ont des habitudes comparables. En effet, tous deux se protègent, pendant leur période larvaire, à l'aide de toiles qui ne sont pas particulièrement agréables à l'œil, en hiver, lorsqu'elles ressemblent à des fragments de dentelles remplis de feuilles sèches et d'excréments émiettés. Toutefois, nous voyons tellement de ces toiles sur les arbres dénudés qu'elles méritent notre attention. En outre, de loin, elles sont faciles à confondre avec des nids d'oiseaux, et vous devriez pouvoir les différencier.

Ces insectes étant plus facilement repérables lorsqu'ils se trouvent encore à l'état larvaire, on leur a attribué un nom qui reflète cette caractéristique. Il s'agit de la chenille à tente estivale et de la livrée d'Amérique.

CHENILLE À TENTE ESTIVALE /FALL WEBWORM (HYPHANTRIA CUNEA)

La chenille à tente estivale, à l'instar de la livrée d'Amérique, construit un nid communautaire qui ressemble à une toile. Mais c'est vers la fin de l'été qu'elle se livre à cette activité, afin que l'abri dure jusqu'à l'hiver. Autre différence, les nids ne sont pas placés aux mêmes endroits et, par conséquent, n'ont pas la même utilité. Les chenilles à tente estivale commencent à tisser leur cocon à l'extrémité d'une branche en englobant dans leur toile les feuilles dont elles se nourrissent; elles agrandissent ensuite leur tente en fonction de leurs besoins alimentaires. Par conséquent, le produit final ne ressemble pas à la toile triangulaire que l'on aperçoit à la fourche des branches. Il s'agit plutôt d'un cylindre qui entoure l'extrémité d'une ramille. En hiver, on peut facilement le confondre avec le nid suspendu de l'oriole de Baltimore, qui est d'une couleur comparable et situé au même endroit. Mais le nid de l'oriole ne contient pas de feuilles, d'une part, et il se termine par une base sphérique, d'autre part.

Vieux nids de chenilles à tente estivale

En outre, le cycle évolutif de la chenille à tente estivale présente une intéressante différence avec celui de la livrée d'Amérique. Les œufs éclosent en été, plutôt qu'au printemps, et sont souvent fixés en dessous d'une feuille hôte. Les larves se nourrissent sans jamais quitter leur nid. Lorsque l'automne approche, elles quittent la toile pour aller se réfugier dans les crevasses de l'écorce ou sous la litière. Là, elles tissent des cocons et passent l'hiver sous forme de pupes. Ce processus est différent de celui de la livrée d'Amérique dont les œufs tardent beaucoup plus à éclore. En mai, le papillon adulte émerge de la pupe, s'accouple et pond à son tour.

Papillon et larve de chenille à tente estivale

Les toiles, tout comme celles de la livrée d'Amérique, sont remplies d'excréments et de mues. Mais on y trouve également des squelettes de feuilles.

LIVRÉE D'AMÉRIQUE /*EASTERN TENT CATERPILLAR (MALACOSOMA AMERICANA)*

L'un des types de dentelle en lambeaux que vous voyez fréquemment pendre des arbres appartient à la livrée d'Amérique. Elle construit, à la fourche des branches, une toile qui n'a pas du tout la même utilité que celle de la chenille à tente estivale. Au printemps, lorsque les œufs sont éclos, les petites chenilles rampent jusqu'à la première grosse fourche qui se trouve sur leur chemin. Là, elles tissent une toile qui leur sert à se protéger des prédateurs tels que les oiseaux et les autres insectes. Pour se nourrir, elles quittent le nid et remontent en haut des branches, vers les feuilles.

Vieux nid de livrées d'Amérique

La toile est tissée en commun et se remplit rapidement d'excréments et de mues, car les larves, comme tous les insectes, changent d'enveloppe externe au fur et à mesure de leur croissance. Les chenilles continuent d'agrandir la toile en permanence. C'est pourquoi le nid, une fois terminé, est constitué de nombreuses couches d'excréments et de mues. Cette phase dure six semaines. À ce stade, après un certain nombre d'instars (périodes qui s'écoulent entre les mues), les chenilles tombent du nid et tissent des cocons dans des endroits abrités, abandonnant leur mode de vie grégaire.

Papillon et larve de livrée d'Amérique

Trois semaines plus tard, elles émergent sous forme de papillons adultes. Peu après, elles s'accouplent et les femelles pondent des amas d'œufs sur des ramilles. On trouve parfois ces amas en plein hiver. Ils contiennent entre 100 et 300 œufs et sont entourés d'une matière luisante, étanche et mousseuse. Si vous apercevez un groupe de cerisiers tardifs ou de cerisiers de Virginie dont les branches sont agrémentées de fragments de toiles, vous n'aurez pas à chercher loin pour repérer les espèces de capsules diaphanes qui contiennent les œufs.

Amas d'œufs de livrée d'Amérique

V

Les oiseaux en hiver
et les nids abandonnés

Depuis la fonte du dernier glacier qui recouvrait une bonne partie de l'Amérique du Nord, animaux et plantes avancent lentement vers le nord, colonisant les milieux inhabités. La plupart des oiseaux vivent confortablement dans les régions nordiques en été mais, dès l'hiver, on constate que peu d'espèces sont suffisamment adaptées au froid pour être capables d'y survivre. Il est probable que ce soit principalement la capacité qu'a un oiseau de se procurer sa nourriture en hiver qui détermine s'il passera cette rude saison dans les régions boréales ou, au contraire, s'il migrera vers le sud.

Deux conditions hivernales rendent la nourriture difficile à trouver: le froid et la neige. En effet, le froid fait disparaître les sources de nourriture de la sauvagine. Il fait mourir beaucoup de plantes aquatiques et incite de nombreux petits animaux qui vivent habituellement dans l'eau à hiberner sous une épaisse couche de vase. Il fait geler la surface des lacs et des ruisseaux, rendant inaccessible le peu de nourriture qui reste. Par conséquent, les oiseaux qui vivent sur les étendues d'eau intérieures — hérons, canards, râles et bécasseaux — n'ont d'autre recours que de migrer vers le sud, là où les eaux sont libres de glace, ou vers la mer, là où la nourriture est plus abondante.

Le froid fait également disparaître une importante source de nourriture pour les oiseaux: les insectes aériens. Beaucoup d'espèces aviaires subsistent uniquement grâce aux insectes qu'elles capturent dans les airs, et leur morphologie s'est adaptée à cette forme d'activité. Mais les insectes ne tolèrent pas le froid et passent l'hiver en hibernation. Des oiseaux tels que les moucherolles, les martinets et les parulines sont contraints de migrer vers le sud pour attraper les insectes aériens qui constituent leur ordinaire.

La neige, autre facteur qui rend la nourriture difficilement accessible, pose un sérieux problème aux oiseaux qui se nourrissent d'insectes ou de petits animaux qu'ils trouvent au sol. C'est le cas des merles, de certains moqueurs et des tohis. La neige camoufle aussi les déplacements des petits rongeurs dans les champs, rendant la tâche plus difficile aux buses et aux chouettes. Tous ces oiseaux doivent migrer vers le sud, là où la couche de neige n'est pas persistante.

Les oiseaux qui passent l'hiver dans le Nord, ainsi que ceux qui descendent de la toundra arctique, sont capables de subsister grâce aux sources de nourriture qu'ils ont à leur disposition. En hiver, elles sont au nombre de deux: les insectes et les graines.

Les insectes en état d'hibernation sont particulièrement abondants sur les arbres, dans les fissures de l'écorce, sur les bourgeons, dans le bois ou sur les aiguilles de conifères. Près de la moitié de nos petits oiseaux non migrateurs en vivent. Vous les apercevrez facilement dans les bois, souvent en vols mixtes, voletant autour des arbres, recherchant les œufs, les larves, les pupes ou les insectes adultes sous les branches et dans les fentes du bois. Parmi ces espèces, on compte les mésanges, les grimpereaux, les roitelets, les pics et les sittelles.

Les oiseaux disposent en outre d'une source de nourriture extraordinairement abondante: les graines et les baies des arbres, des arbustes et des herbes sauvages. Près de la moitié de nos oiseaux non migrateurs subsistent d'abord et avant tout grâce à cette manne. Il serait impossible de dresser ici la liste des innombrables végétaux qui nourrissent ainsi nos oiseaux, mais nous mentionnerons au passage les conifères, qui jouent un rôle crucial, les buissons qui forment les haies, et les herbes sauvages. Parmi les oiseaux qui en profitent, notons les roselins, les bruants, les moqueurs et les gros-becs ainsi que les mésanges et les sittelles.

Une troisième source de nourriture est à la disposition des oiseaux nécrophages, soit les corneilles, les pigeons et les goélands, qui ne sont guère difficiles et peuvent manger pratiquement n'importe quoi. Pendant la majeure partie de l'hiver, ils se nourrissent presque exclusivement de déchets d'origine humaine, fréquentant les dépotoirs et les jardins publics, picorant les ordures dans les rues et les cadavres des animaux tués sur les routes. La proximité des humains ne les dérange pas le moins du monde et ils semblent prospérer grâce à nos déchets.

L'intérêt que suscitent les oiseaux auprès du grand public depuis une cinquantaine d'années se concentre surtout sur l'identification: on dresse la liste des espèces rencontrées en mettant l'accent sur les nouvelles ou sur les plus rares, et on finit par négliger ou dédaigner les plus communes. Cette démarche pose en hiver un gros problème aux ornithophiles, qu'ils soient débutants ou chevronnés. En effet, seulement 20 à 30 espèces terrestres sont identifiables pendant la saison froide et, en général, il s'agit d'oiseaux répandus que l'ornithophile chevronné connaît parfaitement et que le débutant n'aura aucun mal à apprendre à reconnaître. Et ensuite? Cette question est beaucoup plus sérieuse, beaucoup plus complexe qu'elle n'en a l'air, car la réponse englobe tout ce que la nature représente pour les humains. Il faut donc que nous nous la posions en permanence pour éviter de tomber dans le piège de l'identification sans but des espèces animales que nous rencontrons.

Pour en apprendre davantage sur les oiseaux, nous vous suggérons d'étudier leur comportement et la relation qu'ils entretiennent avec leur environnement et avec les autres oiseaux. Justement, l'hiver est une saison idéale pour ce genre d'observation. Une fois les feuilles disparues, les oiseaux sont facilement repérables dans les arbres. Beaucoup forment de grands vols que l'on aperçoit de loin. Le moment est venu d'observer les oiseaux que, pendant l'été, vous avez dédaignés («tiens, un moqueur...» ou «encore une mésange!») pour en apprendre davantage sur leurs relations avec leur milieu.

En hiver, vous devriez cerner quatre éléments du comportement d'un oiseau: son mode de subsistance, son comportement territorial, son comportement en société et son mode de reproduction.

Les oiseaux passent les trois quarts de leur temps à manger pour se tenir au chaud. Les activités quotidiennes d'un oiseau sont régies par la quantité de nourriture dont il a besoin et sa répartition au sein du milieu. Par conséquent, en apprenant ce qu'un oiseau mange, comment, à quel moment et où il mange, vous commencerez à vous intéresser à sa morphologie et à sa relation avec son environnement. Les pattes, le bec et les plumes d'un oiseau sont tout d'abord adaptés à la manière dont il se nourrit. Pour en savoir davantage, observez les oiseaux dans la nature. Apprenez à reconnaître les plantes dont ils se nourrissent, celles dont ils sont particulièrement friands et qui, par conséquent, perdent les premières leurs baies ou leurs graines. Identifiez les plantes qui, au contraire, restent dédaignées tout l'hiver. Observez les «manières» des oiseaux. Par exemple, un cardinal gobera tout entière la baie d'un genévrier rouge tandis qu'une mésange la serrera entre ses pattes, en extirpera les graines et laissera choir la partie charnue. Les sittelles sont capables d'ouvrir des noix en les coinçant entre les fissures de l'écorce avant de les marteler à coups de bec. Les pics transpercent les cécidies globuleuses du chêne pour se régaler des insectes qui y logent. Vous parviendrez peu à peu à vous constituer une vision globale de la nature en observant les habitudes alimentaires des animaux, car c'est sur elles que reposent les éléments les plus cruciaux de leur vie.

En hiver, il est facile d'observer le comportement territorial de nos oiseaux les plus répandus, car deux d'entre eux revendiquent un territoire aux frontières clairement délimitées. Le moqueur, grâce à plusieurs cris et parades, s'approprie dès l'automne un territoire où la nourriture est assez abondante pour lui permettre de survivre à l'hiver. Lorsque plusieurs moqueurs s'installent quelque part à l'automne, il est facile d'apercevoir les parades. Vous pourrez ainsi suivre, d'une semaine à l'autre, toutes les palpitantes étapes de leur revendication territoriale. Quant aux mésanges, elles établissent aussi des territoires en hiver, chacun étant habité par une volée plutôt que par un seul oiseau. L'observation vous permettra d'estimer la superficie de ces territoires et de repérer les endroits où la nourriture est particulièrement abondante ou appréciée.

On définit généralement le territoire comme une surperficie que l'oiseau défend contre les intrus. Mais beaucoup d'autres oiseaux vivent, en hiver, sur des territoires qu'ils ne défendent pas et que l'on appelle des aires. Les mésanges bicolores et les juncos y habitent en volées, tandis que les pics et les sittelles y vivent seuls ou en couples. Tous se tiennent sur des aires aux frontières clairement délimitées. Si vous apercevez à quelques reprises l'un de ces oiseaux à un endroit précis, soyez certain qu'il y demeurera tout l'hiver. Il arrive même que les pics et les sittelles conservent le même territoire tout l'été pour s'y reproduire.

Le comportement en société est plus facile à observer en hiver, car de nombreux oiseaux se rassemblent alors en volées. Vous pourrez apercevoir les immenses volées d'étourneaux et de corneilles, vous observerez les habitudes alimentaires des corneilles qui, pendant qu'elles mangent, sont toujours protégées par une sentinelle, les colonies de colins qui se rassemblent en cercle pour dormir et la hiérarchie au sein des volées de mésanges. Le comportement en société est également visible entre des oiseaux d'espèces différentes, surtout lorsque les volées comprennent des mésanges bicolores, des roitelets, d'autres mésanges et des pics. En général, ce sont les mésanges qui dominent. Les moqueurs et les geais entretiennent des relations avec les autres oiseaux susceptibles de s'intéresser à la même nourriture qu'eux. Quant aux corneilles, elles harcèlent les buses et les chouettes dès qu'elles les aperçoivent.

On s'imagine volontiers que le comportement nuptial n'apparaît qu'au printemps, mais c'est loin d'être le cas. La plupart des mammifères se reproduisent en hiver. C'est aussi pendant la saison froide que beaucoup d'oiseaux se font la cour. Les parades nuptiales des canards colverts et des canards noirs, notamment, sont particulièrement bruyantes et faciles à observer. Étant donné que ces oiseaux peuplent les petits étangs des jardins publics, vous pourrez vous en approcher de près. Leur répertoire est si varié qu'une fois que vous l'aurez appris, vous le reconnaîtrez sans difficulté. Les canards se livrent tout l'hiver à des parades, mais c'est en novembre et en décembre qu'ils sont le plus actifs. Le pic chevelu entame lui aussi sa cour en décembre, et c'est vers cette époque que son tambourinement sur des troncs creux résonne dans la forêt. Les geais se rassemblent au tout début du printemps pour se livrer à d'étranges parades de groupe en février et en mars.

Il n'est pas nécessaire d'être un ornithophile expérimenté pour observer ces diverses manifestations. Vous n'avez même pas besoin d'apprendre le nom de tous les oiseaux avant de commencer à vous y intéresser. Toutefois, nous ne savons pas grand-chose du comportement hivernal d'un grand nombre d'espèces. Dans les cas où des études scientifiques ont été entreprises, j'ai choisi les aspects les plus faciles à observer, que j'ai incorporés aux descriptions ornithologiques. Pour plus de détails, reportez-vous aux ouvrages mentionnés en bibliographie.

COMMENT IDENTIFIER LES OISEAUX EN HIVER

Oiseaux de grande taille (plus de 40 cm de longueur), dimensions d'une corneille ou d'un goéland

GOÉLANDS *(Gulls):* Gros oiseau blanchâtre, aux ailes grises, parfois noires. Il plane fréquemment au-dessus du littoral, des rivières, des lacs et des dépotoirs. Les juvéniles sont tachetés de brun et de blanc. Illustration: Goéland argenté.

CANARDS *(Ducks):* Gros bec aplati, corps massif, pattes palmées. Ils sont souvent en train de nager. Illustration: Canard colvert.

CORNEILLE AMÉRICAINE *(Common Crow):* Gros oiseau entièrement noir, qui se regroupe souvent en petits vols méfiants. Il se nourrit souvent au sol.

BUSES *(Hawks):* Oiseaux de grande taille ou de taille moyenne, généralement brunâtres. Ils tournoient habituellement dans les airs. Ils ont un long bec pointu, recourbé vers le bas. Illustration: Buse pattue.

HIBOUX ET CHOUETTES *(Owls):* Oiseaux trapus, de grande taille ou de taille moyenne, dotés de gros motifs circulaires autour des yeux et d'une grosse tête ronde. En hiver, ils passent habituellement la journée dans les arbres et sont souvent pourchassés par les corneilles. Illustration: Grand-duc d'Amérique.

FAISAN À COLLIER ou faisan de chasse *(Ring-Necked Pheasant):* Oiseau de bonne taille, qui picore généralement au sol. Il possède une longue queue pointue, qui traîne derrière lui lorsqu'il est en vol. Son plumage est généralement brun mais le mâle porte un collier blanc. Il a une tête noire et des caroncules rouge vif autour de l'œil. Illustration: Faisan mâle.

GÉLINOTTE HUPPÉE *(Ruffed Grouse):* Gros oiseau brunâtre qui picore au sol. Sa queue forme un éventail durant certaines parades. Les plumes du sommet du crâne se hérissent souvent en huppe. Sa queue est brune et se termine par une bande transversale noire.

GÉLINOTTE DU CANADA *(Spruce Grouse):* Semblable à la gélinotte huppée mais extrêmement docile. Sa queue est noire, terminée par une bande transversale brune. Chez le mâle, les plumes de la poitrine et du menton sont noires. Illustration: Gélinotte huppée.

Oiseaux de taille moyenne (entre 30 et 40 cm de long), dimensions d'un merle ou d'un pigeon

COLIN *(Bobwhite):* Oiseau de taille moyenne, picorant au sol. Plumage brunâtre, sourcil blanc. Il possède une petite queue courte.

ALOUETTE CORNUE *(Horned Lark):* Porte une bande pectorale noire et des favoris noirs sur ses joues blanches. Picore au sol sur les terrains découverts et les sols stériles. Les alouettes cornues se regroupent habituellement en volées.

ÉTOURNEAU SANSONNET *(European Starling):* Oiseau noir de taille moyenne, tacheté de blanc sur la poitrine et le dos. Il possède un long bec pointu très foncé. Au printemps, les taches s'effacent et le bec devient jaune.

GROS-BEC ERRANT *(Evening Grosbeak):* Oiseau jaunâtre à ailes noires, au gros bec blanc, de forme conique. Il présente de grosses taches alaires blanches sur ses ailes foncées. Il se nourrit en groupe, dévorant les grosses graines des arbres. Le mâle a le front jaune. Illustration: Gros-bec mâle.

CARDINAL *(Cardinal):* Oiseau de taille moyenne, au crâne surmonté d'une huppe. Le mâle est entièrement rouge, la femelle est vert olive. Tous deux possèdent un bec conique rouge vif. Lorsqu'on le dérange, il émet souvent une sorte de «tchip...tchip» sonore.

GEAI BLEU *(Blue Jay):* Oiseau huppé de taille moyenne, de couleur bleue avec des taches alaires blanches et noires. Il porte une bande pectorale noire, en forme de collier. Les geais se regroupent en petits vols lâches, souvent bruyants.

GEAI DU CANADA *(Grey Jay):* Oiseau de dimensions moyennes, portant une tache noire sur la nuque. Il ne possède pas de huppe. On l'aperçoit surtout au Canada et dans les États du nord.

MOQUEUR *(Mockingbird):* Oiseau profilé, gris acier, à la longue queue fine. Le dessous du corps est beige. En vol, il exhibe de grosses taches alaires d'un blanc éclatant. Lorsqu'on le dérange, il émet une sorte de «tchac».

PIGEON BISET *(Rock Dove):* C'est notre «pigeon domestique», si répandu. Son plumage est gris, délicatement nuancé de vert iridescent. Lorsqu'il prend son vol, on entend facilement le bruit des ailes dont les extrémités se heurtent à chaque battement.

TOURTERELLE TRISTE *(Mourning Dove):* De couleur fauve, elle ressemble au pigeon à la différence près que son corps est plus élancé et sa queue longue et pointue. Il est donc facile de l'identifier en vol. Au moment de l'envol, elle émet une sorte de sifflement. Les tourterelles se regroupent habituellement en volées.

DUR-BEC DES PINS *(Pine Grosbeak):* Ailes noires, traversées de bandes blanches; gros bec noir, court et trapu. Le mâle est rougeâtre, la femelle est vert olive.

PIC CHEVELU *(Hairy Woodpecker):* Il escalade les troncs. Son plumage est principalement blanc et noir. Une bande blanche traverse son dos dans le sens de la longueur. Son bec est presque aussi long que sa tête. Le mâle porte une tache rouge sur la nuque. Illustration: Pic chevelu.

Oiseaux de petite taille (moins de 15 cm de longueur)

PIC MINEUR *(Downy Woodpecker):* Il ressemble au pic chevelu en plus petit. La longueur de son bec est égale à la moitié de celle de sa tête.

SITTELLE À POITRINE BLANCHE *(White-Breasted Nuthatch):* Les sittelles escaladent les troncs et en redescendent la tête en bas. Elles portent un capuchon noir ou très foncé. Le dessous de leur corps est d'un blanc éclatant. Leur visage blanc met en relief l'œil foncé.

GRIMPEREAU BRUN *(Brown Creeper):* On le trouve surtout en train d'escalader les troncs. C'est un petit oiseau brun, au dos rayé de blanc. Le dessous du corps est blanc. Il possède un long bec très fin, recourbé vers le bas. On l'aperçoit seul, parfois au sein de vols mixtes.

MÉSANGE BICOLORE *(Tufted Titmouse):* C'est le seul petit oiseau huppé non migrateur. Son dos est gris, le dessous de son corps est plus clair. On l'aperçoit souvent dans les régions boisées, au sein de vols mixtes.

JUNCO ARDOISÉ *(Dark-Eyed Junco):* Oiseau gris anthracite à l'exception du dessous du corps, qui est beaucoup plus clair. Son bec est rose pâle. En vol, il exhibe les plumes latérales blanches de sa queue.

MÉSANGE À TÊTE NOIRE *(Black-Capped Chickadee):* C'est un petit oiseau au capuchon et au menton noirs, aux joues blanches. Il se suspend souvent la tête en bas pendant qu'il mange. Il est peu sauvage et passe l'hiver au sein d'une volée.

ROITELET À COURONNE DORÉE *(Golden-Crowned Kinglet):* C'est le plus petit oiseau des bois, en hiver. Son corps varie du vert olive au brunâtre, avec de minces barres alaires blanches. Il porte une large «couronne» jaune sur la tête. Son bec est court et mince.

CHARDONNERET JAUNE *(American Goldfinch):* Oiseau au plumage allant du vert olive au jaune doré, avec des ailes noires traversées de minces barres alaires blanches. Son bec est mince, de couleur claire. Il émet toujours un petit gazouillis au moment de l'envol.

CHARDONNERET DES PINS *(Pine Siskin):* Oiseau profilé au plumage entièrement rayé de plusieurs nuances de brun. Il porte des taches alaires et caudales jaunes (on les aperçoit facilement pendant le vol) et possède un bec fin et pointu. Il se tient parfois en compagnie des chardonnerets jaunes.

ROSELIN POURPRÉ *(Purple Finch):* La femelle est rayée de brun mais on la différencie des moineaux à l'aide de son bec massif, de forme conique. Le plumage du mâle est rougeâtre sur la tête, le dos et le croupion. Illustration: Roselin femelle.

SIZERIN FLAMMÉ *(Common Redpoll):* Oiseau rayé de brun, avec une tache rouge au-dessus du bec et une tache noire sur le menton.

BRUANTS ET MOINEAUX *(Sparrow):* Petits oiseaux bruns au dos rayé. Leur poitrine est parfois rayée. Leur bec est plutôt petit. Ils ne présentent aucune des caractéristiques particulières à nos autres petits oiseaux non migrateurs. Toutefois, deux types de bruants d'hiver portent une tache noire sur la poitrine: le bruant chanteur, sur une poitrine rayée et le bruant hudsonien, sur une poitrine unie. Illustration: Bruant chanteur.

MOINEAU DOMESTIQUE *(House Sparrow):* Très répandu en ville et facile à reconnaître des autres moineaux et bruants par son menton noir. Le plumage de la femelle est moins rayé. Sa gorge et sa poitrine sont marron clair.

BEC-CROISÉ ROUGE *(Red Crossbill):* Il a des ailes brun foncé, dépourvues de barres transversales. Ses mandibules, de dimensions respectables, sont croisées à leur extrémité. Le mâle est rouge brique, la femelle est vert olive. Il se déplace comme un perroquet, utilisant son bec pour s'agripper aux branches pendant qu'il escalade un arbre.

BEC-CROISÉ À AILES BLANCHES *(White-Winged Crossbill):* Identique au bec-croisé rouge, à la différence près que ses ailes presque noires sont traversées par deux larges barres alaires blanches. Illustration: Bec-croisé rouge.

LES NIDS D'OISEAUX EN HIVER

Les nids sont évidemment plus visibles en hiver que pendant n'importe quelle autre saison. Là où le feuillage dense formait d'épais taillis, on n'aperçoit plus que quelques branches. La cachette de verdure où un couple d'oiseaux avait bâti son nid et élevé ses petits s'offre en hiver à la vue de tous.

Les oiseaux bâtissent leurs nids au sol, dans le sol, dans les buissons, sur les édifices, dans les arbres et les falaises. Les nids que nous repérons en hiver sont ceux qui ont résisté aux orages d'été et aux tempêtes d'automne ou ceux qui n'ont pas été recouverts de feuilles ou de neige, c'est-à-dire un infime pourcentage de tous les nids qui ont été bâtis pendant la belle saison. Lorsqu'ils ne sont pas construits sur le sol même, ils sont trop fragiles pour résister bien longtemps aux intempéries.

Les nids les plus faciles à repérer ont généralement été bâtis à moins de 6 m du sol, car nos yeux ont rarement tendance à regarder au-delà. Examinez les lisières des champs, les clairières, et fouillez les buissons et les arbustes. Vous repérerez les nids en recherchant des amas plus ou moins circulaires de branches et de ramilles, dans les arbres ou dans les taillis. Si vous apercevez un petit monticule de copeaux de bois frais sous un arbre, il est fort probable qu'une cavité de nidification ait été creusée dans le tronc, juste au-dessus. Quant aux vieilles cavités, vous les trouverez en examinant soigneusement les troncs des arbres morts encore debout.

L'identification des nids en hiver présente certains inconvénients. Tout d'abord, ils sont vides. En outre, les intempéries modifient souvent leur apparence. Par conséquent, vous risquez d'éprouver certaines difficultés à associer tel ou tel nid à telle ou telle espèce. Mais certaines catégories de nids sont faciles à distinguer des autres et, au fur et à mesure, vous approfondirez vos connaissances, ce qui vous permettra peu à peu d'effectuer des distinctions plus subtiles entre les divers nids que vous verrez.

J'ai décrit ici sept types caractéristiques de nids et, dans de nombreux cas, j'ai fourni le nom des espèces auxquelles on peut associer chaque type. Bien entendu, il ne s'agit que d'une nomenclature des nids les plus fréquemment rencontrés en hiver. Nous sommes bien loin de l'extraordinaire variété des nids printaniers.

CATÉGORIES GÉNÉRALES DE NIDS PRÉSENTS EN HIVER

Nids contenant une couche de boue; diamètre intérieur d'environ 10 cm

Merle d'Amérique *(American Robin):* Tapissé d'herbes; ni feuilles ni brindilles dans la charpente.

Grive des bois *(Woodthrush):* Tapissé de radicelles; feuilles incorporées à la charpente.
Quiscale bronzé *(Common Grackle):* Tapissé d'herbes; tiges sèches ou brindilles incorporées à la charpente.

Nids volumineux, à la charpente constituée de brindilles et de lamelles d'écorce; tapissés à l'intérieur d'une épaisse couche de radicelles foncées

Moqueur-chat *(Catbird)*, moqueur polyglotte *(Mockingbird)*, moqueur roux *(Brown thrasher):* Les nids ont tous une charpente semblable et sont tapissés de radicelles foncées. Les nids de moqueurs roux sont plus vastes que ceux des deux autres moqueurs et leur charpente contient des brindilles de 30 cm de longueur, parfois plus. Le moqueur-chat a tendance à incorporer des fragments de cellophane à la charpente.

Cardinal *(Cardinal):* Son nid ressemble à celui du moqueur polyglotte mais on ne le trouve pas aussi au nord. On le distingue des deux autres par l'absence de feuilles dans la charpente et par le revêtement intérieur fabriqué avec des herbes et non avec des radicelles.

Vous trouverez surtout ces nids dans les arbustes. Les souris y logent fréquemment en hiver et les tapissent de duvet de massette ou d'asclépiade.

Petits nids formés d'herbes tissées serré, généralement à moins de 1,50 m du sol

Bruants *(Sparrows):* Le bruant chanteur, le bruant familier et le bruant des champs construisent tous de petits nids d'herbes, en forme de coupe. Ils les placent fréquemment au sol, mais préfèrent parfois les bâtir à quelques dizaines de centimètres de hauteur. Beaucoup sont constitués de spirée, l'une des herbes sauvages de l'hiver, à laquelle les oiseaux ajoutent des poils de crinière ou, de nos jours, du fil de nylon abandonné par les pêcheurs.

Petits nids tissés serrés, en duvet d'asclépiade ou en chardon, souvent dans les fourches des jeunes pousses

Paruline flamboyante *(American Redstart),* paruline jaune *(Yellow Redstart),* moucherolles *(Flycatchers):* Le duvet incorporé à la charpente forme des taches grises ou blanches. Les intempéries endommagent gravement ces nids, ce qui atténue leurs caractéristiques. Certains possèdent des parois très épaisses, particulièrement solides.

Nids suspendus à l'extrémité des branches

Oriole du nord *(Northern Oriole):* Le nid est tissé de laine, de fibres végétales, de poils, etc. Il est grisâtre et souvent suspendu aux branches tombantes des ormes. Son diamètre extérieur est d'environ 10 cm.

Petits nids suspendus par leur rebord à la fourche d'une branche

Viréos *(Vireos):* Largement ouvert sur le dessus et construit en dessous du niveau de la branche, ce nid a un diamètre extérieur d'environ 7,5 cm. Il est tissé de fibres végétales et de toiles d'araignées, tapissé d'aiguilles de pin et de fines herbes. Vous pourrez en apercevoir à n'importe quelle hauteur, surtout dans les bois.

Cavités dans les arbres

Les mésanges à tête noire et les pics creusent des orifices dans les troncs. Au cours des années suivantes, de nombreuses autres espèces s'y installent, parmi lesquelles les mésanges bicolores, les sittelles, les troglodytes, les grimpereaux, les bruants hudsoniens. Dans les cavités plus grandes s'installent parfois des crécerelles, des petits-ducs maculés, des petites nyctales, des canards branchus, voire des écureuils ou des souris. En examinant les cavités creusées par les plus petits des pics, vous constaterez qu'elles sont généralement orientées vers l'est et le sud et se trouvent sous des branches pendantes ou sur la partie inférieure d'un tronc penché. Ces caractéristiques leur permettent de jouir de la chaleur et de la lumière du soleil matinal tout en étant protégés de la pluie.

DESCRIPTIONS ORNITHOLOGIQUES

ALOUETTE CORNUE /*HORNED LARK (EREMOPHILA ALPESTIS)*

Après avoir quitté le nid, les alouettes cornues immatures se regroupent en vol. En août et en septembre, les adultes se joignent à eux, formant des volées de 10 à 100 oiseaux qui passent ensuite l'hiver ensemble. Les alouettes cornues ont une prédilection marquée pour les terres stériles et nues. Elles s'y nourrissent tout l'hiver et, le printemps venu, y bâtissent leur nid. Vous les trouverez le long des grandes plages dénudées, dans les champs et sur la large bande médiane des autoroutes. En hiver, elles mangent des graines, parfois en compagnie de bruants lapons, venus du Grand Nord. Elles passent la nuit à l'abri du vent, sous de minuscules buissons herbacés.

Alouettes cornues

BEC-CROISÉ ROUGE /RED CROSSBILL (LOXIA CURVIROSTRA) BEC-CROISÉ À AILES BLANCHES/WHITE-WINGED CROSSBIL (LOXIA LEUCOPTERA)

Le bec-croisé est un oiseau que l'on voit rarement car il vit dans le Grand Nord. En revanche, si vous en apercevez un, vous pouvez être certain d'en apercevoir d'autres, car cela signifie que la récolte de cônes s'est révélée désastreuse cette année-là, obligeant les oiseaux à migrer vers le sud.

Les mandibules croisées sont évidemment le produit d'une adaptation, grâce à laquelle les oiseaux peuvent ouvrir les cônes pour en retirer les graines avec leur langue. On pourrait croire qu'une spécialisation aussi poussée aurait rendu le bec-croisé tributaire des récoltes de cônes mais il n'en est rien. De nombreuses observations ont permis de constater que les becs-croisés étaient capables de se nourrir non seulement d'insectes mais aussi d'autres types de graines.

Les volées, généralement nombreuses, se nourrissent souvent sur un arbre qui résonne du craquement des cônes tandis que chaque oiseau s'efforce d'ouvrir le sien. Au bout d'un moment, les oiseaux s'éloignent en direction d'un arbre voisin, lançant un cri caractéristique. Parfois, ils se joignent à des vols composés d'autres

espèces et, ayant coutume de se nourrir à la cime des arbres, remplissent les fonctions de sentinelles. Bien que les becs-croisés en captivité se soient parfois montrés agressifs et compétitifs, ils ne présentent aucune de ces caractéristiques lorsqu'ils sont en liberté.

Becs-croisés rouges

Étant donné qu'ils semblent passer les trois quarts de leur temps à se nourrir, vous aurez peut-être quelques difficultés à voir de près leurs mandibules croisées. Toutefois, leurs habitudes alimentaires devraient vous servir d'indices, car ces oiseaux utilisent fréquemment leur bec pour agripper des branches en se déplaçant, un peu comme les perroquets. Chez les becs-croisés rouges, le mâle est vraiment rouge brique tandis que la femelle est d'un jaune verdâtre moucheté. Le bec-croisé à ailes blanches a les mêmes habitudes alimentaires que son cousin et le même plumage, à la différence près que mâle et femelle possèdent deux barres alaires blanches.

BRUANT CHANTEUR /*SONG SPARROW (MELOSPIZA MELODIA)*
BRUANT HUDSONIEN/*AMERICAN TREE SPARROW*
(SPIZELLA ARBOREA)

Les bruants sont de petits oiseaux qui mangent des graines sur des terrains découverts. En été, le nombre ébahissant d'espèces, allié à la difficulté de reconnaître leurs plumages aux couleurs semblables, décourage les ornithophiles débutants. Mais en hiver, puisque la plupart des espèces migrent vers le sud, vous identifierez plus facilement celles qui restent. Par exemple, le bruant hudsonien passe l'été dans le Grand Nord et, dès l'automne venu, s'envole vers le sud du Canada et le nord des États-Unis. Vous le reconnaîtrez à sa calotte huppée et à la tache brune qu'il arbore au centre de sa poitrine gris clair. Il se rassemble en vols qui se nourrissent fréquemment en compagnie des juncos. En hiver, il a une prédilection pour les graines des herbes sauvages.

Dans nos régions, vous ne manquerez sans doute pas d'apercevoir en hiver le bruant chanteur. Il présente lui aussi une tache sur le thorax, mais sa poitrine est rayée de brun et la tache a une forme irrégulière, contrairement à celle du bruant hudsonien. La plupart des bruants chanteurs migrent en hiver. Ceux qui restent se regroupent près des côtes, autour des marécages ou dans des champs où la nourriture abonde. Eux aussi recueillent les graines des herbes sauvages.

Bruants chanteurs

Le long du littoral, vous apercevrez peut-être d'autres types de bruants, car la mer adoucit le climat et constitue une excellence source de nourriture. Parmi ces bruants, on compte le bruant des champs, le bruant à gorge blanche, le bruant des marais et le bruant fauve. La plupart passent l'hiver le long de la côte nord-est des États-Unis, vers le Massachusetts, et plus au sud vers l'intérieur, à partir de la Pennsylvanie.

BUSES, ÉPERVIERS/*HAWKS* (*CIRCUS HUDSONICUS,* ESPÈCE *BUTEO,* ESPÈCE *FALCO*)

Si, en hiver, vous voyez planer un oiseau qui n'est ni une corneille ni un goéland, il est fort probable que vous veniez de repérer un rapace. Ce sont des oiseaux qui chassent de jour et tuent leur proie à l'aide des serres qui prolongent leurs orteils. Le campagnol des champs étant leur gibier de prédilection, vous les verrez surtout chasser au-dessus des terrains découverts.

Presque tous les petits mammifères et oiseaux se rendent immédiatement compte de la présence d'un rapace. Les oiseaux se hâtent de s'abriter sous le couvert végétal tandis que les mammifères se figent sur place ou galopent vers leurs terriers. C'est pourquoi la stratégie des buses consiste à maximiser l'effet de surprise.

Buse à queue rousse

Elles disposent d'au moins quatre méthodes pour attraper leur gibier, et il est souvent possible de reconnaître l'espèce à laquelle une buse appartient en étudiant sa stratégie de chasse. La buse des marais chasse au ras du sol, s'élevant uniquement au-dessus des herbages et des buissons. Son succès dépend de sa rapidité et de l'effet de surprise.

Les crécerelles américaines et les buses pattues tournoient au-dessus des champs, attendant que la proie émerge de nouveau. À ce moment-là, elles lui plongent dessus. La buse à queue rousse et la buse à épaulettes se placent à l'affût, immobiles sur les souches à la lisière des bois. Parfois, elles tournoient au-dessus du champ. Dès qu'elles ont repéré leur proie, elles quittent leur perchoir et plongent à l'attaque.

Il arrive qu'elles tournoient si haut que nous ne voyons plus que des points noirs dans le ciel. Pourtant, leur vue est si bonne qu'elles repèrent facilement les campagnols qui traversent les champs, et elles sont capables de fondre sur eux à une vitesse stupéfiante.

Entre 75 et 95 p. 100 des proies hivernales des buses et des éperviers sont des campagnols des champs. Vient ensuite la souris sylvestre qui constitue autour de 10 p. 100 de l'alimentation des rapaces. Le reste englobe des mammifères de plus grande taille et de petits oiseaux. Les buses arrachent généralement la fourrure ou les plumes de leurs proies avant d'en dévorer de gros morceaux. Elles mangent souvent les os qui, avec la fourrure, sont régurgités sous forme de pelotes et s'accumulent sous les perchoirs nocturnes. En examinant l'intérieur, vous pourrez parfois découvrir les dents et le crâne intacts des petits rongeurs que les buses ont mangés.

Le succès de la chasse dépendant largement de l'épaisseur de la neige, la plupart des buses migrent vers le sud, au moins jusqu'aux régions où les chutes de neige sont plus espacées. En revanche, certaines espèces demeurent toute l'année dans le Nord, parmi lesquelles la buse à queue rousse, la buse à épaulettes, la buse des marais et la crécerelle américaine.

CANARD COLVERT/*MALLARD DUCK (ANAS PLATYRHYNCHOS)*
CANARD NOIR /*BLACK DUCK (ANAS RUBRIPES)*

Tout le monde a eu l'occasion d'admirer des canards colverts ou des canards noirs glissant paresseusement à la surface de l'étang d'un jardin public. Mais combien d'entre nous ont assisté à leurs fascinantes parades nuptiales, dont la majorité se déroulent en novembre et en décembre? Elles se poursuivent ensuite tout l'hiver, avec une intensité décroissante. Si vous n'avez jamais admiré ce spectacle, que vous soyez ou non un ornithophile chevronné, c'est le moment de redécouvrir un oiseau que vous pensiez bien connaître. Nul besoin d'aller vous perdre en forêt. Installez-vous au bord de la mare à canards la plus proche de chez vous.

Mâles et femelles se livrent à des manifestations distinctes. Chez les femelles, vous assisterez surtout à la parade qui porte le nom de «provocation». La femelle suit le mâle de son choix tout en ramenant à plusieurs reprises son bec sur le côté. Cette manifestation indique sans doute que la femelle a choisi un mâle. Pour en être témoin, observez les couples qui nagent et vérifiez si la femelle est bien en arrière du mâle.

La plupart des autres parades sont exécutées par des groupes de mâles, les uns envers les autres. Les oiseaux commencent par des «secouements préliminaires». L'un des mâles nage en tenant la tête rentrée dans le cou au point que s'il s'agit d'un canard colvert, vous ne distinguerez plus son collier blanc. Au bout de quelques instants, il relève la tête et la secoue. Il s'arrête net puis recommence à secouer la tête, et ce à deux ou trois reprises, de plus en plus vigoureusement. En général, les mâles qui l'entourent ne tardent pas à l'imiter.

Canards colverts, mâle et femelle

Cette parade est relativement discrète et passe souvent inaperçue. Elle peut avoir lieu seule ou être suivie d'une série d'autres manifestations.

Après le secouement, il peut arriver qu'une femelle vienne nager rapidement autour des mâles, élevant la tête puis tendant le cou au ras de l'eau. C'est ce qu'on appelle la «nage de coquetterie», destinée à inciter les mâles à poursuivre leur parade. Elle est très facile à reconnaître et vous aidera peut-être à distinguer d'autres aspects plus subtils du comportement des mâles.

Après la nage de coquetterie de la femelle, les mâles se livrent parfois à l'une de trois manifestations différentes, chacune étant accompagnée d'un sifflement bref que vous entendrez sans difficulté si l'endroit n'est pas trop bruyant. Pour exécuter l'une de ces parades, le «grognement sifflé», le canard élève le cou tout en conservant le bec et la queue dans l'eau. Il émet simultanément un

grognement et un sifflement, mais nous n'entendons habituellement que le second.

Les couples se livrent également à des parades. Mâle et
femelle se font face et exécutent des mouvements verticaux de la
tête. C'est ce qu'on appelle le «mouvement de pompage» et il
peut précéder l'accouplement. À ce moment-là, le mâle nage
jusqu'à la femelle, monte sur son dos en prenant les plumes de sa
nuque dans le bec. L'accouplement est parfois suivi d'une nage de
coquetterie du mâle.

C'est par une journée calme, une fois que les canards auront
fini de manger, que vous pourrez profiter de ces superbes parades.
Il arrive parfois qu'en les perturbant légèrement, par exemple en
incitant ceux qui sont sur la berge à retourner à l'eau, on réussisse
à déclencher certaines parades.

CARDINAL /*CARDINAL (CARDINALIS CARDINALIS)*

Si vous rencontrez un cardinal à l'automne, peut-être ne vous
paraîtra-t-il pas aussi écarlate qu'à l'accoutumée. Rassurez-vous,
vous n'avez pas la berlue. En effet, les cardinaux muent à la fin de
l'été et, chez le mâle, beaucoup de nouvelles plumes sont grisâtres
à leur extrémité. Au fur et à mesure que l'hiver avance, cette
nuance s'estompe, remplacée par le rouge vif de la livrée nuptiale.

Cardinaux mâle et femelle

Depuis le début du siècle et peut-être depuis plus longtemps, le cardinal avance régulièrement vers le nord. Cette migration progressive a été attribuée au réchauffement notable des hivers par rapport au siècle dernier. Jadis oiseau du Sud, le cardinal est aujourd'hui fort répandu dans le sud de la Nouvelle-Angleterre et quelques régions du sud du Canada.

En général, c'est un oiseau non migrateur, et les études entreprises après avoir bagué des oiseaux ont révélé que les adultes ne s'éloignaient guère de plus de quelques kilomètres de leur lieu de naissance. À l'instar de nombreux oiseaux d'hiver, les cardinaux se regroupent à l'automne, formant des vols lâches qui vivent et se nourrissent ensemble. Les mâles se comportent envers les femelles exactement comme ils se comportent envers les autres mâles du vol mais, lorsque la seconde moitié de l'hiver est entamée, on remarque qu'ils commencent à solliciter les femelles en chantant. Vers la fin de l'hiver, ces dernières se mettent à leur répondre et, tandis que les couples se forment, la volée se disperse.

Le chant du cardinal, comme celui de plusieurs membres de la famille des Fringillidés, est constitué de sifflements clairs. Mâle et femelle chantent, parfois en duo. On a réussi à dresser la liste de plus de 28 cris distincts dont seuls quelques-uns sont courants, en particulier le «ouaît-ouaît-ouaît tiou, tiou, tiou». On peut entendre les deux éléments de ce chant ensemble ou séparément, lentement ou très rapidement. En outre, le cardinal émet une sorte de «tchit» très bref lorsqu'il est dérangé par un autre oiseau ou un intrus. Vous pourrez l'entendre chanter tout l'hiver, mais c'est surtout à l'approche du printemps, donc de la saison de reproduction, que les chants s'intensifient.

Le gros bec du cardinal est particulièrement efficace lorsqu'il s'agit d'ouvrir des noix. Si vous remplissez vos mangeoires de graines de tournesol, vous le verrez saisir une cosse dans son bec et la briser d'un coup sec pour manger la graine qui s'y trouve. Dans les bois, il se nourrit de graines de tremble et de tulipier sans pour autant dédaigner les raisins sauvages, les fruits du sumac et les baies de cornouiller.

Bien que la plupart des cardinaux se regroupent en vol pour passer l'hiver, il arrive que certains couples demeurent seuls sur leur territoire de reproduction. En général, une volée comporte une douzaine d'oiseaux, mais dans la partie méridionale de l'aire hivernale de distribution des cardinaux, on peut apercevoir des vols de plus de 50 oiseaux. L'effectif du vol dépend principalement de l'abondance de la nourriture et du nombre d'oiseaux qui peuvent subsister dans une région donnée. C'est sans doute pour cette raison que les vols contiennent moins d'oiseaux dans le Nord, là où la nourriture est plus difficile à trouver en hiver.

CHARDONNERET DES PINS/*PINE SISKIN (SPINUS PINUS)*

Le chardonneret des pins présente le même comportement en société que son cousin, le chardonneret jaune. Des vols compacts de 10 à 100 individus se promènent et mangent ensemble. En

hiver, leur ordinaire comprend surtout des graines de pruche, d'aulne et de bouleau ainsi que diverses herbes. Parfois, ils se nourrissent en compagnie de chardonnerets jaunes ou de sizerins flammés.

Chardonnerets des pins

Ils ne présentent pas de caractéristiques physiques particulièrement frappantes mais, grâce à leur long bec pointu, vous pouvez les distinguer des autres petits oiseaux rayés de brun. En vol, ils exhibent des taches jaunes en haut des ailes et à la base de la queue. Leur cri permet toutefois de les identifier, et on l'a souvent comparé au «bruit de la vapeur qui s'échappe d'un radiateur».

CHARDONNERET JAUNE /*AMERICAN GOLDFINCH (SPINUS TRISTIS)*

Après s'être reproduits vers la fin de l'été, les chardonnerets mâles muent, leurs plumes jaune d'or laissant place à un plumage nuancé de jaune verdâtre qui rappelle celui des femelles. En hiver, ils se regroupent en volées de 5 à 100 oiseaux, qui se nourrissent de graines et picorent dans l'herbe. Parmi leur nourriture de prédilection se trouvent les graines d'ambroisie, de chardon, de verge d'or, d'onagre et de molène. D'autres oiseaux qui ont les mêmes habitudes alimentaires se joignent aux chardonnerets jaunes, tels que les moineaux friquets dans les champs et les chardonnerets des pins ou les sizerins flammés au cœur des bois de conifères.

Les chardonnerets jaunes ont un vol caractéristique, qui évoque l'itinéraire d'un fil lâche entre deux poteaux téléphoniques. L'oiseau s'envole et, serrant les ailes le long du corps, exécute un plongeon avant de remonter tout aussi rapidement. Il émet habituellement un petit gazouillis en volant.

Le chardonneret jaune est, parmi nos oiseaux, l'un de ceux qui se reproduisent le plus tard dans la saison. Il attend parfois le début de l'automne, utilisant le duvet arraché aux graines mûres de chardon pour bâtir son nid, qui est souvent en meilleur état, l'hiver venu, que celui des oiseaux qui ont niché au début du printemps et dont les nids ont déjà été endommagés par les orages d'été et d'automne. (Reportez-vous à la rubrique consacrée à l'identification des nids.)

Chardonnerets jaunes

CHOUETTES ET HIBOUX /*OWLS* (ORDRE DES *STRIGIDÉS*)

Les chouettes et les buses sont nos principaux rapaces. Mais tandis que les buses chassent de jour, les chouettes et les hiboux sont des prédateurs nocturnes. Bien que leurs énormes yeux leur permettent de voir la nuit, ils se fient surtout à leur ouïe pour localiser les bruissements émis par les petits rongeurs parmi les feuilles et les herbes. Leur vol est plus silencieux que celui de la plupart des oiseaux, en raison de la structure des plumes alaires; c'est pourquoi ils fondent sur leur proie sans faire le moindre bruit.

Les chouettes mangent principalement des rongeurs et remplissent une importante fonction écologique puisqu'elles contribuent à empêcher les populations de souris de proliférer démesurément. Les plus gros hiboux se nourrissent également de petits mammifères tels que les lièvres, les écureuils et les mouffettes. Les plus petits hiboux consomment parfois de petits oiseaux et, l'été, des insectes. En général, ils plument les oiseaux avant de les manger, mais ils avalent les souris telles quelles. Les restes non digérés de fourrure et d'os sont régurgités sous forme de pelotes compactes, semblables à celles des buses. Vous les découvrirez sous les nids ou sous les perchoirs diurnes des hiboux. (N'oubliez pas, toutefois, que les corneilles et les goélands régurgitent également des pelotes.)

Grand-duc d'Amérique

L'un des hiboux les plus énormes et les plus répandus est le grand-duc d'Amérique. Il s'est très facilement adapté aux banlieues. Il passe ses journées à se reposer sur un perchoir, mais les corneilles le harcèlent, l'obligeant à se déplacer d'un arbre à l'autre. Les autres hiboux, tels que le hibou des marais et le harfang des neiges, préfèrent nicher et dormir au sol, à découvert. Le harfang des neiges est un oiseau spectaculaire, qui descend de l'Arctique en hiver. Son plumage étant principalement blanc, il se confond avec la neige lorsqu'il se tient tranquillement assis dans un champ.

COLIN DE VIRGINIE /*BOBWHITE (COLINUS VIRGINIANUS)*

En été, les colins vivent en familles, jeunes et parents ne se quittant guère tandis qu'ils parcourent leur territoire à la recherche de nourriture. À l'automne, toutefois, les familles en rejoignent d'autres pour former des groupes plus nombreux à l'intérieur desquels les membres de la même famille se dispersent. C'est ce que l'on appelle la «nouvelle donne» de l'automne. Elle est probablement destinée à protéger le groupe contre un degré excessif d'endogamie. Ensuite, des bandes plus petites se forment, que l'on appelle des colonies. Elles ne comptent qu'une quinzaine d'individus en moyenne. Les colins demeurent ainsi regroupés pendant le reste de l'hiver.

Chaque colonie, qui est constituée d'adultes et de juvéniles des deux sexes, revendique sa propre aire de subsistance. La nuit, les membres d'une même colonie se regroupent pour former un cercle, la tête vers l'extérieur, la queue vers le centre. Chaque oiseau élève légèrement ses ailes pour permettre à la chaleur de circuler entre lui et son voisin. Les colins passent ainsi toutes les nuits hivernales à l'un de leurs endroits favoris. Cette formation en cercle est sans doute destinée à protéger la colonie contre le froid car, lors des journées particulièrement glaciales, il peut arriver que les oiseaux se regroupent ainsi pour conserver leur chaleur et leur énergie. Si vous apercevez un anneau d'excréments au sol, vous saurez que vous venez de découvrir l'un des «dortoirs» favoris d'une colonie de colins.

Des expériences ont permis de déterminer que le degré de froid que des colins étaient capables de tolérer pendant la nuit était directement relié à l'effectif des oiseaux d'une formation en cercle. Apparemment, le nombre optimal se situe entre 14 et 15 individus. Lorsque certains membres d'une colonie meurent, on a fréquemment constaté que d'autres venaient les remplacer pour ne pas mettre la vie de toute la colonie en danger.

Les colins, à l'instar des faisans, des gélinottes et des poules, sont des Gallinacés, c'est-à-dire des picoreurs au bec court, dont le corps lourdaud et massif les prédispose davantage à la marche qu'au vol. Bien que les colins soient mal adaptés au froid et à la neige des régions boréales, ils sont très répandus dans la moitié Sud des régions recouvertes de neige en hiver. Leurs habitudes alimentaires ne sont pas aussi souples que celles d'autres Gallinacés nordiques tels que la gélinotte huppée. Pendant l'année, les colins se nourrissent d'insectes et de graines mais en hiver, 95 p. 100 de leur alimentation se compose de graines. Malheureusement, la moindre couche de neige, même fine, peut les empêcher de trouver leur nourriture. Il existe une relation directe de cause à effet entre la mortalité chez les colins et le nombre de jours consécutifs pendant lesquels le sol est recouvert de neige.

Colins de Virginie

Les colins se plaisent au sein d'un biotope très précis: les terrains découverts pour picorer et les taillis pour se protéger. Par conséquent, c'est en lisière des champs ou des pâturages qu'ils sont le plus heureux. La superficie de leur aire de subsistance hivernale dépend des avantages et des inconvénients de leur environnement ainsi que de l'abondance de nourriture. Elle peut aller de 2,5 à près de 40 hectares, et il arrive que les aires de plusieurs colonies de colins se chevauchent.

Dès l'arrivée du printemps, les couples se forment et la colonie se disperse. Les oiseaux commencent à revendiquer leurs territoires de reproduction, tandis que le «bob-houit» familier du mâle retentit fréquemment, pour notre plus grand plaisir.

Les Gallinacés étant des oiseaux particulièrement discrets, vous avez plus de chance d'entendre les colins que de les voir. Ils laissent toutefois des empreintes abondantes, car les membres d'une colonie ne se dispersent guère pendant la journée. Si vous suivez ces traces, peut-être découvrirez-vous l'un de leurs abris d'hiver. Reportez-vous au chapitre intitulé «Empreintes dans la neige» pour en savoir davantage sur la question.

CORNEILLE D'AMÉRIQUE /*COMMON CROW (AMERICAN CROW)* (*CORVUS BRACHYRHYNCHOS*)

Les corneilles nous étonnent en hiver par l'énorme effectif des vols que l'on aperçoit le soir à proximité des abris collectifs qui, dans certaines parties de l'Amérique du Nord, réunissent plus de 200 000 oiseaux. Vous les découvrirez à proximité de chez vous en suivant la direction des vols de corneilles, en fin d'après-midi, ou en repérant l'endroit d'où elles surgissent, tôt le matin. En effet, à chaque lever de soleil, elles quittent l'abri par petits groupes pour aller se nourrir et y retournent tous les soirs en suivant le même itinéraire. On ignore pourquoi elles se rassemblent en vols aussi immenses avant de s'abriter pour la nuit. Les abris sont généralement situés à proximité d'intéressantes aires de subsistance: près de la mer, dans les deltas des fleuves ou à proximité de grands lacs intérieurs. Mais la présence de nourriture n'explique pas pourquoi ces vols sont si nombreux la nuit.

La plupart des corneilles qui passent l'été au Canada ou dans le nord de la Nouvelle-Angleterre migrent vers le sud car la couche de neige les empêche de recueillir leur nourriture. Toutefois, beaucoup demeurent sous les mêmes latitudes et entreprennent une migration horizontale en direction de l'océan ou des Grands Lacs. D'autres se rapprochent des dépotoirs des grandes villes. Les vols du nord sont beaucoup moins nombreux que ceux que l'on aperçoit plus au sud. Ils regroupent habituellement entre 500 et 10 000 oiseaux.

Corneilles

Il y a longtemps que les corneilles sont devenues omnivores et mangent à peu près n'importe quoi. Le maïs constitue près de la moitié de leur alimentation hivernale. Elles se régalent des épis demeurés dans les champs après la récolte. Le quart environ de leur menu est constitué d'autres céréales, de graines et de fruits sauvages. Le dernier quart consiste en matières animales qui s'accumulent près des étendues d'eau, en cadavres à demi décomposés d'animaux tués sur les routes et en déchets trouvés dans les dépotoirs. Tout ce que la corneille ne digère pas s'amalgame dans son estomac sous forme de pelote avant d'être régurgité. Vous n'aurez aucun mal à repérer les pelotes sous les abris collectifs. En les examinant, vous aurez une idée assez précise de l'alimentation des oiseaux. Au cours d'une étude d'un abri hivernal, on a découvert que les pelotes étaient surtout constituées de graines. On a compté près de 36 graines de sumac grimpant («herbe à puces») ou de sumac vénéneux, accompagnées de nombreuses autres graines de sumac, raisin sauvage, cornouiller, micocoulier et nerprun.

Les corneilles se nourrissant en petits groupes, il arrive que l'une d'elles monte la garde sur un perchoir pendant que les autres mangent. Elles sont extrêmement bruyantes et harcèlent les buses ou les chouettes qu'elles repèrent. Si vous apercevez un vol de corneilles en train de vociférer autour d'un arbre, approchez-vous-en car vous y découvrirez probablement un oiseau de proie.

Étant donné que les corneilles se nourrissent sur la terre ferme, leurs empreintes sont faciles à repérer. Il leur arrive de sautiller mais, en général, elles marchent. Vous n'aurez aucune difficulté à identifier les empreintes de cet oiseau, car il a tendance à traîner l'orteil au sol entre chaque pas. En outre, ses points d'envol ou d'atterrissage sont reconnaissables à la magnifique empreinte de ses ailes, de chaque côté des pattes. C'est dans les champs cultivés et à la surface enneigée des lacs gelés que vous aurez le plus de chances de découvrir des traces de corneilles.

DUR-BEC DES PINS/*PINE GROSBEAK* (*PINICOLA ENUCLEATOR*)

Bien qu'il ne soit pas aussi flamboyant que le cardinal, le dur-bec des pins est, en hiver, notre plus gros oiseau rouge. Mais vous n'aurez aucun mal à les distinguer l'un de l'autre. En effet, le cardinal est un oiseau du Sud qui étend son aire de distribution vers le nord tandis que le dur-bec est un oiseau véritablement nordique, qui, en hiver, descend à peine jusqu'aux États-Unis. Ce n'est pas avant décembre qu'il franchit régulièrement la frontière. Mais il est très courant au Canada, et peu farouche. Il se nourrit de graines de pin et d'érable ainsi que des baies du sorbier d'Amérique.

Durs-becs des pins

Le dur-bec des pins est l'un de nos oiseaux d'hiver qu'on retrouve dans le monde entier. En effet, il est fort répandu en Europe septentrionale, dans la partie européenne de l'URSS et en Sibérie. Son aire de distribution nord-américaine s'étend sur tout le continent jusqu'en Alaska.

ÉTOURNEAU SANSONNET/*EUROPEAN STARLING*
(STURNUS VULGARIS)

Tout comme la corneille, l'étourneau est grégaire. Les volées qui se rassemblent près des abris comptent parfois entre 50 000 et 250 000 oiseaux. Il leur arrive d'utiliser les mêmes abris d'un hiver à l'autre mais, habituellement, les excréments des oiseaux sont si lourds et si épais qu'ils finissent par briser les branches et tuer toute la végétation environnante. Le site ne tarde pas à être déserté. Les étourneaux se rassemblent une ou deux heures avant le crépuscule, d'abord par petits groupes, à proximité de l'abri. Ces petits groupes s'agglutinent à d'autres et, en fin de compte, c'est rassemblés en un immense vol qu'ils plongent dans l'abri après l'avoir survolé à quelques reprises. Une fois installés, ils continuent de chanter en chœur et, de loin, on a l'impression d'entendre le bruissement d'une immense cascade.

Étourneaux sansonnets

Au matin, ils s'envolent par milliers et, se regroupant par petits vols, commencent à chercher leur nourriture. Vous repérerez leurs abris, comme ceux des corneilles, en remarquant la direction que prennent les étourneaux soir et matin.

Au cours de l'hiver, leur apparence change considérablement. Vers septembre, l'étourneau mue et ses nouvelles plumes sont ourlées de blanc sur tout le corps sauf au dos. L'oiseau conserve ce plumage moucheté jusqu'au milieu de l'hiver, tandis que les extrémités blanches commencent à s'estomper, révélant un superbe plumage d'un noir luisant. Vers cette époque, le bec de l'étourneau, qui est foncé depuis sa mue, commence à devenir jaune vif. En janvier ou en février, soit juste avant la saison de reproduction, la transformation de l'oiseau est terminée.

Les étourneaux comptent parmi les prédateurs les plus efficaces des insectes qui vivent au sol. Ils se nourrissent en vols d'une centaine ou plus et préfèrent les terrains découverts, tels que les jardins publics, les champs cultivés et les bordures des autoroutes. Ils se meuvent en groupe compact, tous dans la même direction. Ceux de derrière s'efforcent constamment de passer devant. Lorsqu'on les dérange, ils s'envolent simultanément et tournoient de concert jusqu'à ce que l'intrus se soit éloigné. Un peu plus tard, ils se posent de nouveau et recommencent tranquillement à manger. Des études suggèrent qu'ils sont capables d'adopter les habitudes alimentaires des autres espèces qui se joignent à eux.

Toutefois, l'étourneau n'est pas entièrement bénéfique. Importé d'Europe et introduit à Central Park (New York) en 1890 et 1891, il a rapidement envahi la ville avant de progresser vers la campagne. Il est agressif et niche dans les cavités, privant nombre de nos oiseaux indigènes de leurs nids et de leurs abris. Dans certaines régions, il crée quelques graves problèmes en nichant en ville et en allant se nourrir sur les terrains des aéroports. Le nombre d'étourneaux n'a pas cessé de croître depuis leur importation en Amérique du Nord; il sera intéressant de voir si leur croissance démographique se trouvera un jour ou l'autre freinée par un facteur naturel, étant donné que les humains semblent totalement incapables de l'empêcher de proliférer.

FAISAN DE CHASSE (À COLLIER)/*RING-NECKED PHEASANT* (*PHASIANUS COLCHICUS*)

Le faisan est un oiseau qui vit au sol. Il ira se cacher sous le couvert végétal si vous le dérangez. Toutefois, si vous le serrez de trop près, il s'envolera brusquement, presque verticalement, avant de redescendre en planant, les ailes déployées. Peut-être en avez-vous déjà admiré un, de votre voiture, alors qu'il picorait sur le bas-côté d'une route ou d'une autoroute.

Étant donné la nature principalement terrestre du faisan, vous aurez plus de chance d'apercevoir ses empreintes plutôt que l'oiseau lui-même. En suivant ces traces, vous surprendrez quel-ques-unes des habitudes les plus intéressantes du faisan en hiver. Dès l'automne, les oiseaux se regroupent et passent l'hiver en volées de 4 à 100 individus, avec en moyenne 15 faisans par vol. On compte en général trois fois plus de femelles que de mâles dans ces volées, ce qui trahit le comportement polygame des faisans au printemps. Les volées dorment et se nourrissent ensemble; elles s'abritent dans les marécages des basses terres, là où les massettes et autres plantes semi-aquatiques leur permettent de se dissimuler et de se protéger des intempéries. Le groupe mange le matin et le soir mais, par mauvais temps, il demeure parfois immobile toute une journée. Les faisans, qui adorent le maïs, se tiennent surtout dans les régions agricoles, dans les champs séparés par des bandes incultes.

L'effectif d'un vol dépend de l'abondance de la nourriture et des abris qu'offre la région. Pendant les dégels hivernaux et lors-que le printemps approche, les marécages se liquéfient de nou-veau, obligeant les oiseaux à trouver d'autres endroits abrités. Le couvert végétal étant réduit au minimum à ce moment-là, le faisan est particulièrement vulnérable face aux prédateurs tels que les buses, les hiboux et les renards.

Faisans à collier, mâle et femelle

Le faisan de chasse n'est pas indigène en Amérique du Nord. C'est un hybride dont la souche initiale vient de Chine. Il a d'abord été introduit au New Hampshire en 1790 par le gouverneur de l'État. Malheureusement, ce premier groupe de faisans n'a pas tardé à mourir. En 1880 et en 1890, d'autres faisans ont été importés de Shanghai jusqu'en Oregon; une fois libérés, ils ont réussi à s'adapter et à se reproduire. Aujourd'hui, ils occupent toute l'Amérique du Nord et ont appris à tirer profit de nombreux habitats. Il m'est même arrivé d'en effaroucher quelques-uns qui se promenaient le long des voies de chemin de fer, en plein centre-ville.

GEAI BLEU/*BLUE JAY (CYANOCITTA CRISTATA)*
GEAI DU CANADA/*GRAY JAY (PERISOREUS CANADENSIS)*

Encore plus que les corneilles, les geais semblent assumer volontiers les fonctions de sentinelles. Il est bien rare que l'on puisse observer un geai en train de vaquer tranquillement à ses occupations. En général, l'oiseau vous repérera longtemps à l'avance et s'empressera de donner l'alarme ou de sonner le rassemblement. Les autres geais se joindront à lui et, en quelques secondes, toute la faune environnante saura qu'un intrus approche. Les geais sont particulièrement agressifs envers leurs prédateurs naturels, qu'ils appartiennent à la famille des Félidés, des Canidés ou des Mustélidés. Ils ne se montrent pas plus amènes envers les rapaces. Leur cri d'alarme ou de rassemblement est l'onomatopée qui leur a donné leur nom: «Djé, djé».

Geai bleu

Toute l'année, les geais sont des mangeurs voraces. Ils dévorent tout ce qu'ils trouvent et dissimulent parfois des provisions dans le sol ou les fissures des troncs et des branches d'arbres. À cet égard, leur comportement n'est pas très conséquent. Par exemple, il leur arrive de recueillir soigneusement les glands, qu'ils enfoncent ensuite dans le trou laissé par un nœud du bois, avant de s'éloigner. Mais cinq minutes plus tard, ils reviennent près de l'arbre pour retirer les provisions de leur cachette et les manger sur-le-champ. On a également observé qu'ils oubliaient parfois complètement l'endroit où ils avaient dissimulé de la nourriture. Si elle ne pourrit pas sur place, elle fait le bonheur d'un écureuil.

Le geai du Canada, que l'on trouve aussi dans les États du Nord, a des habitudes semblables à celles de son cousin. En effet, il emmagasine sa nourriture, il émet une vaste gamme de cris sociaux et il se montre très agressif envers les intrus. Mais en hiver, son comportement en société est très différent de celui du geai bleu, bien qu'il n'ait pas encore fait l'objet d'une étude approfondie. Le geai du Canada commence à nicher plus tôt que le geai bleu, entamant fréquemment la construction de son nid et l'incubation des œufs alors que le sol est encore recouvert de neige.

Geai du Canada

GÉLINOTTE HUPPÉE /*RUFFED GROUSE (BONASA UMBELLUS)* GÉLINOTTE DU CANADA /*SPRUCE GROUSE (CANACHITES CANADENSIS)*

Deux espèces de gélinotte vivent dans les régions couvertes par ce guide: la gélinotte huppée et la gélinotte du Canada.

La première passe le plus clair de son temps au sol, et vous ne manquerez sans doute pas d'apercevoir ses empreintes bien longtemps avant de repérer l'oiseau lui-même. Ses pieds sont particulièrement adaptés à la marche sur la neige. À l'automne, de petites masses de chair portant le nom de rayons croissent de chaque côté des orteils, doublant ainsi la surface qui repose sur la neige molle.

On pense que leur croissance est stimulée par la photopériode (durée de jour variant selon la saison et la latitude) des journées d'automne. Au printemps, les rayons tombent.

Gélinotte huppée

Si vous suivez les empreintes d'une gélinotte huppée, peut-être découvrirez-vous l'un de ses abris d'hiver. Lorsque la neige est poudreuse et malléable, l'oiseau en profite pour y passer la nuit, bien protégé par les propriétés isolantes de la neige. Il peut soit creuser une cavité, soit plonger du haut d'un arbre dans la neige molle. Vous n'aurez aucune difficulté à repérer l'un de ces tunnels, car la gélinotte y abandonne de petits excréments cylindriques d'environ 2,5 cm de longueur, composés de fibres végétales. Des empreintes des pattes et des ailes de l'oiseau, laissées lors de l'envol ou de l'atterrissage, trahissent également la présence de l'abri.

Contrairement à nos autres Gallinacés (colin, faisan de chasse), la gélinotte huppée préfère passer l'hiver au cœur des bois, ne mangeant que des végétaux, surtout des bourgeons de frêne, de chêne, d'aubépine et de hêtre. Elle ne dédaigne pas non plus les noix de hêtre, les glands et les feuilles de kalmia.

En revanche, la gélinotte du Canada se nourrit presque entièrement de bourgeons de pin, d'épinette et de sapin. C'est aussi une sédentaire qui passe fréquemment sa journée entière dans un conifère, y mangeant le jour et s'y abritant la nuit. N'étant pas du tout farouche, elle laisse, avec la plus parfaite indifférence, les humains s'approcher à quelques mètres d'elle. Elle vit plus au nord que la gélinotte huppée et, sous les latitudes plus méridionales, ne se retrouve que dans les montagnes.

Pour distinguer les empreintes des gélinottes de celles des faisans et des colins, reportez-vous au chapitre 7.

GOÉLAND/*GULL* (ESPÈCE *LARUS*)

Goélands argentés

Bien que de nombreux goélands (surtout des immatures) migrent vers le sud à l'automne, les adultes s'éloignent plutôt en direction des vallées, du littoral et de la région des Grands Lacs. En hivernant près des étendues d'eau dégagées, ils sont pratiquement certains de ne jamais manquer de nourriture. En outre, les goélands envahissent les dépotoirs municipaux, attendant impatiemment l'arrivée de déchets «frais».

Mais ces oiseaux étaient adaptés au régime omnivore des nécrophages bien avant que les dépotoirs acquièrent les dimensions qu'ils ont aujourd'hui, car leur biotope naturel se trouve à la limite de deux environnements entièrement différents: la terre et la mer. Les goélands ont acquis une physiologie et une faculté d'adaptation qui leur permettent d'exploiter à fond les ressources des zones côtières. Leurs ailes ne sont ni aussi grandes que celles des véritables oiseaux pélagiques, ni aussi agiles que celles des oiseaux terrestres. Leurs pieds sont palmés et ils savent nager. Mais ils marchent sans difficulté et cherchent surtout leur nourriture à terre. Comparé à celui des autres oiseaux, le bec d'un goéland n'est pas spécialisé du tout.

Toutes ces caractéristiques lui permettent de tirer parti de diverses sources de nourriture. Les goélands se nourrissent de vers de terre, de poissons, de rongeurs, de mollusques, d'insectes et d'œufs d'autres oiseaux. Ils possèdent un énorme jabot qui peut accueillir un rat ou un poisson entier et, comme beaucoup d'autres gros oiseaux, régurgitent les parties indigestes de leurs aliments sous forme de petites pelotes de 2 ou 3 cm de longueur.

Les goélands demeurent grégaires toute l'année. En hiver, on les voit surtout former des vols qui se promènent entre les aires de subsistance et les abris. Ceux-ci se trouvent surtout à découvert, au fond des petites baies ou sur des plages tranquilles. En période de tempête, les goélands reculent vers l'intérieur des terres et passent la nuit dans les champs.

Dans le Nord-Est et le Centre-Nord du continent, nous apercevons couramment trois types de goélands. Le plus gros est le goéland à manteau noir, facilement reconnaissable à son dos et à ses ailes sombres. Ensuite vient le goéland argenté, sans aucun doute le plus répandu de tous nos goélands. Il est gris et blanc, sans signe distinctif. Le plus petit, le goéland à bec cerclé, ressemble au goéland argenté si l'on fait abstraction du cercle noir qui entoure son bec près de l'extrémité. Sa petite taille permet également de le différencier. Lorsqu'ils ont un an ou deux ans, tous ces goélands présentent un plumage moucheté de brun et de blanc. Pour distinguer les espèces au sein d'un groupe d'immatures, vous devrez consulter un guide plus détaillé. Sinon, sachez simplement que tous les goélands brunâtres que vous rencontrez sont des immatures.

On a fait de grandes découvertes sur le comportement des goélands, notamment sur leurs postures qui, semble-t-il, transmettent des messages à leurs congénères. Toutefois, leurs parades se limitent surtout à la saison de reproduction et sont rarement observées en hiver.

GRIMPEREAU BRUN/*BROWN CREEPER* (*CERTHIA FAMILIARIS*)

On a déjà qualifié le grimpereau brun d'oiseau «fade et dépourvu d'intérêt». Pourtant, il me fascine. Contrairement aux mésanges et aux sittelles qui passent l'hiver en volées bruyantes, le grimpereau est un oiseau discret, souvent solitaire. Il est toujours passionnant d'en découvrir un, tandis qu'il se hisse laborieusement, dans le plus grand silence, le long d'un tronc d'arbre, scrutant l'intérieur des fissures à la recherche d'insectes en hibernation.

Grimpereau brun

Son long bec effilé, légèrement incurvé, n'est pas adapté au martelage, contrairement à celui des sittelles. En revanche, il est idéal pour fouiner sous les fentes de l'écorce et en extraire les œufs et les cocons d'insectes. Le grimpereau est presque exclusivement insectivore, mais sa manière de se nourrir limite toute éventuelle concurrence avec les mésanges à tête noire, les sittelles, les roitelets et les mésanges bicolores, en compagnie desquels il passe souvent l'hiver. Il est intéressant de constater que bien que tous ces oiseaux aient coutume de rechercher leur nourriture dans les arbres, chaque espèce possède ses propres habitudes alimentaires, différentes de celles des autres. C'est pourquoi la concurrence entre eux est loin d'être aussi féroce qu'on ne pourrait l'imaginer.

Le grimpereau escalade les troncs en suivant la technique utilisée par les pics. Il plante ses ergots dans l'écorce tout en prenant appui sur sa longue queue rigide. Ainsi, il parvient à se déplacer sans difficultés vers la cime de l'arbre. Lorsqu'il aperçoit un arbre qui l'intéresse, il se pose juste au pied avant d'entreprendre son escalade, en suivant un itinéraire en spirale autour de l'arbre. Après avoir atteint le sommet, il s'envole pour atterrir au pied d'un autre arbre. Les grimpereaux passent la nuit dissimulés dans les cavités des arbres ou accrochés à l'écorce, là où ils se sentent protégés par la végétation.

Les grimpereaux ne sont guère effarouchés par les humains, mais dès qu'un oiseau de proie s'approche, ils s'aplatissent contre le tronc. Leur plumage tacheté de brun et de blanc les rend pratiquement invisibles. Vers la fin de l'hiver, il n'est pas rare d'apercevoir deux ou trois grimpereaux ensemble, escaladant les troncs à la queue leu leu. Il se pourrait que cette activité soit l'une des manifestations préalables à la période de reproduction.

GROS-BEC ERRANT/*EVENING GROSBEAK* (*HESPERIPHONA VESPERTINA*)

Ce magnifique oiseau est de plus en plus répandu dans l'est du Canada et les États du Nord-Est. Il est originaire du Nord-Ouest mais, depuis une quarantaine d'années, il étend son aire de distribution vers les régions orientales du continent. À la campagne, les gros-becs se tiennent en vols bruyants qui se nourrissent des graines arrachées à la cime des érables, des robiniers ou des frênes. Plus tard dans la saison, ils commencent à picorer au sol, à la recherche de graines tombées à terre. Ils fréquentent aussi les mangeoires, autour desquelles ils se comportent belliqueusement envers leurs congénères et les autres espèces aviaires.

Comme tous les Fringillidés, les gros-becs errants sont dotés d'un bec particulièrement adapté à leur régime de granivores. Ils parviennent même à faire éclater des noyaux de cerises pour grignoter la chair à l'intérieur. Bien qu'ils mangent parfois des insectes en été, ils sont exclusivement végétariens en hiver.

Gros-becs errants

Les gros-becs errants ont un plumage resplendissant. N'étant pas particulièrement farouches, ils vous laisseront admirer à loisir leurs taches alaires blanches et noires, la bande jaune vif que le mâle porte sur le front et leur gros bec conique, d'un jaune plus éteint.

JUNCO ARDOISÉ /*DARK-EYED JUNCO (JUNCO HYEMALIS)*

Les juncos se reproduisent dans la taïga avant de migrer à l'automne, passant l'hiver quelque part entre le sud du Canada et le golfe du Mexique, tant dans les jardins publics et les banlieues qu'à la campagne. Il se nourrit souvent en compagnie d'autres oiseaux, notamment les moineaux domestiques en ville et les bruants hudsoniens à la campagne.

Les juncos migrent par petits vols. À l'arrivée, chaque vol jette son dévolu sur quatre ou cinq aires de subsistance qui ne sont généralement qu'à 200 ou 300 m les unes des autres. Les membres du vol ne picorent que sur ces aires, seuls ou en compagnie de congénères. Il est toutefois rare d'apercevoir la volée tout entière en train de manger au même endroit. Au fur et à mesure que de nouveaux juncos arrivent, ils se joignent au groupe en suivant le circuit habituel des aires de picorage.

En baguant les oiseaux, on a compris que beaucoup revenaient chaque hiver dans la même région, ce qui prouve qu'ils ne sont pas uniquement capables de retrouver leur aire estivale de reproduction. Les premiers arrivants, en hiver, sont souvent des habitués de la région. Ils sont suivis d'oiseaux plus jeunes qui s'adaptent aux habitudes de leurs aînés.

Il est fort agréable d'observer des juncos en hiver car ils sont relativement peu farouches. Vous ne pourrez manquer de les apercevoir lorsqu'ils s'envolent, car leur queue grise est ourlée de blanc, de chaque côté. Ils se nourrissent surtout de graines, d'ambroisie notamment, lorsqu'ils passent l'hiver en ville. Vous repérerez facilement leurs empreintes puisqu'ils picorent surtout au sol.

Juncos ardoisés

Vers la fin de l'hiver, tandis que la volée se disperse et que les oiseaux s'envolent vers le nord, vous entendrez un nouveau chant. C'est un trille aigu et prolongé, sans ressemblance aucune avec le gazouillis ténu que vous avez associé, pendant tout l'hiver, aux juncos. Ce cri signale probablement l'imminence de la migration du printemps et les prémices de la saison de reproduction.

MÉSANGE À TÊTE NOIRE /*BLACK-CAPPED CHICKADEE* (*PARUS ATRICAPILLUS*)

Les mésanges figurent parmi les oiseaux les plus agréables à étudier en hiver. Leur comportement est fascinant et elles sont faciles à repérer, se tenant en vols bruyants et espiègles. Toutefois, ces volées n'ont rien de commun avec les groupes lâches d'autres oiseaux qui, en hiver, flânent librement. Au contraire, leur effectif est stable. En outre, les mésanges à tête noire vivent au sein d'une hiérarchie sociale rigide. Le vol comprend en moyenne six oiseaux et se regroupe autour d'un couple dominant qui s'est reproduit l'été précédent. Les autres membres sont des juvéniles — qui ne sont pas forcément issus du couple dominant — et quelques adultes célibataires. En observant les oiseaux pendant qu'ils se nourrissent, vous verrez l'un d'eux en obliger un autre à lui laisser sa place. C'est une manifestation de domination très courante chez les oiseaux et, en l'occurrence, elle exprime la structure hiérarchique du vol de mésanges.

Mésanges à tête noire

En vous promenant, peut-être repérerez-vous régulièrement un vol de mésanges au même endroit. Il s'agira vraisemblablement de l'une de leurs aires de picorage favorites, qui sont au nombre de trois à cinq. La volée passe la journée à en faire le tour. À ces endroits précis, on remarque que les mésanges mangent plus qu'ailleurs. De tels lieux définissent le territoire défendu contre d'autres vols de mésanges, lequel n'est souvent qu'une extension du territoire de reproduction du couple dominant. La volée retourne habituellement chaque soir dans un abri situé sur le territoire, souvent au cœur d'épais conifères. Il arrive que les oiseaux passent aussi la nuit dans de petites cavités de troncs d'arbre, à proximité du reste du groupe.

Les mésanges émettent des cris bien particuliers qui les rendent faciles à localiser dans les bois. Chaque cri possède une fonction précise. Le plus fréquent leur permet de demeurer en contact auditif. Il s'agit d'un «tsiit-tsiit» extrêmement aigu que les membres du vol émettent constamment pour éviter que certains de leurs compagnons ne s'égarent. Si l'un des oiseaux s'éloigne par inadvertance, il émettra alors le cri bien connu, «tchicadi», qui permettra aux autres de le localiser. La domination au sein du groupe ou envers un autre groupe est exprimée par un simple «di-di-di» qui joue aussi le rôle de réprimande et est souvent émis lorsqu'un oiseau dominant en chasse un autre de son perchoir pendant les repas.

La mésange se déplace le long des branches avec une habileté véritablement acrobatique. Elle est tout aussi à son aise pendue par les pattes, la tête en bas, que perchée au sommet d'un arbre. En hiver, la moitié de son alimentation est constituée de petits œufs ou de larves d'insectes et d'araignées qui nichent dans les fissures de l'écorce. Son complément alimentaire se compose de graines de pin et de pruche. On a suggéré que ses capacités acrobatiques étaient le résultat de l'adaptation à l'hiver et aux conditions dans lesquelles elle trouve sa nourriture. En effet, lorsque la neige s'est accumulée sur les branches des conifères, les mésanges sont parfaitement capables de se suspendre sous les rameaux pour recueillir les graines et les insectes.

En septembre et en octobre, les vols locaux sont rejoints par les vols migrateurs. Mais dès novembre peu d'oiseaux sont restés sur place, et il faut parcourir des kilomètres en forêt pour voir ou entendre une volée. À ce stade, les vols sont parfois rejoints par d'autres espèces aviaires, telles que les sittelles, les pics, les roitelets, les grimpereaux bruns et les mésanges bicolores. Il s'agit toutefois d'une relation très lâche, chaque espèce vagabondant à sa guise pendant la journée.

MÉSANGE BICOLORE /*TUFTED TITMOUSE (PARUS BICOLOR)*

La mésange bicolore passe généralement toute l'année dans la même région. On aperçoit fréquemment de petits vols de 3 à 6 oiseaux, qui prennent garde d'empiéter sur l'aire de subsistance de leurs congénères. Constitué de parents et de leur progéniture, le vol se disperse généralement au printemps. Les mésanges bicolores s'intègrent souvent à des vols mixtes en hiver, et des études de ces vols ont permis de constater que les mésanges à tête noire et les mésanges bicolores avaient tendance à diriger les déplacements du vol. Parmi les autres espèces, on aperçoit des grimpereaux, des sittelles, des roitelets et des pics.

Mésanges bicolores

Les mésanges bicolores comptent parmi les oiseaux les plus loquaces en hiver. Elles semblent être constamment en train de bavarder, émettant une série de notes peu musicales qui, souvent, ressemblent aux cris des mésanges à tête noire. Vers la fin de l'hiver, vous entendrez un sifflement sur deux notes claires («piiteu - piiteu - piiteu») qui se brouillent parfois («piiya - piiya») et rappelle les notes lancées par le cardinal. En imitant ce cri, vous inciterez l'oiseau à interrompre ses activités et à chercher autour de lui un éventuel concurrent.

Bien qu'elles soient surtout insectivores en été, les mésanges bicolores se satisfont en hiver de glands, de noix de hêtre, de maïs et de quelques baies sauvages. Elles écument les branches des arbres pour y déloger les petits insectes en hibernation. On a remarqué qu'elles entreposaient parfois de la nourriture dans des cachettes, comme les sittelles, mais beaucoup moins souvent.

Naguère, la mésange bicolore était un oiseau méridional. Mais le réchauffement des hivers et la popularité des mangeoires lui ont permis d'étendre vers le nord son aire de distribution.

MOINEAU DOMESTIQUE /*HOUSE SPARROW* (*PASSER DOMESTICUS*)

Le moineau domestique est traité séparément car il n'est pas indigène en Amérique du Nord. Il n'est donc pas apparenté à nos bruants, mais il appartient à la famille des Plocéidés; on l'a introduit aux États-Unis en 1850 et en 1851 dans l'espoir qu'il ralentirait la prolifération de certains insectes parasites. Les oiseaux ont été libérés à Brooklyn (New York) et se sont répandus dans toute l'Amérique du Nord, à l'exception des déserts et des plus hautes montagnes.

Moineaux domestiques

Ce sont de petits oiseaux agressifs qui ont la réputation d'avoir expulsé des villes et des campagnes beaucoup de nos espèces indigènes. Ils prolifèrent surtout en ville, nichant dans les recoins des édifices, vivant des miettes de la civilisation, monopolisant nos mangeoires aux dépens des plus petits oiseaux indigènes.

Après sa mue d'automne, le mâle a la poitrine mouchetée. Mais dès la fin de l'hiver, la couleur du bout de ses plumes est estompée, révélant une poitrine d'un noir luisant. La femelle est châtaine.

En hiver, les moineaux domestiques vivent rassemblés en petits vols. Ils se nourrissent à la lisière des champs, près des arbustes qui leur servent de cachette à la moindre alarme. Une fois le danger passé, ils recommencent, un par un, à picorer. Parfois, le vol tout entier cesse de manger pour se percher aux alentours, gazouiller ou faire sa toilette.

Ils nichent souvent ensemble sur les murs recouverts de lierre mais, s'il fait froid, ils préfèrent s'installer seuls dans les niches et les recoins des bâtiments.

MOQUEUR POLYGLOTTE /*MOCKINGBIRD* (*MIMUS POLYGLOTTUS*)

Pour surprendre l'intéressant comportement du moqueur, il faut surveiller l'oiseau dès le début de l'automne. La revendication du territoire se fait très rapidement et, une fois les parades terminées, les moqueurs deviennent d'une discrétion exemplaire jusqu'à la fin de l'hiver. Lorsque l'automne approche, beaucoup de moqueurs se rassemblent dans des endroits favorables pour y passer l'hiver, c'est-à-dire là où abondent les baies et les fruits. Pendant cette courte période, ils semblent consacrer leurs journées à se poursuivre les uns les autres, sans que l'on puisse attribuer à un oiseau en particulier un comportement de domination. Les poursuites sont généralement ponctuées d'un «tchiouk...tchiouk» sonore. Vous entendrez également les moqueurs imiter le chant d'autres oiseaux, répétant trois fois chaque phrase musicale.

Peu après, ils se choisissent des perchoirs, au sommet de petits arbres ou d'arbustes, et commencent à les défendre. Si un moqueur vagabond pénètre sur le territoire délimité par ces perchoirs, chaque oiseau «établi» lancera une série de «tchiouk» jusqu'à ce que l'intrus déguerpisse.

La dernière étape des revendications territoriales s'avère beaucoup plus discrète, mais elle est si intéressante que vous devriez essayer de la surprendre. Les occupants de deux territoires adjacents se posent sur la ligne de démarcation, face à face, queue pointée vers le haut. Ensuite, ils sautillent d'avant en arrière et latéralement. Enfin, chacun s'envole vers son territoire. À la fin de l'automne, les moqueurs expulsent d'autres espèces de leur territoire, notamment les merles et les jaseurs des cèdres en pleine migration, eux aussi attirés par les baies.

Moqueur polyglotte

Après deux mois d'activité à l'automne, les moqueurs changent radicalement de comportement. Ils deviennent silencieux et discrets, boudant leurs perchoirs, se tenant sous le couvert végétal. Il est probable que, les querelles territoriales ayant été vidées avant l'hiver, les oiseaux n'aient plus besoin de parader.

Chaque territoire peut être occupé par un couple ou par un oiseau célibataire, mâle ou femelle. Il arrive qu'un couple qui s'est reproduit au printemps précédent se tienne sur deux territoires adjacents. Dans le Sud, les moqueurs vivent en ville et c'est de plus en plus le cas dans le Nord. Les banlieues sont probablement des territoires de choix à cause de l'abondance des arbustes.

PIC MINEUR /*DOWNY WOODPECKER (DENDROCOPOS PUBESCENS)*
PIC CHEVELU/*HAIRY WOODPECKER (DENDROCOPOS VILLOSUS)*

Les pics mineurs et chevelus se ressemblent physiquement, mais leur comportement hivernal est radicalement différent. Vous pouvez distinguer les pics chevelus par la taille de leur bec, qui est au moins aussi long que leur tête, de l'avant jusqu'à l'arrière. Le bec du pic mineur est beaucoup plus petit. Les mâles des deux espèces ont des plumes rouges derrière la tête.

Les pics chevelus ne migrent pas, et un couple garde toute la vie le même territoire. La cour commence vers le milieu de l'hiver et permet aux oiseaux de renforcer leurs liens jusqu'au moment de l'accouplement. C'est le mâle qui prend l'initiative des parades.

Quelques pics mineurs migrent vers le sud, mais c'est une petite minorité. Le mâle est généralement agressif envers la femelle jusqu'à la fin de l'hiver. En mars et en avril, la femelle prend l'initiative des parades nuptiales, s'efforçant d'attirer un mâle et revendiquant son territoire.

Pic mineur

Les deux espèces de pics ont des postes de tambourinement, c'est-à-dire des arbres creux qu'ils martèlent du bec pour revendiquer leur territoire, attirer un partenaire ou renforcer les liens du couple. Ce tambourinement remplit plusieurs des fonctions qu'ont les cris chez les autres oiseaux. En localisant les arbres, vous parviendrez plus facilement à estimer la superficie du territoire d'un pic. Si vous vous installez à proximité, peut-être surprendrez-vous quelques parades intéressantes. Le tambourinement commence dès décembre et se poursuit jusqu'à l'été.

Les pics passent la nuit seuls dans la cavité de leur choix. À l'automne, ils creusent leur abri d'hiver et le défendent ensuite vigoureusement contre les autres oiseaux qui le convoitent. L'aire qui entoure la cavité, soit une superficie moyenne de 2,5 à

4 hectares en fonction du milieu, n'est pas défendue. Elle joue plutôt le rôle de territoire tampon autour d'un abri ou d'un nid. Bien que les deux espèces de pic nichent assez loin de leurs congénères, elles tolèrent la présence d'autres pics sur leur territoire. C'est pourquoi on note souvent un chevauchement considérable des activités.

Les pics mangent les insectes qui vivent sous l'écorce des arbres. Chaque type de pic creuse un trou d'une forme différente. Les deux orifices de picorage les plus évidents sont creusés par les pics maculés et les grands pics. Les pics maculés creusent des cercles concentriques, régulièrement espacés, autour d'un tronc. Ils aspirent la sève et mangent les insectes qui y sont attirés. Les orifices ont environ 75 mm de diamètre et forment des dessins géométriques reconnaissables. On les voit souvent sur les pommiers.

Le grand pic, comme son nom l'indique, est un plus gros oiseau que les autres pics. Il fait deux fois la taille du pic chevelu et a une prédilection pour les fourmis charpentières. Pour les extraire, il creuse de gros trous dans les arbres, vivants ou morts, qui font parfois plus de 1,80 m de longueur, 20 cm de largeur et 18 cm de profondeur. Les parois des orifices sont toujours bien droites. Il est beaucoup plus facile de découvrir un trou creusé par un grand pic que de repérer l'oiseau lui-même, qui est timide et effacé.

PIGEON BISET/*ROCK DOVE (COLUMBA LIVIA)*

Le pigeon biset, notre «pigeon domestique» donne un spectacle magnifique en plein vol. Mais une fois redescendu sur terre, il peut paraître gauche. En revanche, dans les airs, son agilité est remarquable. Lorsqu'ils volent en groupe, les pigeons sont capables de s'élever acrobatiquement et de tournoyer à l'unisson. Il est évident que ces caractéristiques résultent de l'adaptation à leur habitat d'origine, soit les falaises des bords de mer. Jadis, nichant sur les corniches ou dans les crevasses des rochers, ils étaient contraints d'apprendre très vite à voler avec brio et à tenir compte des brutales rafales de vent, si fréquentes le long des falaises.

Les pigeons ne sont pas originaires d'Amérique du Nord. Ils ont été importés comme oiseaux domestiques par les colons européens. Peu à peu, beaucoup se sont échappés ou ont été libérés et ont commencé à se reproduire. Au fur et à mesure qu'on érigeait des villes sur tout le continent, les pigeons se sont habitués aux édifices en hauteur, semblables à leurs falaises rocheuses. De nos jours, ils nichent sur les rebords des fenêtres, sur les climatiseurs et sous les ponts, dans les moindres recoins.

Pigeons bisets ou domestiques

Dans les villes, les pigeons se nourrissent principalement de déchets et de ce que les humains leur offrent. Près des parcs, ils mangent de l'herbe et des graines, ne creusent jamais le sol pour les trouver et se contentent de celles qui sont bien en vue. Pendant la saison des amours, vous les verrez fréquemment par couples mais, en hiver, ils se regroupent en grands vols.

ROITELET À COURONNE RUBIS/*RUBY-CROWNED KINGLET* (*REGULUS CALENDULA*)
ROITELET À COURONNE DORÉE /*GOLDEN-CROWNED KINGLET* (*REGULUS SATRAPA*)

Le roitelet est le plus petit oiseau des bois hivernaux. En effet, de la pointe du bec à l'extrémité de la queue, il ne mesure que 9 cm de longueur. Il migre du Nord en petits vols, se nourrissant souvent dans les pins ou les épinettes. Son long bec pointu est caractéristique des oiseaux insectivores et lui permet de voleter à la recherche d'œufs d'insectes et d'araignées en hibernation. Les roitelets sont si peu farouches que vous pourrez facilement vous approcher à 3 m de l'endroit où ils sont occupés à manger. La bande jaune que les roitelets à couronne dorée portent sur le front contraste avec le décor terne des bois en hiver, exactement comme un bijou brillant.

Roitelets à couronne dorée

Les vols de roitelets sont souvent accompagnés d'un ou deux pics mineurs et de mésanges à tête noire. Son cousin, le roitelet à couronne rubis, hiverne plus au sud mais on aperçoit fréquemment les deux types d'oiseaux ensemble, le long des littoraux nordiques. En hiver, les membres d'une volée de roitelets à couronne dorée demeurent à portée de voix les uns des autres grâce à un cri particulier. Vous le reconnaîtrez facilement, car c'est la note la plus aiguë et la plus ténue que l'on puisse imaginer.

ROSELIN POURPRÉ /*PURPLE FINCH* (*CARPODACUS PURPUREUS*)

Le roselin pourpré est un visiteur assidu des mangeoires urbaines en hiver. Au premier abord, il est facile de le confondre avec un moineau, mais les plumes couleur framboise qui recouvrent la tête et la poitrine du mâle, ainsi que le gros bec conique de la femelle rayée de brun et de blanc, nous permettent de le distinguer de son cousin. Le roselin pourpré se reproduit dans le Nord canadien en été. À l'automne, des grands vols se forment en direction du sud. Les femelles arrivent à destination quelques semaines avant les mâles.

Roselins pourprés, mâle et femelle

Bien que grégaire en hiver, le roselin est particulièrement agressif envers ses congénères pendant qu'il mange. Toutefois, la colonie se rassemble pour dormir, dans des bosquets de conifères touffus. À la campagne, les roselins fréquentent volontiers les chardonnerets jaunes, se nourrissant de graines d'herbes sauvages. Si les graines viennent à manquer, ils jettent leur dévolu sur les bourgeons d'érable et de bouleau et les fruits d'arbustes. D'ailleurs, leur nom générique, *Carpodacus*, signifie «qui mord les fruits». Il se rapporte sans doute à leur habitude d'arracher les bourgeons des arbres fruitiers et de donner des coups de bec dans les fruits mêmes, à l'automne.

Le chant des roselins pourprés est célèbre par sa longueur, sa richesse et ses variantes.

SITTELLE À POITRINE BLANCHE /WHITE-BREASTED NUTHATCH (SITTA CAROLINENSIS)
SITTELLE À POITRINE ROUGE /RED-BREASTED NUTHATCH (SITTA CANADENSIS)

Bien que les sittelles ne soient guère nombreuses, vous les repérerez facilement en hiver, car elles se trouvent souvent en compagnie des bruyantes mésanges à tête noire et ne sont pas particulièrement farouches. C'est le seul, parmi nos oiseaux d'hiver, qui descend d'un arbre la tête en bas. Les autres grimpeurs, tels que le grimpereau ou le pic, prennent appui sur leur queue et gardent la tête en haut. Mais la sittelle se contente d'agripper l'écorce avec ses ergots, montant et descendant le long du tronc avec la plus grande facilité. Il est possible que cette virtuosité lui permette de récolter des insectes qui ont échappé aux recherches des pics et des grimpereaux.

Toutefois, la sittelle se nourrit surtout de noix en hiver: glands, noix de hêtre et de caryer, noyaux de cerises. Elle est capable de briser la coquille en la coinçant dans une fissure de l'écorce avant de la marteler à coups de bec. On rapproche cette méthode de la coutume de dissimuler la nourriture. En effet, dès l'automne arrivé, les sittelles recueillent les graines de pruche et des fragments de noix pour les entreposer dans les fissures de l'écorce. On a même vu des sittelles «recouvrir» leurs provisions à l'aide de morceaux d'écorce ou de lanières de lichen.

Sittelle à poitrine blanche

Mâle et femelle passent toute l'année sur le même territoire et, par conséquent, ont tendance à se retrouver au moment de la reproduction. Les territoires sont déjà vastes au départ et les oiseaux les agrandissent peu à peu. C'est pourquoi, les parades de revendication territoriales sont rares et peu agressives. Sur le territoire, le mâle et la femelle ont chacun leur abri nocturne, généralement une cavité dans un arbre, creusée par un pic chevelu ou un pic mineur. On a d'ailleurs remarqué que les pics mineurs ne répugnaient pas à déloger les sittelles et vice-versa. Mais étant donné que la sittelle préfère les cavités dont l'entrée est plus large, la concurrence entre les deux espèces n'est probablement guère féroce.

Vers la fin de l'hiver, les sittelles entament leurs parades nuptiales accompagnées de chants. Le mâle s'y livre dans l'heure qui suit son départ de l'abri nocturne. Ces parades sont subtiles et difficiles à surprendre, c'est pourquoi nous ne les décrirons pas ici. Toutefois, le cri le plus fréquent de la sittelle n'a rien de subtil: c'est un «han-hank» nasillard qui vous permettra de repérer l'oiseau.

SIZERIN FLAMMÉ /COMMON REDPOLL (ACANTHIS FLAMMEA)

En hiver, le sizerin flammé descend de son territoire de reproduction, à la limite de la toundra canadienne, jusqu'aux États américains du Nord. Il se déplace par vols de 5 à 50 individus et, à l'instar de ses cousins (le chardonneret jaune et le chardonneret des pins), se nourrit voracement de graines arrachées aux herbes sauvages et aux arbres. On sait que les sizerins ont une prédilection pour les aulnes et les bouleaux. En effet, ces arbres produisent d'abondantes récoltes de graines qui demeurent tout l'hiver accrochées aux branches. Plus vous monterez vers le nord, plus vous verrez des vols isolés de sizerins, car ils préfèrent demeurer à proximité de la toundra, dans la mesure où la température et l'abondance de nourriture le leur permettent.

Sizerins flammés

Ils sont plus petits que les roselins pourprés, et les deux sexes portent une tache bien délimitée au sommet du crâne. Le menton noir du sizerin le distingue du chardonneret jaune, du chardonneret des pins ou du bruant familier, avec lesquels il est possible de le confondre.

TOURTERELLE TRISTE / *MOURNING DOVE (ZENAIDA MACROURA)*

La tourterelle triste, qui picore au sol, est apparentée à notre pigeon domestique. En hiver, les tourterelles se rassemblent en grandes volées qui se nourrissent et dorment ensemble. Les graines d'herbes sauvages, le maïs et les plantes, de même que les baies de phytolaque, sont des éléments essentiels de leur alimentation strictement végétarienne. Ces oiseaux ne sont pas assez forts pour creuser la croûte de neige pour chercher leur nourriture, c'est pourquoi la plupart migrent vers le sud. Mais certains demeurent dans leur région d'origine si la couche de neige n'est pas permanente.

Tourterelles tristes

Approchez-vous d'un vol de tourterelles et vous les verrez s'envoler dans les arbres alentour. Vous les reconnaîtrez au sifflement produit par leurs ailes au moment de l'envol. Leur posture, en vol, est magnifique. Leurs ailes se replient presque complètement après chaque puissant battement tandis que leur longue queue pointue plane en arrière.

Leur roucoulement du matin, quelque peu funèbre, est à l'origine de leur nom. Il est composé de six «cou-ou-ou» dont le second monte puis redescend. Toutefois, bien qu'il soit très fréquent pendant les autres époques de l'année, vous n'aurez guère de chances de l'entendre en hiver. En revanche, dès que les vols se dispersent et que les couples se forment, au début du printemps, le roucoulement des tourterelles rompt de nouveau la quiétude des petits matins.

VI

Les champignons en hiver

Qui penserait qu'en hiver, les arbres morts, les troncs effondrés et les souches en décomposition pourraient faire l'objet de palpitantes explorations? Et pourtant, c'est là que vous découvrirez les innombrables variétés de champignons lignicoles aux couleurs somptueuses et aux formes surréalistes. La nature nous offre fréquemment l'occasion de constater que la mort attire la vie. En effet, lorsqu'un organisme vivant meurt, il libère en abondance des substances chimiques complexes qui servent aussitôt d'éléments nutritifs aux autres plantes et animaux. C'est le cas des champignons lignicoles qui poussent dans les arbres morts, consommant les éléments nutritifs que les racines et les feuilles vertes de l'arbre recueillaient autrefois pour le faire vivre.

Les champignons lignicoles ne ressemblent guère aux champignons qu'on achète au marché ou qui apparaissent sur les pelouses après la pluie. En général, ils ont une forme de demi-lune et sont aussi coriaces que du vieux cuir séché. Fixés aux troncs des arbres vivants ou morts, ils poussent souvent en amas, l'un au-dessus de l'autre, recouvrant parfois tout un côté du tronc.

Dans nos régions, seules quelques espèces sont répandues et vous n'aurez aucune difficulté à les distinguer les unes des autres. Certaines ont une surface d'une beauté stupéfiante. Chez d'autres, c'est le dessous qui est remarquable, ou le motif formé par le regroupement des individus. D'autres, solitaires, ont des formes spectaculaires. Mais sachez toutefois que la partie aérienne du champignon n'est qu'un élément de la plante. Le reste se trouve à l'intérieur du bois, pour en favoriser la putréfaction. Certains champignons poussent pendant des années au cœur de l'arbre avant de produire le fruit que nous admirons.

Les champignons se reproduisent à l'aide de spores. Une spore ressemble à une graine, à la différence près que sa structure est plus élémentaire. Lorsqu'elle entre en contact avec le bois, et si les conditions sont propices, elle produit des filaments microscopiques (appelés «hyphes») qui finissent par s'y accrocher. À l'extrémité de chaque hyphe, des enzymes décomposent les coriaces cellules ligneuses et mettent ainsi les éléments nutritifs à la disposition du champignon. Ce processus continue jusqu'à ce que d'innombrables petits canaux aient été forés dans le bois. L'ensemble des hyphes porte le nom de «mycélium». Le mycélium représente l'élément végétatif le plus important du champignon. Il vit à l'intérieur du bois et, même lorsqu'on l'expose, il demeure difficile à voir à l'œil nu. Seule une concentration de mycéliums au même endroit est visible.

Le mycélium est, nous l'avons dit, l'élément le plus important du champignon, car c'est aussi le principal responsable de la putréfaction qui se produit en permanence dans une forêt; sans la putréfaction, nos forêts seraient impénétrables. Songez un instant à la durée de vie du bois protégé des champignons, aux centaines d'années que nos maisons et autres édifices ont vu passer. S'il n'existait pas de champignons en forêt, tous les arbres qui sont morts et toutes les feuilles qui tombent chaque année à l'automne seraient encore empilés au sol. Mais grâce au travail incessant du mycélium des champignons, tous les débris de la forêt sont décomposés en humus et leurs éléments nutritifs permettent aux nouvelles plantes de croître.

Après que le mycélium a mûri, il produit une excroissance qui se fraie un chemin jusqu'à l'extérieur de l'arbre. Cette excroissance a pour fonction de produire des spores, qui atterriront sur d'autres arbres afin de créer de nouveaux champignons. Elle porte le nom de *sporophore,* qui signifie simplement «porteur de spores». Ce que nous voyons des champignons, c'est leur sporophore. Chez les champignons lignicoles, le sporophore produit des milliards, voire des billions de spores qui sont libérées pardessous. Elles sont microscopiques mais, lorsqu'elles s'accumulent par milliers au même endroit, elles deviennent visibles à l'œil nu.

Les spores sont produites sur différents types de structure et chaque type est caractéristique d'une certaine *famille* de champignons. Certaines spores sont engendrées sur la surface des lames (les fines membranes en forme de lame de couteau que l'on aperçoit lorsqu'on regarde le dessous d'un champignon), d'autres dans des pores, d'autres sur une surface lisse, d'autres encore dans des tubes ou des projections en forme de dents. Quoi qu'il en soit, chez les champignons lignicoles ou autres, les spores sont produites de manière à pouvoir tomber facilement, et c'est pourquoi le sporophore doit être exactement perpendiculaire à la force de gravité. Sinon, les spores risquent de demeurer collées aux lames, pores et autres structures qui les produisent. D'ailleurs, le sporophore ne tarde pas à se réorienter si, pour une raison quelconque, l'arbre lui-même change d'orientation. Ce phénomène nous permet d'admirer des formes intéressantes de sporophores. Par exemple, il arrive souvent que les champignons commencent à pousser sur des arbres vivants. Les sporophores s'orientent en fonction de la gravité. Lorsque l'arbre tombe, ils se trouvent contraints de modifier leur propre orientation. Il est fréquent que de nouveaux sporophores soient alors produits, perpendiculaires à la gravité et orientés différemment par rapport aux anciens. Amusez-vous à modifier l'orientation d'un sporophore placé sur un arbre vivant, et revenez un mois plus tard. Vous serez surpris des réactions que vous aurez déclenchées.

Les champignons sont des végétaux, mais ils diffèrent des autres plantes. Ils ne produisent pas le pigment vert que nous appelons «chlorophylle», qui leur permettrait de fabriquer leur propre nourriture à l'aide de l'énergie solaire. Par conséquent, ils nous ressemblent davantage puisque nous aurons beau nous étendre pendant des heures au soleil, ce n'est pas cela qui nous remplira l'estomac. Nous utilisons indirectement l'énergie solaire, en consommant des légumes verts ou des animaux qui, eux aussi, ont mangé des légumes verts. Les champignons se moquent d'être à l'ombre ou au soleil pourvu qu'ils profitent indirectement de l'énergie solaire en parasitant d'autres plantes. Par conséquent, nous les trouvons là où ils peuvent se nourrir de matière organique. Plus un endroit est riche en matière organique, plus il attirera de champignons, et c'est pourquoi nos forêts en regorgent, que ce soit sur les arbres, sur les feuilles ou les aiguilles tombées par terre ou les racines.

Toutefois, un champignon ne peut pas vivre éternellement sur un tronc effondré car, un jour ou l'autre, il en aura épuisé tous les éléments nutritifs. Les champignons lignicoles peuvent se diviser en deux catégories, selon les éléments du bois qu'ils décomposent pour se nourrir. Le premier groupe, celui des *caries blanches,* décompose la plupart des éléments du bois, y compris les deux principaux constituants des parois des cellules, la lignine et la cellulose, qui rendent le bois spongieux, fibreux, et lui donnent une couleur blanchâtre. Le second groupe, celui des *caries brunes,* ne décompose que la cellulose, laissant le bois brun et friable. Vous repérerez facilement ces deux types de caries du bois en hiver. En examinant les troncs pourris, vous constaterez que certains sont blanchâtres, fibreux et spongieux, tandis que d'autres sont secs, brunâtres et cassants.

La carie brune porte le nom vernaculaire de «carie sèche», mais le qualificatif est erroné car aucun champignon ne peut proliférer dans des conditions de sécheresse. Au contraire, pour croître, un champignon a besoin d'humidité et de températures moyennes (entre 10 et 20 °C), ce qui explique pourquoi les champignons lignicoles apparaissent à l'automne. Enfin, la majorité des champignons poussent à l'automne, mais les autres espèces, n'étant pas aussi coriaces que ceux qui vivent dans le bois, ne tardent pas à mourir.

La plupart des champignons lignicoles sont considérés comme inoffensifs plutôt que comestibles, ce qui signifie que, en dernière ressource, nous pourrions toujours les manger sans risquer de nous empoisonner. Mais leur consistance les rend aussi appétissants qu'une semelle de botte.

COMMENT IDENTIFIER LES CHAMPIGNONS EN HIVER

Les champignons les plus répandus peuvent être divisés en quatre catégories, d'après l'apparence du dessous. Dans chaque rubrique, vous trouverez une description des champignons les plus courants. Bien entendu, il en existe beaucoup d'autres qui ne sont pas mentionnés ici. Pour en apprendre davantage, consultez l'un des ouvrages de mycologie que vous trouverez dans la bibliographie.

La majorité de ces champignons ne portent pas de nom vernaculaire. Quant à leur nom latin, il change continuellement au gré des révisions que les mycologues apportent aux classes et aux catégories de champignons. Les noms utilisés ici ne correspondent pas à la classification la plus récente, mais ils n'en sont pas moins exacts; ils représentent, à mon avis, une classification très simple que le débutant trouvera plus facile à assimiler.

Dessous couvert de minuscules pores circulaires

- Dessus rouge foncé, laqué, presque luisant: *Ganoderma lucidum.*
- Ne pousse que sur le bouleau à papier; pores blancs ou dorés; épaisse tige latérale reliant le champignon à l'arbre; ressemble à un morceau de pâte à pain aplatie: *Polyporus betulinus.*
- Dessus couvert de crêtes lisses, concentriques; épais, aussi dur que du bois; pores blancs, en dessous, qui deviennent bruns lorsqu'on les gratte: *Ganoderma applanatum.*
- Aussi dur que du bois; cercles concentriques sur le dessus, chacun étant plus bas que le suivant; les plus vieux sont gris, les plus récents sont beiges; minuscules pores bruns sur le dessous; en forme de sabot de cheval: *Fomes fomentarius.*
- Pores bruns; ligneux à la base, mais rebord très mince; coupé en deux, il montre un intérieur jaune moutarde vif: *Polyporus gilvus.*
- Pores blancs et dessus blanc; mince, à consistance de papier; pousse sur les branches d'ormes morts; a parfois la forme de petites soucoupes: *Polyporus conchifer.*
- Pores de couleur claire; superbes anneaux concentriques foncés sur le dessus poilu: *Polyporus versicolor.*
- Pores de couleur claire; anneaux concentriques de longueurs variées; recouvert de poils qui lui donnent une apparence veloutée: *Polyporus hirsutus.*
  Polyporus versicolor lui ressemble, mais il est simplement recouvert d'un très fin duvet, de couleur plus foncée. Il est également plus répandu.

Dessous couvert de lames ou pores de forme irrégulière

- Champignon blanc, avec de grands pores de forme irrégulière, séparés par des cloisons aussi épaisses que du carton: *Daedalia quercina.*
- Anneaux concentriques de poils gris sur le dessus; lames blanc crème au-dessous: *Lenzites betulinus.*
- Dessus rouge-brun ourlé de jaune; lames ou pores de forme irrégulière, dessous jaune orangé: *Lenzites saepiaria.*
- Cercles concentriques brun terne sur le dessus glabre; motif extrêmement complexe de pores ou de lames dentées au-dessous; cloisons aussi fines que du papier entre les pores: *Daedalia confragosa.*
- Blanc et duveteux sur le dessus; lames fendues, grises ou lavande, au-dessous; champignon de petite taille: *Schizophylum commune.*

Centaines de denticules qui dépassent au-dessous

- Champignon mince; anneaux concentriques estompés sur le dessus; denticules lavande au-dessous, si le champignon est jeune, devenant mordorés avec l'âge: *Polyporus pergamenus.*
- Denticules blancs dépassant de 75 mm, parfois plus, au-dessous; champignon qui a tendance à croître en étages le long d'une branche: *Polyporus tulipiferae.*

Champignons minces, au dessous entièrement lisse

- Dépassant de 2,5 ou 3 cm du bois; anneaux concentriques beiges sur le dessus; surface beige entièrement lisse en dessous; champignon très mince et friable: *Stereum fasciatum.*
- Dépassant de moins de 1,5 cm du bois; dessus beige, doté de quelques poils; rebord irrégulier ou extrêmement onduleux: *Stereum gausapatum.*

DESCRIPTIONS ET CARACTÉRISTIQUES BOTANIQUES

ARMILLARIA MELLEA

La partie végétative d'*Armillaria mellea* est visible sur les arbres qui ont perdu leur écorce. Son apparence assez inhabituelle donnera au lecteur une autre idée de la biologie des champignons. Lorsque les hyphes du mycélium se soudent les uns aux autres pour former une tresse plus épaisse, on les appelle des rhizomorphes. C'est ce qui se produit chez *Armillaria mellea*. Ce champignon possède deux types de rhizomorphes qui se forment après que le mycélium normal a vécu un certain temps dans un arbre en putréfaction. L'un des deux rhizomorphes s'enfonce vers le bas, à la recherche de nouveaux hôtes, tandis que l'autre remonte le long du bois, entre l'écorce et l'aubier (partie de l'arbre où circule la sève). Il tue l'arbre, dont l'écorce finit par se fendre, révélant la présence des rizomorphes: de grosses «ficelles» noirâtres ressemblant à des veines le long de l'arbre. Lorsqu'ils sont frais, on peut les voir dans l'obscurité.

Rhizomorphes d'Armillaria mellea

Au printemps, le sporophore d'*Armillaria mellea* pousse sur le tronc ou à la base de l'arbre contaminé. Il ressemble à un champignon ordinaire et il est tout à fait comestible. Le fruit, que l'on ne voit pas en hiver, ne vit qu'une semaine ou deux avant de pourrir.

LES CHANCRES

Les chancres sont des déformations localisées des arbres, causées par des champignons qui pénètrent dans l'arbre par une blessure ou par la cassure d'une branche. Les spores, après s'être posées, produisent des hyphes. Toutefois, ce type de champignon s'attaque principalement à l'écorce et à la zone cambiale de l'arbre. En général, il se contente d'égratigner ou de déformer l'écorce localement mais, dans certains cas, il la tue. L'écorce se désagrège alors et tombe, mettant le bois à nu.

Les chancres apparaissent sur toutes les parties des arbres, notamment sur le tronc et les branches. Certains sont annuels et leurs effets sont restreints. D'autres sont persistants et peuvent avoir des répercussions plus dangereuses pour la vie de l'arbre.

Gros chancre sur un chêne

On aperçoit notamment sur les cerisiers un chancre qui porte le nom de «nodule noir». Il contamine d'abord les ramilles, produisant des renflements noirs et noueux. En un an, il peut tuer la ramille et s'étendre au tronc. Les bûcherons connaissent bien le nodule noir car s'il contamine le tronc, il fait perdre au bois toute sa valeur commerciale. Le champignon responsable porte le nom de *Dibotryon morbosum*.

Nodule noir

Certains chancres persistants ne se développent qu'une fois que l'arbre interrompt sa croissance. Puis ils cessent de grossir lorsque l'arbre recommence à croître. Et ainsi de suite. Cet enchaînement fait apparaître une série de cercles concentriques à l'emplacement précis du chancre, car chaque fois que le champignon cesse momentanément de se développer, l'arbre crée du tissu cicatriciel par-dessus. C'est ce que l'on appelle un «chancre en cible», en raison de la forme du motif que l'arbre fabrique.

Chancre en cible

D'autres chancres déforment tellement les arbres qu'ils peuvent les affaiblir. Il suffira alors d'une rafale de vent ou d'une chute de neige pour que l'arbre se rompe juste à l'endroit où se trouve le chancre.

DAEDALIA CONFRAGOSA

Les deux espèces communes de *Daedalia* comptent parmi les plus beaux champignons d'hiver, en raison surtout des motifs complexes que dessinent leur pores. Le nom générique, *Daedalia,* est tiré de celui de Dédale, l'architecte athénien qui, selon la mythologie grecque, construisit le Labyrinthe pour le roi Minos. Les fruits de ce champignon, les sporophores, ne durent qu'un an, parfois deux. Au fur et à mesure qu'ils vieillissent, leur labyrinthe de pores se transforme en une structure à lames.

Daedalia confragosa peut se présenter en amas, le long de tronc abattus ou de branches. Il est relativement mince, spongieux et moucheté de brun sur le dessus. En le retournant, vous apercevrez soit une résille de lames, soit une surface mi-lames mi-pores, soit uniquement des pores. Les cloisons sont aussi fines que du papier, délicatement disposées, aussi différentes que possible du motif plus audacieux de *Daedalia quercina.*

On le trouve surtout sur les feuillus, notamment sur les saules, les bouleaux jaunes et les chênes. Il ne pousse que sur le bois mort et est un grand consommateur de substances rémanentes, soit l'ensemble des brindilles et des menus morceaux de bois éparpillés au sol après une coupe. Ses organes végétatifs provoquent une carie blanche du bois parfois ourlée de lignes à l'extrémité de la zone atteinte, dans le sens où progresse la contamination. Il arrive que les sporophores encerclent complètement les branches ou les ramilles tombées à terre.

Daedalia confragosa

DAEDALIA QUERCINA

Ce champignon est plus massif que son cousin *Daedalia confragosa.* Ses pores sont formés par d'épaisses cloisons qui ressemblent davantage à du carton que les divisions diaphanes de *Daedalia confragosa.* Le dessous suit un motif moins complexe, plus audacieux. Il est généralement d'un blanc immaculé lorsqu'il est jeune mais, avec l'âge, il fonce jusqu'à devenir brun ou noir. Le sporophore, coriace et spongieux, peut vivre plusieurs années.

Daedalia quercina

Le nom spécifique, *quercina,* signifie «du chêne» (le nom latin du chêne étant *Quercus*), car c'est principalement sur cet arbre que l'on trouve ce type de *Daedalia.* Toutefois, il parasite aussi d'autres feuillus et a une prédilection pour les grandes surfaces de bois telles que les troncs, les souches et les billes. On le trouve dans tout l'hémisphère Nord.

Daedalia quercina provoque une carie brune. Si le bois est à un stade avancé de contamination, on peut le rompre avec les doigts en petits fragments cubiques. Des deux espèces de *Daedalia,* celle-ci est la moins répandue dans nos régions.

FOMES FOMENTARIUS

Ce champignon est différent des autres car il ressemble au sabot d'un cheval. Le dessus présente l'aspect d'une croûte d'un gris nuancé, clair ou foncé, et porte une série d'anneaux concentriques, chacun étant plus large et plus bas que le précédent. À chaque période de croissance correspond un anneau. Le dessous est d'un brun chocolat, légèrement luisant et recouvert de minuscules pores.

Fomes fomentarius

Fomes fomentarius dépasse rarement 18 cm de diamètre mais, étant très répandu, il est facile à découvrir sur le tronc des arbres encore debout, en particulier lorsqu'il pousse sur l'écorce lisse des hêtres, des bouleaux ou des peupliers, qui sont ses hôtes préférés. Il est fréquent que chaque arbre porte plusieurs sporophores.

Les spores du champignon pénètrent probablement dans l'écorce à la faveur d'une blessure ou de la rupture d'une branche. À l'intérieur de l'arbre, le mycélium forme des petits coussins de couleur paille dans les fentes du bois, attaquant à la fois le duramen et l'aubier des arbres morts ou vivants.

Fomes fomentarius *coupé en deux, montrant ainsi les couches annuelles de spores.*

GANODERMA APPLANATUM

Ganoderma applanatum est le plus gros de nos champignons d'hiver. Il peut atteindre un diamètre de 60 cm et vivre plus de 50 ans. Sa surface est plate, dotée d'anneaux concentriques aux rebords légèrement ondulés. Le dessus est habituellement beige ou gris clair. Le dessous, si le champignon est en vie, a une couleur blanchâtre. Lorsqu'on l'égratigne, il devient brun. Certaines personnes ont réussi à exécuter des dessins sur le dessous blanc du champignon et les ont ensuite conservés ou vendus comme curiosités. C'est ce qui a donné à *Ganoderma applanatum* le surnom de «champignon des artistes». Le sporophore est aussi dur que du bois et il est impossible à détacher de l'arbre sans outils.

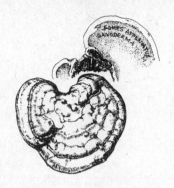

Dessus et dessous de Ganoderma applanatum

Ce champignon est extrêmement répandu en Amérique du Nord. On le trouve aussi en Europe. Il produit une carie blanche qui n'affaiblit le bois qu'au bout de nombreuses années. Il s'attaque au duramen et à l'aubier et préfère les feuillus, bien qu'on en ait déjà trouvé sur des conifères.

Ganoderma applanatum

GANODERMA LUCIDUM

Ganoderma lucidum présente une surface d'un rouge-brun très foncé, aussi luisante que si elle était recouverte d'une couche de vernis. Le dessous, d'abord blanc, peut devenir jaune brunâtre avec l'âge. Parfois, cette espèce possède une tige latérale rouge, vernie sur le dessus, qui éloigne le sporophore de l'arbre. Lorsqu'il n'y a pas de tige, les sporophores poussent collés les uns aux autres, au point qu'ils ne forment plus qu'un amas. Le dessus est souvent bosselé et ridé. Toutefois, il ne perd jamais son aspect laqué.

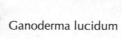

Ganoderma lucidum

Ganoderma lucidum se trouve principalement sur les souches et à la base des feuillus. Il a une prédilection pour l'érable argenté. Une espèce voisine, *Ganoderma tsugae,* ne pousse que sur la pruche.

LENZITES BETULINA

Lenzites betulina est couvert d'anneaux concentriques formés par des poils gris, ce qui donnent à la surface du champignon un aspect velouté. Le dessous est formé de longues lames blanc crème qui, bien qu'elles acquièrent parfois un aspect irrégulier à proximité du rebord, demeurent distinctes les unes des autres. Le nom spécifique du champignon signifie «du bouleau», mais on le trouve également sur d'autres feuillus et parfois sur des conifères. Le mycélium s'attaque surtout à l'aubier.

Lenzites betulina

LENZITES SAEPIARIA

C'est un charmant petit champignon d'un jaune brunâtre, que l'on voit surtout au début de l'hiver. Il pousse notamment sur les conifères et, en vous en approchant, vous verrez que le dessous est recouvert de minuscules lames fermes qui ressemblent à des plaques. Le dessus est plus lisse et présente des anneaux concentriques de couleurs nuancées. Le rebord est souvent ourlé de jaune pâle.

Lenzites saepiaria

Lenzites saepiaria pousse dans le monde entier. C'est le principal destructeur des billes et branches de conifères abandonnées au sol après une coupe. Il pousse aussi sur le bois traité, par exemple sur les poutres de construction et les traverses de chemin de fer. Sa couleur, le motif complexe que dessinent les lames et ses dimensions modestes le rendent aussi palpitant à découvrir qu'un petit bijou au fond des bois.

POLYPORUS BETULINUS

Polyporus betulinus

C'est le nom spécifique de ce champignon, *betulinus* ou «du bouleau», qui vous permettra de l'identifier. En effet, il pousse uniquement sur les bouleaux, le bouleau à papier et le bouleau gris surtout. Le sporophore ressemble à une grosse crêpe gonflée dont la surface va du beige au blanc. Elle est souvent piquetée. Le rebord s'incurve vers le bas pour recouvrir les premières rangées de pores.

Le dessous est recouvert de pores qui sont blancs au départ mais foncent peu à peu, au fur et à mesure que le champignon vieillit. Le sporophore est spongieux et moelleux lorsqu'il est jeune. En vieillissant, il durcit et sèche. Les sporophores de l'année précédente sont rapidement transformés en poussière par les insectes. En examinant de près le point d'attache au tronc, vous constaterez que le sporophore pousse à travers les lenticelles de l'écorce du bouleau. Le mycélium attaque l'aubier, expédiant des sporophores à l'extérieur par l'ouverture la plus proche. Il provoque une carie blanche, transformant l'intérieur de l'arbre en une masse spongieuse de fibres blanchâtres.

Polyporus betulinus qu'on a tranché en deux pour mettre en évidence la structure des pores.

POLYPORUS CONCHIFER

C'est un champignon répandu en ville car il s'attaque surtout aux branches mortes des ormes. Je suis persuadé que *Polyporus conchifer* prolifère depuis que la maladie hollandaise fait des ravages parmi nos ormes.

Gros sporophores fertiles et petites soucoupes stériles de Polyporus conchifer

Le champignon produit deux types de sporophores. L'un a la forme d'une petite soucoupe, est stérile et ne produit aucune spore. L'autre, en revanche, est fertile. Il ressemble à une petite étagère ronde. Les deux types sont d'un blanc pur, très minces, d'apparence raffinée. Parfois, le sporophore fertile pousse autour de la soucoupe stérile.

On trouve aussi ce champignon sur les érables, les bouleaux et les cerisiers.

POLYPORUS GILVUS

C'est un champignon surtout reconnaissable à sa couleur. En effet, il est entièrement jaune moutarde, nuancé de brun. Si vous en cassez un vieux en deux morceaux, vous constaterez que l'intérieur est demeuré jaune vif. Le jeune sporophore est plutôt spongieux. Sa surface rêche est parsemée de petites bosses. Son épaisseur à la base est d'environ 1,5 cm, mais il s'amincit peu à peu vers le rebord. Il provoque une carie blanche dans l'aubier des feuillus.

Polyporus gilvus

Partie de Polyporus gilvus *rattachée à l'arbre*

POLYPORUS HIRSUTUS

Ce champignon tire son nom des petits poils serrés qui recouvrent sa surface. D'autres polypores sont également duveteux, mais une fois que vous aurez appris à reconnaître *Polyporus hirsutus,* vous comprendrez pourquoi il mérite bien son nom. Ses poils sont beaucoup plus longs que chez les autres polypores et lui donnent une apparence veloutée. Le dessus présente des anneaux concentriques gris, les poils d'un anneau étant d'une longueur légèrement différente de celle des autres anneaux. Le dessous est poreux et sa couleur peut aller du blanc au jaune, voire jusqu'au gris clair.

Polyporus hirsutus

C'est un champignon répandu en hiver et on le retrouve surtout sur le tronc des feuillus.

POLYPORUS PERGAMENUS

Polyporus pergamenus est le champignon le plus répandu dans nos régions en hiver. Sa partie supérieure ressemble à celle de maints autres polypores mais, en dessous, il possède de minuscules pores qui s'allongent pour former des denticules. Lorsque le champignon est en vie, les denticules sont violets. Sinon, ils sont fauves ou bruns. Les petits sporophores, minces comme des galettes, apparaissent par amas de cinquante ou plus et, de loin, on a l'impression que des croûtes blanchâtres recouvrent les cicatrices du bois mort. Souvent, ils poussent sur les cicatrices d'incendie, à la base des arbres. Le dessus blanc du sporophore est fréquemment recouvert de mousse verte.

Dessus et dessous de
Polyporus pergamenus

Polyporus pergamenus

POLYPORUS TULIPIFERAE

Polyporus tulipiferae se distingue des autres polypores par les longues dents tubiformes qui constituent le dessous du sporophore et qui sont aussi longues que les poils d'une brosse à dents. Leur couleur peut aller du blanc au jaune crème. Le dessus est blanc, également, mais il jaunit au fur et à mesure que le champignon sèche. *Polyporus tulipiferae* croît habituellement en longues tablettes étroites sur les troncs de feuillus effondrés à terre. Il provoque une carie blanche dans l'aubier mort. Occasionnellement, on l'aperçoit sur des conifères. En hiver, il forme un intéressant motif noir et blanc, tel un ruban au rebord irrégulier le long des troncs noirâtres.

Polyporus tulipiferae

POLYPORUS VERSICOLOR

Si vous apprenez à reconnaître *Polyporus versicolor* et *Polyporus pergamenus,* vous saurez identifier près de 30 p. 100 des champignons d'hiver. Toutefois, *Polyporus versicolor* est de loin le plus spectaculaire des deux. Sa surface est constituée de magnifiques anneaux concentriques fauves, bruns, gris, rouge foncé et vert foncé. Il est fréquent que les sporophores croissent en suivant un motif de verticilles autour des troncs et c'est pourquoi on leur a donné le surnom vernaculaire «queues de dindons». Le dessous est blanc, jaune, brunâtre ou gris clair. Il est uniformément recouvert d'une fine résille de pores. Certaines personnes recueillent tout l'amas de champignons comme décoration mais, si vous êtes tenté d'en faire autant, assurez-vous qu'il ne contient pas d'insectes. Sinon, au bout de quelques semaines, vous apercevrez de petites montagnes de poudre blanche sous chaque sporophore. Je me souviens d'avoir découvert un endroit où les castors avaient depuis longtemps abattu tous les arbres. À l'extrémité de chaque souche se trouvaient des verticilles de superbes *Polyporus versicolor* ainsi que quelques *Lenzites betulina*.

Polyporus versicolor

Polyporus versicolor *croissant sur des souches d'arbres abattus par les castors*

SCHIZOPHYLUM COMMUNE

Schizophylum commune est un petit champignon plutôt discret, mais très répandu et facile à identifier lorsqu'on le retourne. Son nom générique, qui signifie «fendu», fait allusion à ses lames inhabituelles qui, bien que minuscules, sont très proprement fendues en leur milieu. Le dessous est habituellement bleu pâle si le champignon est frais. Le dessus est blanc, ondulé et recouvert de petits amas duveteux. Vous découvrirez souvent le sporophore sur des branches mortes ou sur une vieille bille qui a attiré votre attention parce que d'autres champignons, plus gros ou plus colorés, s'y trouvaient déjà.

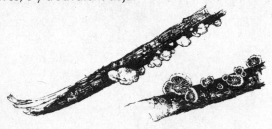

Schizophylum commune

STEREUM FASCIATUM

Vous distinguerez facilement *Stereum fasciatum* des autres en examinant le dessous qui est entièrement lisse, dépourvu de pores, de lames ou de denticules. C'est un petit champignon très fin, présentant des anneaux concentriques brunâtres sur le dessus. Le dessous est en général plus pâle. Parfois, le sporophore devient plus étroit vers la base, parfois il tient à peine à l'arbre. Il est fréquent que les champignons soient fixés les uns aux autres sur le côté.

Stereum fasciatum

Stereum fasciatum s'attaque à l'aubier et au duramen des chênes et il joue un rôle fondamental, car il détruit tous les déchets de bois abandonnés après une coupe. Il est très répandu et sa surface ressemble à celle de *Polyporus pergamenus*. Toutefois, vous ne risquez pas de les confondre puisque *Stereum* est le seul à présenter un dessous entièrement lisse.

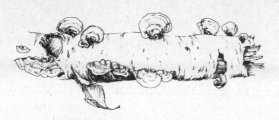

Stereum fasciatum

STEREUM GAUSAPATUM

Stereum gausapatum est un petit champignon assez répandu qui s'intéresse principalement aux chênes récemment abattus. Vous le reconnaîtrez à son rebord très ondulé et à l'absence de pores ou de lames. Il forme souvent de longues tablettes, mais dépasse rarement plus 1,5 cm de diamètre. Le dessus, brun cuivré ou jaunâtre, est parfois couvert de poils enchevêtrés. Le dessous est généralement rouge-brun et entièrement lisse.

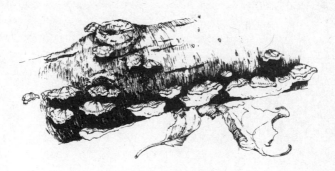

Stereum gausapatum

Il produit une carie blanche très localisée sur les chênes et il a une prédilection pour les jeunes pousses qui croissent autour d'un vieil arbre contaminé.

VII

Les empreintes dans la neige

Quoi de plus palpitant que de rechercher les empreintes ensorcelantes laissées par les animaux à la surface de la neige, de suivre à la trace les vagabondages nocturnes du renard, de savoir qu'une corneille s'est posée dans un champ, de découvrir une partie du circuit d'un vison? Apercevoir un animal doit beaucoup à la coïncidence. Il y a bien peu de chances pour que vous et lui vous trouviez au même endroit au même instant. Mais vous avez bien plus de chances de découvrir ses empreintes, qui peuvent demeurer intactes trois ou quatre jours après son passage. Il suffit que vous croisiez sa piste à un seul point.

Une piste est plus qu'un ensemble d'empreintes dans la neige. C'est une sorte de fil conducteur qui rattache le passé au présent. Pendant que vous essayez de découvrir quelles étaient les préoccupations de l'animal lorsqu'il a laissé ses empreintes, quelques jours ou quelques heures auparavant, lui, pendant ce temps, continue de vivre quelque part, vous donnant à découvrir d'autres traces.

Nous réussissons rarement à percer les secrets de la vie des animaux, car ils nous voient toujours les premiers et réagissent sur-le-champ à notre présence. Mais une piste nous révèle que l'animal était seul à ce moment-là dans la nature et nous rapproche de lui, de ses habitudes et de ce qu'il perçoit du monde extérieur.

Outre les empreintes mêmes, recherchez d'autres vestiges de son passage: des plumes perdues, une goutte de sang, de l'urine ou des déjections, des brindilles mâchonnées, de l'écorce rongée, du gibier entreposé, des huttes de bois, des tanières sur les berges, des cavités dans les arbres, des orifices creusés au sol, des trous dans la glace, des nids de guêpes détruits et bien d'autres indices. Tout ce qui vous paraît anormal a une origine autre que naturelle. Qui en est responsable et pourquoi?

La locomotion animale est extrêmement complexe. En effet, quatre pattes peuvent emprunter un nombre absolument stupéfiant d'allures. Mais le pisteur doit pouvoir reconnaître au moins les cinq modes de locomotion des quadrupèdes: deux types de marche, le trot, le bond et le galop. Si vous estimez être assez souple, rien ne vous empêche de vous mettre à quatre pattes pour effectuer vous-même ces mouvements. C'est le meilleur moyen de les comprendre. Vous pourriez aussi demander à quelqu'un de s'y livrer sous votre observation attentive.

La marche est le mouvement le plus simple. Un quadrupède conserve au moins deux pattes au sol lorsqu'il marche. À partir de là, il peut se déplacer de deux manières possibles: soit en déplaçant les deux pattes du côté droit puis en déplaçant les deux pattes du côté gauche (amble), soit en déplaçant la patte arrière gauche et la patte avant droite, puis la patte arrière droite et la patte avant gauche (pas). L'amble donne l'impression que l'animal oscille d'un côté puis de l'autre. Le pas est plus équilibré puisque le corps est constamment supporté des deux côtés. Un enfant qui apprend à ramper utilise le pas des quadrupèdes.

Le trot ressemble au pas, à la différence près que la totalité du corps se soulève du sol à un moment donné. En fait, c'est exactement la différence qui existe entre la marche et le jogging. Dans les deux cas, nos pieds se déplacent de la même manière, mais lorsque nous courons au petit trot, nous soulevons pendant un court instant notre corps en l'air.

Le quatrième type de mouvement, le bond, est simple. Les pattes de devant se tendent vers l'avant simultanément, tandis que les pattes de derrière suivent le mouvement, atterrissant juste derrière celles de devant, parfois même sur le bord de leurs empreintes. Cette allure est caractéristique des Mustélidés (belettes, loutres, martres, etc.).

Le cinquième type de mouvement est le galop. Il ressemble au bond, à la différence près que les pattes de derrière atterrissent soit de chaque côté des pattes de devant, soit en avant d'elles. C'est une allure caractéristique des Léporidés (lapins et lièvres), des Sciuridés (écureuils, tamias, marmottes, etc.) et des animaux à longues pattes lorsqu'ils souhaitent se déplacer très vite. Le corps humain n'est pas fait pour ce genre d'allure, et vous n'aurez aucune difficulté à vous étirer un muscle en vous amusant à l'imiter. Si vous avez un jour l'occasion d'étudier de manière plus approfondie la locomotion animale, vous constaterez qu'il s'agit ici d'une explication considérablement simplifiée, mais elle vous sera précieuse pour interpréter les empreintes.

L'allure de la plupart de nos animaux, même les plus répandus, n'a pas fait l'objet d'études véritables, et nous n'en savons guère plus sur les effets que ces mouvements exercent sur l'apparence des empreintes. Au fur et à mesure que vous prendrez l'habitude de repérer les modèles de traces les plus courantes et de vous concentrer sur le type de locomotion qui a permis à l'animal de les laisser, vous constaterez que l'interprétation de certaines empreintes fait appel à beaucoup d'astuce, notamment le grand nombre d'empreintes laissées par un série d'allures moyennement rapides que l'on englobe sous le vocable «demi-trot».

Je me suis un jour trouvé face à une piste particulièrement énigmatique. Il s'agissait d'un minuscule tranchée d'environ 5 cm de profondeur et d'une vingtaine de mètres de longueur. Elle commençait et se terminait abruptement, sans trace de tunnel, sans interruption. Pour couronner le tout, elle traversait le plus naturellement du monde une clôture de grillage à mailles serrées, sans aucune trace de pause ni de bond. Pourtant, tout animal plus gros qu'une souris n'aurait pu traverser le grillage.

Tout en réfléchissant, je levai machinalement les yeux vers un oiseau qui venait de se poser sur un fil électrique, juste au-dessus. Et soudain, je compris tout! Le fil électrique! L'oiseau! La piste! Une couche de neige mouillée s'était accumulée sur le fil et le vent ou un oiseau l'avait décollée. Par conséquent, cette anecdote nous démontre que bien d'autres choses que des animaux laissent leurs empreintes dans la neige. Des feuilles volantes ou de petits cônes peuvent créer des pistes irrégulières à la surface des champs ou des lacs gelés. Les paquets de neige tombés des arbres laissent des empreintes convaincantes sous les branches, roulant parfois sous forme de boules jusqu'au pied des versants, créant une piste bien nette, si précise qu'il est difficile d'admettre que ce n'est pas un animal qui l'a laissée. Quant à la goutte de neige fondue qui coule sur les toits et atterrit sous les gouttières, elle imite à la perfection la piste d'une souris qui vient de prendre la poudre d'escampette.

C'est pourquoi, lorsque vous découvrez des pistes mystérieuses, vous devriez vérifier d'abord si elles n'ont pas été tracées par des paquets de neige tombés des arbres, des fils téléphoniques ou des toits.

Les conditions de pistage dépendent évidemment de la qualité de la neige, de la température qui a suivi la chute de neige et de la manière dont ces deux facteurs influent sur les déplacements des animaux. En général, les animaux demeurent dans leurs tanières ou leurs abris pendant les tempêtes et même pendant les heures qui suivent. Ensuite, selon le moment de la journée ou de la nuit, ils émergent pour vaquer à leurs occupations. Par conséquent, si un blizzard se termine tôt le matin ou très tard dans la nuit, vous devrez attendre jusqu'à la nuit suivante pour que les animaux bougent suffisamment pour laisser des empreintes. Souvenez-vous en effet que la plupart d'entre eux s'activent la nuit. Il est évident que plus longtemps la neige demeure intacte et stable après une tempête, plus vous avez de chance de trouver des pistes.

Une neige sèche et balayée par le vent ne garde que peu d'empreintes. Quant à la neige mouillée, elle s'accumule sur les branches et s'effondre à terre lorsque le vent se lève, laissant le sol piqueté, ce qui rend le pistage impossible.

Vous trouverez des pistes un peu partout, mais surtout à la lisière des écosystèmes, par exemple là où la forêt rencontre la prairie et, bien entendu, près de l'eau, au bord des lacs, le long des ruisseaux ou près des marécages. Lorsque vous suivez une piste, évitez de poser le pied dessus. Marchez plutôt à côté. Peut-être aurez-vous envie de la retrouver intacte, pour prendre des mesures ou des photos. En outre, une piste d'animal est une création exquise, bien que fugace, de la nature; d'autres personnes aimeraient peut-être l'admirer après vous.

COMMENT IDENTIFIER LES EMPREINTES D'ANIMAUX

Une fois que vous avez découvert une piste, deux démarches s'offrent à vous:

- Tout d'abord, vous pouvez suivre la piste jusqu'à ce que vous trouviez des empreinte claires et nettes qui vous permettront de cerner la forme du pied et le nombre de doigts. Si tel est le cas, passez directement à la rubrique intitulée «Comment Identifier les empreintes».
- Si vous ne trouvez pas d'empreintes claires et nettes, vous devez utiliser la méthode d'identification des pistes.

En général, on utilise les deux méthodes tout en s'efforçant également de repérer d'autres indices du comportement de l'animal. Vous aurez fréquemment l'occasion de constater que ni la piste ni les empreintes ne sont clairement identifiables. Il ne vous restera plus qu'à faire appel à ce que vous savez du responsable. Lisez la rubrique consacrée aux caractéristiques zoologiques des animaux après vous être familiarisé avec les méthodes d'identification des pistes et des empreintes. Ainsi, vous serez bien équipé pour jouer aux devinettes... éclairées.

Dans nos régions boréales, les empreintes d'animaux peuvent être réparties en quatre catégories, en fonction du nombre de doigts que comptent leurs pieds antérieurs et postérieurs. Ceux qui entrent dans la première catégorie possèdent le même nombre de doigts à chaque pied. Les animaux qui constituent la dernière catégorie ont quatre doigts aux pieds antérieurs et cinq doigts aux pieds postérieurs.

Vous trouverez plus loin les mesures (longueur et largeur) des empreintes. Notez que dans certains cas, elles sont différentes selon qu'il s'agit des pieds antérieurs ou postérieurs. Il est évident que ces chiffres ne vous sont fournis qu'à titre indicatif, les dimensions variant selon le sexe et l'âge de l'animal ainsi qu'en fonction de l'épaisseur de la neige. On mesure une empreinte d'un côté du motif à l'autre. Ne vous fiez pas à l'impression générale qu'elle vous donne, car vous la verrez indubitablement plus grande qu'elle ne l'est.

Chaque empreinte est représentée ici à l'échelle.

Animaux à deux doigts

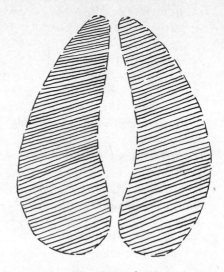

Cerf
Longueur: 9 cm
Largeur: 6,5 cm

Orignal
Longueur: 17,5 cm
Largeur: 12,5 cm

Il est fréquent que la partie frontale des doigts s'écarte lorsque l'animal essaie de se tenir debout sur la neige molle. En outre, l'empreinte de deux autres doigts, appelés «ergots», est parfois visible dans la neige profonde. Vous verrez deux marques circulaires en arrière de chaque doigt principal.

Animaux à quatre doigts

Chien
Variable

Coyote
Longueur: 7 cm
Largeur: 5,7 cm

Renard
Longueur: 6,5 cm
Largeur: 4,5 cm

Tous les Canidés possèdent quatre doigts. La forme générale de leur empreinte est ovale et les griffes sont parfaitement visibles. Toutefois, comme il est difficile de faire la distinction entre les trois, vous devrez vous fier à d'autres indices et aux caractéristiques de la piste. Lisez les descriptions zoologiques du renard et du coyote, puis reportez-vous à la méthode d'identification des pistes.

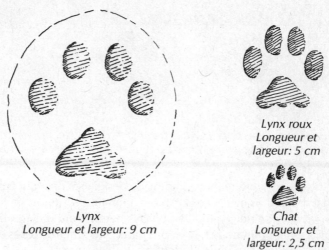

Lynx roux
Longueur et
largeur: 5 cm

Lynx
Longueur et largeur: 9 cm

Chat
Longueur et
largeur: 2,5 cm

Les Félidés ont tous quatre doigts qui forment une empreinte circulaire. Leurs griffes, rétractiles, sont invisibles. Les dimensions des empreintes vous permettront d'identifier facilement l'animal. En outre, le lynx a la semelle recouverte de poils rigides, ce qui rend légèrement floue l'empreinte de ses coussinets plantaires. Il arrive qu'un chat domestique naisse doté de doigts supplémentaires sur un pied ou deux.

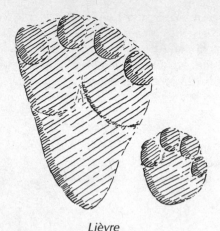

Lapin
Postérieurs:
Longueur: 7,5 cm
Largeur: 2,5 cm
Antérieurs:
Longueur: 2,5 cm
Largeur: 2 cm

Lièvre
Postérieurs: Longueur: 12,7 cm Largeur: 9 cm
Antérieurs: Longueur: 4,5 cm Largeur: 4 cm

Les pieds antérieurs des lapins ou des lièvres peuvent être facilement confondus avec ceux d'autres animaux. Toutefois, la longueur des pieds postérieurs et le galop vous permettront d'éviter la confusion. Les empreintes de lièvre sont particulièrement grosses et faciles à repérer. Reportez-vous à l'identification des pistes.

Animaux à cinq doigts

Belette
Longueur et
largeur: 2 cm

Mouffette
Longueur:
3,2 cm
Largeur: 2,5 cm

Vison
Longueur et
largeur: 3,2 cm

Martre
Longueur:
3,2 cm
Largeur: 4 cm

Pékan
Longueur et largeur: 6,4 cm

Loutre
Longueur: 9 cm Largeur: 10 cm

Tous les Mustélidés de la page précédente ont cinq orteils, mais il est possible que le cinquième, beaucoup plus petit, ne se soit pas suffisamment imprimé dans la neige pour être visible, auquel cas la forme en pointe du coussinet et de chaque griffe vous aidera à distinguer l'empreinte de celle d'un animal à quatre doigts.

Raton laveur	Opossum	Rat musqué
Antérieurs: Longueur et largeur: 6,5 cm	Antérieurs: Longueur et largeur: 5 cm	Antérieurs: Longueur et largeur: 4 cm
Postérieurs:	Postérieurs:	Postérieurs:
Longueur: 11,5 cm	Longueur: 7,5 cm	Longueur: 7,5 cm
Largeur: 5,7 cm	Largeur: 4 cm	Largeur: 5 cm

Les empreintes de raton laveur présentent cinq doigts (antérieurs et postérieurs) clairement dessinés tandis que les empreintes d'opossum révèlent quatre doigts et un pouce à l'arrière. L'empreinte du pied antérieur d'un rat musqué est toute petite et n'a que quatre doigts.

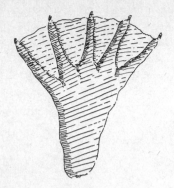

Castor
Postérieurs: Longueur: 12,7 cm
Largeur: 11,5 cm

Porc-épic
Postérieurs: Longueur: 12,7 cm
Largeur: 6,5 cm

Les doigts larges et palmés d'un castor sont faciles à reconnaître. Quant aux porcs-épics, leurs coussinets sont rarement visibles sur une empreinte, mais la forme ovale de leur pied et la structure de la piste même distinguent leurs traces de celles des autres animaux (*voir* la méthode d'identification des pistes).

Animaux à quatre doigts antérieurs et cinq doigts postérieurs

Souris
Longueur et largeur: 3 cm

Écureuil
Antérieurs: Longueur: 4 cm
Largeur: 2,5 cm
Postérieurs: Longueur: 5 cm
Largeur: 2,5 cm

Voir également les animaux à cinq doigts: rat musqué et opossum

COMMENT IDENTIFIER LES PISTES

Les animaux se déplacent de diverses manières, mais chacun possède une allure caractéristique qu'il utilise le plus souvent. Les humains savent marcher, bondir et courir, mais, en général, ils marchent. Un lapin peut marcher ou galoper; habituellement, il galope. Nos animaux nordiques peuvent être répartis en quatre groupes, en fonction de leur allure habituelle et du genre de piste qu'ils laissent derrière eux. Vous trouverez ci-dessous un résumé de ces quatre catégories suivi d'une description détaillée de chacune et des animaux qu'elle englobe.

Familiarisez-vous avec ces modèles de base. Ainsi, lorsque vous découvrirez une piste, vous n'aurez pas de difficulté à déterminer le groupe auquel elle appartient. Utilisez ensuite les descriptions détaillées pour identifier l'animal avec davantage de précision.

Quatre modèles fondamentaux de pistes

A.

Cette piste dessine une ligne presque droite d'empreintes uniques. Elle est caractéristique des Canidés (chien, renard, coyote), des Félidés (chat, lynx roux, lynx du Canada) et des Ongulés (cerf et orignal). Elle est produite par la marche ou le trot, les deux allures les plus couramment utilisées par ces animaux.

B.

Une piste formée de paires ou de petits groupes d'empreintes également espacées est caractéristique de tous les membres de la famille des Mustélidés, à l'exception de la mouffette, qui se

déplace plus lentement. Ce modèle de piste peut être créé par une belette, un vison, une martre, un pékan ou une loutre. Ces animaux, dotés d'un long corps posé sur des pattes courtes, se déplacent par bonds. Quelle que soit leur allure, les variations du modèle de piste sont identiques. En revanche, voici à quoi ressemblent les allures les plus rapides de la mouffette:

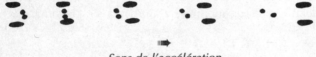

C.

Il s'agit ici d'un galop. La piste est créée par l'atterrissage des postérieurs à l'avant des antérieurs. C'est l'allure la plus fréquente du lapin, du lièvre, de l'écureuil et de la souris.

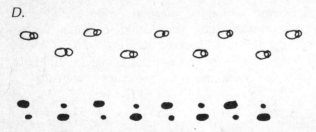

Sens de l'accélération

Les musaraignes et les campagnols sont également inclus dans cette catégorie car il leur arrive de galoper. Leurs pistes sont comparables à celles des souris puisque ce sont de petits animaux, qui laissent de minuscules empreintes.

D.

Vous voyez ici les deux types de marche qu'empruntent des animaux lourds et patauds. Cette piste est caractéristique du raton laveur, du rat musqué, de l'opossum, du porc-épic et du castor.

DESCRIPTIONS DÉTAILLÉES DES MODÈLES DE PISTE

Chaque description est accompagnée d'un graphique qui vous renseigne sur le type d'animaux que vous pourriez rencontrer en ville, en banlieue, à la campagne ou dans les régions sauvages. Pour identifier les pistes, vous devrez procéder par élimination; les figures suivantes vous y aideront.

Deux types de mesure sont souvent employés pour décrire une piste: *la foulée* et *l'écartement*. On mesure la foulée du centre d'une empreinte ou d'un groupe d'empreintes jusqu'au centre de l'empreinte suivante ou du groupe d'empreintes suivant. Bien entendu, les mesures sont extrêmement variables selon la vitesse de l'animal, et celles que vous trouverez ici représentent des moyennes. Les cas où le degré de variabilité est très élevé ne font l'objet d'aucune mesure.

Foulée · · · · · · · · · · · · · · · · · · Écartement

Bien que la foulée soit d'importance minime pour identifier l'animal, l'écartement est crucial; en outre, l'écartement varie très peu et, si vous ne pouvez différencier deux pistes presque semblables, ce pourrait être le facteur déterminant de l'identification. Néanmoins, il peut tout de même varier et ne devrait être utilisé que pour orienter vos recherches.

AA.

Tous les animaux à deux doigts et la plupart des animaux à quatre doigts créent ce modèle de piste. En marchant, ils placent le pied postérieur dans l'empreinte du pied antérieur. Il arrive que le pied postérieur atterrisse juste en arrière du pied antérieur ou un peu sur le côté, ce qui produit les deux variantes ci-dessous:

1.

2.

Vous constaterez que les empreintes de la seconde variante ne forment pas une ligne aussi droite que la piste des Mustélidés (modèle B), mais qu'elles se trouvent de chaque côté d'une ligne imaginaire que l'on aurait tracée au centre de la piste.

Tous ces animaux galopent également mais, en hiver, ils se lassent très vite des allures rapides. Leur galop est donc très court et rapidement remplacé par une allure plus naturelle.

Où rencontrerez-vous ces animaux?

VILLE	BANLIEUE	CAMPAGNE	RÉGIONS SAUVAGES

Chat ▇▇▇▇▇▇
Chien ▇▇▇▇▇▇▇▇▇
   Renard ▇▇▇▇▇▇▇▇▇▇▇▇▇▇▇▇▇▇▇
    Cerf ▇▇▇▇▇▇▇▇▇▇▇▇▇▇▇▇▇▇▇
     Coyote ▇▇▇▇▇▇▇▇▇▇▇▇▇▇▇
      Lynx roux ▇▇▇▇▇▇▇▇▇▇▇
       Lynx du Canada ▇▇▇▇▇
       Orignal ▇▇▇▇▇▇▇▇

CHAT: Se distingue des autres par sa petite empreinte circulaire (2,5 cm de diamètre) et une courte foulée. Foulée moyenne: 15 à 20 cm. Écartement moyen: 6,5 cm.

LYNX ROUX: Empreinte circulaire deux fois plus grande que celle du chat. On le trouve surtout dans les régions sauvages. Foulée moyenne: 25 à 35,5 cm. Écartement moyen: 11,5 cm.

LYNX DU CANADA: Empreinte circulaire presque deux fois plus grande que celle du lynx roux. Les doigts sont à peine visibles, car les poils rigides de la semelle rendent l'empreinte floue. Ne se trouve qu'au Canada et à l'extrême nord des États-Unis. Foulée moyenne: 15 à 35,5 cm. Écartement moyen: 18 cm.

CHIEN: Il est inutile de vous fournir des mesures moyennes, étant donné les innombrables variations de taille chez les chiens. Les empreintes de chien ont une forme ovale, contrairement à celles des chats, mais elles sont faciles à confondre avec celles des renards ou des coyotes. En général, les chiens laissent d'assez grosses empreintes et ont tendance à traîner des pieds. En outre, la piste d'un chien est caractéristique d'une attitude décontractée et joviale, contrairement à celle d'un renard ou d'un coyote, qui traduit la démarche précautionneuse d'un animal sauvage dont tous les sens sont aux aguets.

RENARD: Vous verrez parfois des lignes droites d'empreintes ovales, bien nettes, qui suivent fréquemment les éléments les plus saillants du relief: un mur de pierre, la lisière d'un chemin forestier, la berge d'un marécage, une ligne de crête. La piste exprime la circonspection et non la curiosité amusée du chien. Le renard peut parcourir de longues distances au trot, entre ses territoires de chasse. Foulée moyenne: 30,5 à 38 cm. Écartement moyen: 6,5 à 10 cm.

COYOTE: Les pistes de coyote sont difficiles à distinguer de celles du renard roux, car la taille de l'empreinte ovale et la longueur de la foulée sont très comparables. Toutefois, vous ne confondrez pas une piste de coyote avec une piste de chien. Le coyote est aux aguets, et la manière dont il se déplace trahit sa méfiance. Foulée moyenne: 30,5 à 38 cm. Écartement moyen: 10 à 15 cm.

CERF: Cerfs et orignaux laissent presque toujours la trace de leurs ergots à la base de leur empreinte. Ces animaux sont plus lourds que la plupart des Canidés ou des Félidés mentionnés ci-dessus, mais ils possèdent de longues pattes minces. Par conséquent, ils s'enfoncent davantage dans la neige, après en avoir percé la croûte, et laissent une empreinte profonde en forme de triangle. Il arrive que le pied traîne entre les foulées.

Dans la neige épaisse, les cerfs ont tendance à suivre la piste du premier qui est passé par là, créant un véritable sentier. Foulée moyenne: 35,5 à 40,5 cm. Écartement moyen: 15 cm.

ORIGNAL: Très grosses empreintes, s'enfonçant profondément dans la neige. Ne se trouve qu'au Canada et à la frontière nord des États-Unis. Foulée moyenne: 61 cm. Écartement moyen: 25 cm.

BB.

Ce modèle de piste est créé par l'atterrissage des deux pieds postérieurs au même endroit que les pieds antérieurs. Parfois, ils se posent un peu en arrière des pieds antérieurs, formant de petits groupes distincts de trois ou quatre empreintes.

Lorsque les empreintes vont par paires, elles sont généralement situées un peu en diagonale les unes des autres, et non face à face.

Où rencontrerez-vous ces animaux?

	VILLE	BANLIEUE	CAMPAGNE	RÉGIONS SAUVAGES
Mouffette	██
Belette		██████████████████████████████████████
Vison			████████████████████████████
Loutre			██████████████████████████
Pékan				██████████████████
Martre				██████████████████

MOUFFETTE: C'est un animal lent qui laisse une piste sinueuse, constituée de petites empreintes circulaires, lorsqu'il recherche les insectes en hibernation, les fruits ou les petits rongeurs. La mouffette a été incluse à ce groupe parce que lorsqu'elle se déplace plus vite, sa démarche présente les mêmes variations que celles des autres Mustélidés lorsqu'ils se déplacent plus lentement. Les pistes de mouffette se terminent toujours à proximité d'une tanière ou d'un autre logis souterrain. Écartement moyen: 6,5 à 9 cm.

1.   2.   3.

Remarque: Étant donné que tous les Mustélidés, à l'exception de la mouffette, laissent des pistes semblables, vous les distinguerez en vous servant d'indices tels que leur écartement et le comportement de l'animal.

BELETTE: C'est le plus petit des Mustélidés. Toutefois, les différences de taille sont très accentuées au sein de la même espèce puisque la belette à longue queue est deux fois plus grosse que la belette pygmée. Néanmoins, les empreintes de belette sont sensiblement plus petites que celles du vison, avec lesquelles on a tendance à les confondre. La belette creuse fréquemment des tunnels, a horreur de l'eau et laisse parfois l'empreinte de son long corps entre deux jeux d'empreintes de pieds. Foulée moyenne: 25 à 40,5 cm. Écartement moyen: 5 cm.

VISON: Le vison chasse dans l'eau et sur la berge. L'écartement latéral de ses pattes a 2 ou 3 cm de plus que celui de la belette. Les empreintes de belette sont parfois minuscules, mais celles qu'un vison laisse derrière lui sont légèrement plus grandes que les empreintes d'un chat domestique. Près de l'eau, vous pourriez également repérer la piste d'un autre Mustélidé, la loutre, mais ses empreintes sont au moins trois fois plus grandes que celles du vison. Enfin, le vison se crée de très vastes circuits de chasse et parcourt fréquemment de grandes distances à l'intérieur des terres. Foulée moyenne: 46 cm. Écartement moyen: 6,5 cm.

MARTRE: C'est un animal rare, que l'on trouve au Canada et près de la frontière septentrionale des États-Unis. Elle vit dans la forêt et grimpe aux arbres aussi habilement qu'un écureuil. Si vous apercevez des paires d'empreintes en diagonale qui se dirigent vers un arbre ou s'en éloignent, il est possible qu'il s'agisse d'une piste de martre. Le pékan escalade également les troncs, mais il est beaucoup moins friand de ce genre de sport que la martre, et ses empreintes sont près de deux fois plus grandes. Toutefois, il est souvent difficile de distinguer une piste de vison d'une piste de martre. Seul le comportement de l'animal peut vous servir d'indice. Par exemple, il est peu probable qu'une martre entre dans l'eau. En revanche, elle grimpe aux arbres. Mais c'est un animal tellement peu répandu que vous n'aurez sans doute jamais à identifier sa piste. Foulée moyenne: 61 cm. Écartement moyen: 9 à 10 cm.

PÉKAN: Le pékan vit au Canada et à l'extrême nord des États-Unis. Ses pistes ne sont pas rares dans la nature et vous les reconnaîtrez facilement à leur grande taille. On les aperçoit fréquemment dans les montagnes, car le pékan se déplace sur de longues distances. Il est possible de les confondre avec celles de la loutre, autre animal qui entreprend d'occasionnels périples à travers les terres. Toutefois, les empreintes de loutre sont plus grosses et l'animal a tendance à exécuter des glissades pour avancer. Foulée moyenne: 71 cm. Écartement moyen: 15 cm.

LOUTRE: La loutre est le plus gros représentant de la famille des Mustélidés et ses pistes sont facilement reconnaissables, car elle préfère se déplacer dans la neige par glissades lorsque ce mode de locomotion lui paraît plus facile que le bond. L'empreinte d'une glissade mesure entre 20 et 25 cm de longueur. À l'avant et à l'arrière, vous distinguerez l'empreinte des pattes. Les loutres chassent surtout dans l'eau, mais leurs empreintes étant beaucoup plus grandes que celles du vison, cela évite toute confusion. Les pistes de loutre ne sont pas rares et vous pourriez fort bien en identifier à une grande distance de l'eau. Foulée moyenne: 91,5 cm. Écartement moyen: 20 à 25 cm.

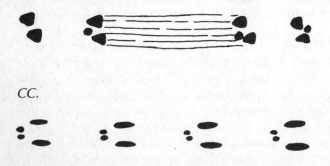

CC.

Où rencontrerez-vous ces animaux?

VILLE	BANLIEUE	CAMPAGNE	RÉGIONS SAUVAGES

Écureuil

Souris

Musaraigne

Campagnol

Lapin

Lièvre

ÉCUREUIL: Les pistes d'écureuil commencent et se terminent au pied des arbres. Il est rare que l'animal adopte une autre allure que le galop. Dans la neige épaisse, les empreintes des antérieurs et des postérieurs se mêlent et forment une piste de ce genre:

Les pistes d'écureuil vous mèneront souvent à de petites excavations dans la neige, l'un des nombreux garde-manger de l'animal. Les foulées des écureuils sont extrêmement variables, mais leur écartement vous aidera à établir une distinction entre les espèces.

Tamia: Écartement de 5 à 8 cm. Écureuil roux: Écartement moyen de 7,5 à 10 cm. Écureuil fauve ou écureuil gris: Écartement moyen de 10 à 12,5 cm.

SOURIS, CAMPAGNOL, MUSARAIGNE: Ces trois animaux sont responsables des plus petites empreintes que l'on puisse trouver en hiver. La souris galope, laissant parfois sa queue traîner sur la neige.

Elle est capable de se déplacer par bonds sur de longues distances, et vous distinguerez sa piste de celle du tamia en mesurant l'écartement, qui ne dépasse guère 5 cm. En outre, vous apercevrez parfois en arrière l'empreinte de la queue.

Campagnol et musaraigne galopent quelquefois mais, en général, ils courent. Par conséquent, vous distinguerez leur piste de celle des souris, qui ont tendance à galoper.

On distingue le campagnol de la musaraigne par l'écartement de leurs empreintes. Chez la musaraigne, il est plus réduit. Souris: Écartement de 4 à 5 cm; galop. Campagnol: Écartement de 4 à 5 cm; allure variable. Musaraigne: Écartement de moins de 4 cm; allure variable.

LAPIN, LIÈVRE: Les Léporidés galopent tout le temps et posent leurs petits pieds antérieurs l'un derrière l'autre au lieu de les placer côte à côte, comme le font les écureuils et les souris.

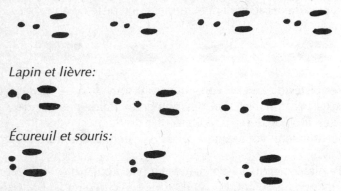

Lapin et lièvre:

Écureuil et souris:

Les pieds postérieurs des lapins et des lièvres sont habituellement beaucoup plus gros que les pieds antérieurs. Chez le lièvre d'Amérique, cette différence est tellement accentuée que vous ne risquerez pas de vous tromper (reportez-vous à la rubrique consacrée aux animaux à quatre doigts). En revanche, le lapin de Nouvelle-Angleterre n'imprime parfois, dans la neige peu épaisse, que les doigts de ses pieds postérieurs, ce qui donnent à sa piste l'apparence de celle d'un chat domestique.

Dans la neige épaisse, le lapin de Nouvelle-Angleterre pose les pieds postérieurs très près des pieds antérieurs, laissant uniquement l'empreinte de son corps et de sa queue. Lapin: Écartement moyen de 10 à 12,5 cm. Lièvre: Écartement moyen de 17,5 à 20 cm.

DD.

1.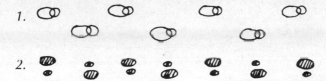

2.

Ce modèle de piste correspond à des animaux lourds sur leurs pattes, lents, à l'écartement accentué. Ces cinq animaux passent le plus clair de leur temps à se déplacer dans leur milieu de prédilection: castor et rat musqué dans l'eau, raton laveur, opossum et porc-épic dans les arbres. Les postérieurs sont toujours plus grands et se posent soit juste devant les antérieurs, soit au même endroit (*voir* 1 ci-dessus), soit le long de l'empreinte plus petite du pied antérieur (*voir* 2 ci-dessus).

Ces animaux galopent parfois sur de très courtes distances. À ce moment-là, leurs empreintes sont très rapprochées, indiquant un mouvement lent et pataud.

Où rencontrerez-vous ces animaux?

	VILLE	BANLIEUE	CAMPAGNE	RÉGIONS SAUVAGES
Raton laveur	▬▬▬▬▬▬▬▬▬▬▬▬▬▬▬▬▬▬▬▬▬▬▬▬			
Rat musqué		▬▬▬▬▬▬▬▬▬▬▬▬▬▬▬▬▬		
Opossum			▬▬▬▬▬▬▬▬▬▬▬▬	
Castor			▬▬▬▬▬▬▬▬▬▬▬	
Porc-épic				▬▬▬▬

RATON LAVEUR: En général, il place son gros pied postérieur à côté du petit pied antérieur, comme vous le montre le croquis ci-dessus. Sa piste est parfois difficile à distinguer de celle de l'opossum, qui adopte fréquemment la même allure. En revanche, il laisse souvent sa queue traîner, ce que ne fera jamais un raton laveur. L'empreinte détaillée des pieds postérieurs est très différente (*voir* empreintes d'animaux à cinq doigts). Foulée moyenne: 20,5 à 30,5 cm. Écartement moyen: 9 à 12,5 cm.

RAT MUSQUÉ: Habituellement, les empreintes de pieds se chevauchent. Parfois, on aperçoit aussi l'empreinte de la queue.

Les pistes du rat musqué sont très différentes des pistes du raton laveur. Les empreintes des pieds antérieurs sont plus petites et, contrairement au raton laveur, le rat musqué entre dans l'eau ou plonge dans des trous qui le conduisent sous l'eau. Lorsqu'il galope, l'empreinte de sa queue apparaît irrégulièrement entre deux jeux d'empreintes de pieds.

Enfin, le rat musqué ne grimpe pas aux arbres, contrairement au raton laveur et à l'opossum. Foulée moyenne: 7,5 à 10 cm. Écartement moyen: 7 à 10 cm.

OPOSSUM: L'allure de l'opossum varie, donnant à sa piste l'apparence de celle du rat musqué ou du raton laveur. Toutefois, sa foulée est plus longue que celle du rat musqué et, habituellement, plus petite que celle du raton laveur. Foulée moyenne: 15 à 20,5 cm. Écartement moyen: 10 à 12,5 cm.

CASTOR: Le pied postérieur du castor laisse une empreinte facilement reconnaissable même lorsque la neige a commencé à fondre. Le talon étroit surmonté d'une série de doigts palmés distingue la piste d'un castor de celle des quatre autres animaux de cette catégorie. En outre, elle n'est jamais bien loin de l'eau, car l'animal ne quitte la sécurité de son milieu aquatique que pour une raison impérative. Par conséquent, recherchez aux alentours des troncs ou des branches rongées. Foulée moyenne: 10 à 15 cm. Écartement moyen: 15 à 17,5 cm.

PORC-ÉPIC: Cet animal creuse une véritable tranchée dans la neige, au fond de laquelle on aperçoit ses empreintes, rondes et de grande taille. Elles se trouvent toujours en diagonale les unes par rapport aux autres. Vous apercevrez parfois des demi-lunes dans la neige, là où le porc-épic a levé la patte tout en avançant maladroitement. Sa queue munie de piquants traîne en général dans la piste, ajoutant une empreinte sinueuse. En général, la piste d'un porc-épic se termine au pied d'un arbre ou à proximité d'une tanière. Aux alentours, vous apercevrez des morceaux d'écorce rongée ou peut-être des déjections.

Beaucoup d'autres animaux tirent parti de la large piste tracée par le porc-épic. Certaines de ces pistes sont tellement utilisées qu'elles forment un véritable sentier. Foulée moyenne: 12,5 à 15 cm. Écartement moyen: 20 à 25 cm.

COMMENT IDENTIFIER LES EMPREINTES D'OISEAUX

Les pistes d'oiseaux sont très courantes et il est facile de les confondre avec celles d'autres animaux. Vous trouverez ci-dessous cinq empreintes. La première est caractéristique de tous les oiseaux picoreurs de taille réduite ou moyenne (juncos, bruants, étourneaux, pigeons). En deuxième position, vous trouverez l'empreinte de la corneille, répandue et facile à distinguer des autres. Les trois dernières appartiennent à nos gros oiseaux qui vivent au sol: colin, gélinotte et faisan. Notez la présence, chez les trois espèces, d'un quatrième doigt.

Empreinte d'oiseau picoreur
commun
Longueur: 4 à 6,5 cm

Corneille
Longueur: 7,5 cm

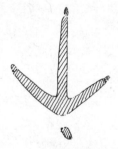

Colin
Longueur: 5 cm

Gélinotte
Longueur: 5 cm

Faisan
Longueur: 7,5 cm

Vous distinguerez l'empreinte d'un colin de celle d'un faisan par la différence de longueur. Quant à la gélinotte, elle possède des doigts beaucoup plus larges que les deux autres.

MODÈLES DE PISTES D'OISEAUX

Les petits oiseaux sautillent ou marchent. Leurs pistes sont donc faciles à confondre avec celles des souris ou des campagnols. Toutefois, les pistes d'oiseaux sont plus longues et plus minces. En outre, elles ne se terminent pas au pied des arbres mais s'interrompent simplement à l'endroit où l'oiseau s'est envolé. N'oubliez pas d'essayer de repérer les empreintes des ailes dans la neige. Elles sont très fréquentes et constituent un indice valable.

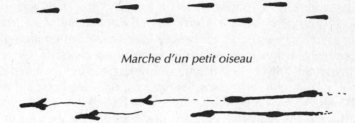

Remarquez la manière dont le doigt postérieur traîne lorsqu'un petit oiseau sautille. Cela vous permettra de distinguer sa piste de celle d'une souris.

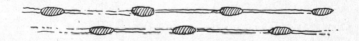

Marche d'un petit oiseau

*Corneille marchant de la neige
peu profonde vers la neige épaisse*

Les corneilles peuvent parcourir de longues distances en marchant pour chercher leur nourriture. Dans la neige peu profonde, le doigt du milieu traîne.

Dans la neige épaisse, corneilles, colins, gélinottes et faisans laissent tous une piste semblable à celle-ci:

L'empreinte de la queue indique l'endroit où l'oiseau s'est posé tandis que l'empreinte des ailes révèle qu'il s'est envolé de là.

DESCRIPTIONS ET CARACTÉRISTIQUES ZOOLOGIQUES

BELETTE /*WEASEL* (ESPÈCE *MUSTELA*)

La belette est parfaitement constituée pour attraper des souris. Sa petite tête et son corps élancé lui permettent de pénétrer dans les tunnels de souris et de campagnols. Près des trois quarts de son alimentation sont constitués de petits rongeurs. Les plus grosses belettes s'attaquent également aux lapins, aux écureuils, aux rats et aux musaraignes. Leurs préférences alimentaires les conduisent fréquemment à proximité des granges et des remises, là où les souris passent l'hiver. Les belettes semblent répandues un peu partout au pays et vivent dans les champs, dans les bois, autour des fermes et à proximité des banlieues. En hiver, elles se réfugient dans des tanières souterraines, dans des piles de bois ou sous des édifices. Elles s'activent surtout la nuit et repèrent leur proie principalement grâce à leur odorat, se promenant sur la neige à la recherche d'une odeur. Ensuite, elles se lancent à la poursuite du gibier ou, s'il se trouve sous la neige, creusent jusqu'à ce qu'elles l'atteignent. Les belettes tuent leurs proies en les mordant à la nuque. Elles se battent férocement et peuvent capturer des animaux beaucoup plus gros qu'elles. Elles sont très rarement nécrophages.

Hermine

Les belettes sont les plus petits représentants de la famille des Mustélidés. La belette pygmée *(Mustela rixosa)* ne mesure que

12 à 15 cm de longueur. La plus grande, la belette à longue queue *(Mustela frenata),* ne dépasse guère 25 cm (ces mesures ne comprennent pas la queue). Par conséquent, les dimensions des empreintes vous permettront de les reconnaître de celles du vison et de la martre, qui laissent des pistes semblables et appartiennent à la même famille. Les empreintes de belette sont parfois minuscules, d'une largeur inférieure à 2,5 cm. C'est un animal doté de cinq doigts à chaque pied, mais il faut que son empreinte soit particulièrement nette pour que l'on puisse les distinguer.

La belette se déplace surtout par bonds, ce qui crée des amas de trois ou quatre empreintes. Étant courte sur pattes, elle laisse parfois l'empreinte de son corps entre deux jeux d'empreintes de pieds, surtout dans la neige épaisse. La distance qui sépare ses empreintes dépend de la vitesse de sa course. Toutefois, l'écartement ne dépasse jamais 7,5 cm alors que chez le vison, par exemple, cet écart constitue un minimum.

CAMPAGNOL DES CHAMPS/*MEADOW VOLE*
(MICROTUS PENNSYLVANICUS)
CAMPAGNOL À DOS ROUX /*REDBACK VOLE*
(CLETHRIONOMYS GAPPERI)

Les campagnols et les souris sont les plus petits représentants de l'ordre des Rongeurs. Les campagnols, toutefois, ont de petites oreilles et de petits yeux, un museau aplati et une queue courte. Ils vivent dans des tunnels creusés sous la litière ou dans les herbes des champs. Ils constituent la plus importante source de nourriture de nos oiseaux de proie et de nombreux mammifères carnivores. Apparemment 95 p. 100 de l'alimentation hivernale de nos buses et de nos chouettes est constituée dans l'Est par le campagnol des champs *(Microtus pennsylvanicus)* et, dans le Nord et l'Ouest, par le campagnol à dos roux *(Clethrionomys gapperi).* Ces deux petits mammifères extrêmement prolifiques créent le lien essentiel de la chaîne alimentaire entre les végétaux et les carnivores.

Les campagnols vivant surtout dans des tunnels, vous n'aurez pas souvent l'occasion de repérer leurs pistes. Mais au fur et à mesure que la neige fond, le réseau de tunnels situé directement en dessous apparaît. Vous y apercevrez les sillons creusés par les pattes des campagnols qui les ont arpentés tout l'hiver. Il arrive que les animaux creusent des puits de ventilation jusqu'à la surface.

Campagnol des champs et tunnels

Les quelques pistes que l'on peut apercevoir se caractérisent par la diversité des allures, même sur de courtes distances. Les campagnols préfèrent courir plutôt que galoper. Vous distinguerez leurs pistes de celles des musaraignes grâce à la différence d'écartement. En effet, celui des campagnols dépasse en général 4 cm. Quant à la confusion avec les pistes de souris, vous l'éviterez en vous souvenant que les campagnols ne laissent pas l'empreinte de leur queue dans la neige et qu'ils ne galopent que sur de très courtes distances.

La plupart des campagnols des champs vivent dans des prairies tandis que le campagnol à dos roux préfère les bois. Tous deux ont une prédilection pour les milieux humides et leurs pistes apparaissent fréquemment près des marécages. En période de disette, ils ont coutume de ronger l'écorce des arbustes et des arbres fruitiers, au pied desquels on aperçoit des morceaux d'écorce arrachée qui portent l'empreinte des minuscules incisives de l'animal.

Les campagnols logent dans l'herbe. Ils construisent des nids sphériques, creux au centre, constitués de radicelles et de fibres végétales tissées ensemble. Contrairement aux souris, ils ne souillent pas le nid de leurs déjections mais les empilent consciencieusement aux carrefours de leurs tunnels. Vous les trouverez facilement en soulevant les herbes qui constituent le plafond de leur tunnel jusqu'à ce que vous atteigniez une intersection importante.

CASTOR /*BEAVER (CASTOR CANADENSIS)*

Il est rare que l'on aperçoive des pistes de castor en hiver, mais cela ne vous empêchera pas de repérer de nombreux indices de la présence de l'animal: barrages, huttes, tanières, troncs rongés, copeaux, ramilles et jeunes pousses dépouillés de leur écorce, canaux reliant une étendue d'eau à une autre.

Les barrages de castor jouissent de la (triste!) réputation d'être parmi les plus grandes constructions animales. Ils sont destinés à créer une étendue d'eau qui permettra au castor de transporter sa nourriture et ses matériaux de construction plus sûrement et plus confortablement que s'il était contraint de parcourir la même distance à terre. Par conséquent, grâce à l'étang, le castor atteindra sa source de nourriture tout en jouissant de la sécurité que lui offre le milieu aquatique. Lorsque les castors ont dévoré toutes les victuailles situées à peu de distance du barrage, ils peuvent soit agrandir l'étang en élevant un barrage, soit creuser des canaux qui les conduiront en toute sécurité vers un autre endroit convoité. L'étang permet également à l'animal de vaquer tranquillement à ses autres occupations puisqu'il se construit une hutte en plein milieu, à l'abri des prédateurs, véritable forteresse protégée par ses douves.

Castor auprès de son barrage et de sa hutte

Le castor n'est toutefois pas aussi bon ingénieur qu'on le dit. Il construit souvent son barrage à un endroit peu propice, alors qu'il aurait très bien pu en bâtir un autre tout près, moyennant deux fois moins d'efforts. Mais une fois qu'un castor a jeté son dévolu sur un endroit, il semble bien décidé à le «rentabiliser». Il coupe les arbustes qu'il installe ensuite dans le cours d'eau, orientant le haut du tronc vers l'amont. Il empile des roches, de la boue et des branches jusqu'à ce que le barrage soit suffisamment haut et étanche. La hauteur des barrages de castor est très variable, de quelques dizaines de centimètres à près de 2,5 m. Ces barrages sont généralement très solides et servent de ponts aux autres animaux.

Une hutte de castor est constituée d'une pile de ramilles scellées à l'aide de boue. Lorsque la hutte est suffisamment haute, le castor en ronge l'intérieur pour créer une petite pièce. Il empile constamment de la boue fraîche à l'extérieur, mais laisse toujours le sommet à découvert, sans doute pour favoriser la ventilation à l'intérieur. Si vous apercevez de la boue fraîche sur une hutte, vous pouvez être sûr qu'elle est utilisée. En hiver, cette couche de boue gèle, faisant de la hutte une forteresse imprenable pendant les mois où les prédateurs peuvent s'en approcher en marchant sur la glace. À l'intérieur de leur hutte, les castors génèrent énormément de chaleur. Une étude canadienne a permis de démontrer que lorsque la température extérieure moyenne était de -35 °C, la température moyenne minimale à l'intérieur de la hutte se situait autour de 2 °C.

La hutte possède habituellement deux entrées sous-marines qui permettent d'accéder à la plate-forme sur laquelle les castors s'installent pour manger. Une aire de repos est située sur le côté, quelques centimètres plus haut, et recouverte de bois déchiqueté (de préférence à l'herbe, qui a tendance à pourrir).

Avant l'hiver, les castors taillent des jeunes pousses qu'ils entreposent ensuite sous l'eau, près de la hutte. En hiver, ils sortent de chez eux pour aller chercher cette nourriture qu'ils rapportent ensuite dans la hutte. Cela leur évite de quitter la protection de l'étang et de la hutte.

Les arbres abattus par les castors sont facilement reconnaissables, car ces animaux sont les seuls, à l'exception des humains, à se livrer à ce genre de tâche. Peut-être découvrirez-vous des arbres rongés à bonne distance de l'étang ou loin de tout barrage, ce qui signifierait que les castors vivent dans une tanière sous la berge, comme les rats musqués, ou encore qu'ils ont construit leur hutte dans un bras mort du cours d'eau. Les castors abattent les arbres pour trois raisons: pour se nourrir, pour construire leurs huttes et leurs barrages et pour user leurs incisives. Ils ne mangent pas le bois, mais uniquement la jeune écorce; ils sont donc contraints d'abattre de grands arbres pour parvenir à l'écorce des jeunes branches, situées en hauteur. Ces branches, dépouillées de leur écorce, sont ensuite utilisées pour construire la hutte et le barrage. Les castors sont incapables d'orienter la chute d'un arbre. Par conséquent, les troncs tombent dans le sens de leur inclinaison. Mais même lorsqu'un castor est repu, il doit absolument continuer à ronger, car ses incisives ne cessent de pousser. S'il ne les use pas, elles risquent de devenir trop longues pour qu'il puisse s'alimenter.

En hiver, une hutte peut contenir plusieurs castors. Les couples se forment généralement pour la vie et les castorins demeurent avec leurs parents jusqu'à l'âge de deux ans. Par conséquent, la hutte loge habituellement en hiver les deux adultes, deux ou plusieurs castors âgés d'un an, et deux ou plusieurs castorins nés au cours du printemps précédent. Une fois l'hiver achevé, les castors âgés de deux ans sont expulsés de la hutte et doivent commencer à vivre par eux-mêmes.

CERF DE VIRGINIE /WHITE-TAILED DEER (ODOCOILEUS VIRGINIANUS)

Cerfs se levant de leur lit

Pour survivre à l'hiver, les cerfs ne quittent guère une superficie restreinte qu'ils explorent de fond en comble grâce à un labyrinthe de sentiers. Ce réseau leur permet d'échapper à leurs prédateurs et de traverser la neige épaisse pour atteindre les endroits où ils savent qu'ils trouveront du brout. Lorsque les sentiers sont particulièrement concentrés en un endroit où les cerfs passent le plus clair de leur temps, ces quartiers d'hivernage portent le nom de «ravage». Généralement, il ne s'agit pas d'une zone de neige entièrement tassée mais plutôt d'un dédale de petits sentiers.

L'emplacement des ravages est généralement choisi en fonction de la végétation et de la topographie. Les cerfs dorment pendant la journée et se nourrissent pendant la nuit. Leurs quartiers de nuit doivent être chauds, à l'abri des regards, à proximité de la nourriture. Dans le Sud, ces critères s'appliquent aux adrets, là où les animaux sont protégés des vents du nord et reçoivent un maximum de chaleur grâce à l'inclinaison des pentes en direction du soleil. Dans les régions nordiques, ils s'abritent au bord des marécages, sur les basses terres recouvertes de genévriers et protégées du vent. On les trouve aussi dans les pessières, là où ils peuvent s'abriter non seulement du vent mais aussi de la neige, dont la majeure partie reste accrochée aux branches des épinettes. Dans l'ensemble, les cerfs tirent profit de toutes les caractéristiques du milieu susceptibles de les garder au chaud et de les aider à conserver leur énergie.

Toutefois, il leur est difficile de trouver leur nourriture en hiver. La neige couvre rapidement l'herbe, sauf sur les pentes orientées au sud, où elle fond assez vite. Par conséquent, les cerfs sont contraints de brouter les bourgeons des feuillus et les aiguilles des conifères. Ils mâchent les ramilles jusqu'à n'en laisser que des chicots et dévorent les bourgeons de toutes les branches qui sont à leur portée. Ils sont particulièrement friands des aiguilles de pruche et de genévrier. Vous distinguerez les ramilles mâchées par les cerfs de celles qui ont fait les délices des lapins, car les Cervidés les mordent avec leurs molaires, laissant une cassure irrégulière. En revanche, les lapins utilisent leurs incisives bien aiguisées, tranchant la tige à angle droit.

La plupart des prédateurs naturels du cerf ont depuis longtemps disparu de nos régions. C'est pourquoi les populations de Cervidés sont souvent trop vastes pour la quantité de nourriture disponible en hiver. Beaucoup de cerfs meurent d'inanition ou s'affaiblissent au point qu'ils sont incapables de se défendre ou d'avancer dans la neige épaisse. Mais les cerfs morts sont mangés par beaucoup de nos petits prédateurs tels que le renard, l'opossum, le coyote, le raton laveur, le vison et le pékan, qui n'essaieraient pas, en temps ordinaire, de s'attaquer à un cerf vivant.

Vous saurez que des cerfs ne sont pas loin si vous trouvez leur lit et leurs fumées. En effet, lorsqu'ils se reposent le jour ou pendant une tempête nocturne, ils écrasent la litière sur laquelle ils sont couchés. Ces lits sont généralement constitués de feuilles écrasées et entourés de neige ou d'une dépression de neige tassée qui porte l'empreinte de leur corps. Les fumées de cerf sont faciles à reconnaître. Elles sont noires, pointues à une extrémité. Si vous en trouvez à proximité d'une piste, de ramilles mâchonnées ou d'un lit, vous saurez que vous venez de découvrir un ravage.

En marchant, le cerf place son pied postérieur dans l'empreinte du pied antérieur. Il arrive que les empreintes se chevauchent, ce qui rend la piste difficile à identifier. Les cerfs de Virginie marchent ou galopent. Dans le second cas, le pied postérieur se pose en avant du pied antérieur.

Les empreintes de cerfs peuvent être de taille variable étant donné que les biches et les faons sont plus petits que les mâles adultes. En outre, le pied antérieur du cerf est plus gros que le pied postérieur, car il doit supporter le poids de la tête et du cou. Lorsqu'ils essaient de se tenir debout sur des surfaces molles, les cerfs peuvent écarter largement les deux doigts qui constituent leur sabot antérieur.

L'état d'une piste varie considérablement en fonction de l'épaisseur de la couche de neige. Dans la neige légère, la piste est facile à reconnaître: dans notre région, le cerf est le seul animal à deux doigts dont le pied n'a pas plus de 7,5 cm de longueur. L'orignal, qui possède aussi un sabot à deux doigts, laissera plutôt une empreinte de 13 à 18 cm de longueur. Au fur et à mesure que la neige épaissit, les sabots du cerf s'enfoncent de plus en plus, laissant une mince empreinte triangulaire plus profonde vers l'avant.

COYOTE /COYOTE (CANIS LATRANS)

Le coyote, qui a toujours proliféré dans l'Ouest et le Centre, s'avance de plus en plus vers l'est. Aujourd'hui, il est répandu dans l'ouest de la Nouvelle-Angleterre et le sud du Canada. On estime que son aire de distribution progresse d'environ 25 km par an vers l'est. Toutefois, il est possible que le coyote de nos régions soit une espèce nouvelle car il est légèrement plus gros que celui de l'Ouest.

Coyotes et carcasse de cerf

La raison pour laquelle le coyote se répand aussi rapidement tient à son extraordinaire capacité d'adaptation et à sa grande astuce. Il peut vivre à proximité des humains sans jamais se faire remarquer. Il se nourrit principalement de petits rongeurs, de Cervidés et d'autres proies tuées par de plus gros prédateurs; il mange également des fruits et des baies. En banlieue, il se nourrit des proies et des carcasses qu'il va dénicher dans les dépotoirs.

L'empreinte du coyote n'est pas beaucoup plus grosse que celle du renard roux, et on ne peut la distinguer de celle d'un chien de petite taille. Toutefois, elle est généralement plus étroite que celle d'un chien domestique. Tout comme celle du renard, elle se distingue de l'empreinte d'un chien par la circonspection. Lorsqu'un coyote veut s'approcher d'un endroit choisi, il avance à pas mesurés, économes, sans traîner les pieds. Il exécute des cercles concentriques en essayant de sentir le vent avant de s'installer quelque part pour la journée.

Les coyotes chassent souvent à la lisière de deux biotopes, parfois en couple — l'un à côté de l'autre — parfois en groupes lâches de trois ou quatre. Ils se déplacent rapidement entre les carcasses ou les territoires de chasse bien connus. Puis, une fois arrivés, ils ralentissent le rythme pour se livrer à une inspection approfondie des lieux. La superficie de leur territoire peut aller de 35 à 80 km² en hiver et elle chevauche parfois l'aire d'autres coyotes. Ils chassent surtout en terrain découvert, évitant les forêts de feuillus. Leurs pistes suivent souvent celles d'autres animaux, ce qui leur permet d'économiser leurs forces et de ne pas se hasarder dans la neige vierge. Les chiens féraux (chiens domestiques retournés à l'état sauvage) sont de plus en plus répandus dans les bois; il est parfois difficile de distinguer leurs pistes de celles des coyotes.

Les déjections du coyote sont plus grosses que celles du renard, mais elles ont également des extrémités pointues. Elles contiennent souvent les poils de leurs proies. À l'instar des autres Canidés et des Félidés, les coyotes déposent leurs excréments à des endroits stratégiques du territoire. Ces «postes-frontières» sont généralement garnis de déjections plus ou moins récentes, vraisemblablement en fonction de la fréquence des visites de l'animal.

ÉCUREUIL /*SQUIRREL* (FAMILLE DES SCIURIDÉS)

S'étant adaptés à de nombreux environnements, y compris la ville, les écureuils sont parmi les animaux les plus répandus en Amérique du Nord. Dans l'Ouest et le Centre, la plupart des écureuils, qui vivent au sol, passent l'hiver en hibernation. Dans le Nord et le Nord-Est, les écureuils sont surtout arboricoles. Il s'agit principalement de l'écureuil fauve *(Sciurus niger),* que l'on rencontre surtout au centre des États-Unis, de l'écureuil gris *(Sciurus carolinensis),* qui vit dans l'est des États-Unis et au sud-est du Canada, et de l'écureuil roux *(Tamiasciurus hudsonicus),* très répandu au Canada et dans le nord des États-Unis.

L'écureuil roux est le plus petit des trois. Contrairement aux deux autres, il se plaît surtout dans les forêts de conifères. Il a coutume d'entreposer des cônes et des noix dans des cachettes creusées sous les racines des arbres ou dans des terriers souterrains. À proximité de ces cachettes, on aperçoit fréquemment des amas de coquilles vides ou des écailles mâchonnées de pin ou d'épinette. Ces amas de déchets sont le principal indice de sa présence. L'écureuil roux creuse également des tunnels dans la neige à la recherche de noix ou pour accéder en toute sécurité à un buisson ou à un arbre dont il convoite les fruits. Ces tunnels mesurent près de 6,5 cm de diamètre et comportent deux petits sillons, créés par les pattes des écureuils qui les parcourent. Ils peuvent s'étendre sur une longueur de 30 m.

Écureuil gris

Les écureuils roux bâtissent, à la cime des arbres, des nids de feuillage qu'ils isolent ensuite avec l'écorce du genévrier rouge. Si vous apercevez des genévriers dépourvus de leur écorce, vous pourrez en conclure qu'un écureuil vit dans les parages. Il arrive qu'un seul écureuil se confectionne jusqu'à trois nids. Mais son aire de subsistance est réduite, dépassant rarement un diamètre de 120 à 130 m.

Contrairement aux écureuils roux, les écureuils gris et fauves enterrent les noix et autres denrées séparément dans le sol. Ils creusent une petite dépression, y placent la noix et bouchent le trou. En hiver, c'est leur odorat qui leur révèle la présence des denrées qu'ils ont préalablement dissimulées. Une étude visant à évaluer leur capacité de retrouver les cachettes de nourriture a montré que sur un lot de 250 noix ainsi entreposées, seulement deux n'avaient pas été mangées au printemps et l'une d'elles était pourrie.

Les écureuils fauves et les écureuils gris, à l'instar de leurs cousins roux, vivent dans des cavités ou dans des nids de feuillage. Ils s'installent volontiers dans les vieux nids de pics. Parfois, ils creusent le tronc d'un arbre à l'endroit où une branche s'est détachée. Si vous constatez que l'écorce est rongée tout autour d'une cavité, il est probable que des écureuils vivent dans l'arbre. Les écureuils gris et les fauves tapissent toujours leurs tanières arboricoles de feuilles et d'autres matières végétales.

L'écureuil gris vit dans les bois de chênes ou de hêtres, sur une aire de subsistance qui peut s'étendre jusqu'à 3,5 hectares, en fonction de l'abondance de nourriture. L'écureuil fauve préfère les écosystèmes mixtes, où les bois alternent avec les champs. Il passe plus de temps au sol que ses deux cousins et niche fréquemment dans des arbres solitaires qui s'élèvent au milieu des champs.

En décembre et en janvier, les mâles deviennent agressifs les uns envers les autres et commencent à poursuivre les femelles. La saison de la reproduction commence peu après, et les petits naissent en mars. La femelle les protège alors farouchement du mâle qu'elle tient à distance.

Les écureuils se déplacent comme les lapins, leurs gros pieds postérieurs atterrissant à l'avant de leurs pieds antérieurs. Toutefois, chez les écureuils, les pieds antérieurs sont invariablement posés côte à côte tandis que chez les lapins, ils atterrissent l'un derrière l'autre. Vous distinguerez facilement les pistes d'écureuils des pistes de lapins, car elles commencent et se terminent au pied des arbres. Les empreintes d'écureuils sont faciles à reconnaître grâce à la présence de petits coussinets délicats (quatre à l'avant et cinq à l'arrière). Chez les lapins, les coussinets sont entièrement recouverts de poils.

Le tamia rayé *(Tamias striatus)*, bien qu'en état d'hibernation pendant la plus grande partie de l'hiver, remonte de temps à autre à la surface de la neige. Ses pistes sont légèrement plus petites que celles de l'écureuil roux et plus grosses que celles de la souris sylvestre. Vous apercevrez aussi quelquefois des empreintes de polatouche (espèce *Glaucomus*). Toutefois, il s'agit d'un animal nocturne qui se pose rarement sur la neige et préfère planer d'un arbre à l'autre. Mais lorsqu'il bondit sur la neige, ses empreintes sont reliées, de chaque côté, aux lignes tracées par les patagiums (grands replis de peau) qui lui permettent de planer.

LAPIN DE NOUVELLE-ANGLETERRE /*NEW ENGLAND COTTONTAIL (SYLVILAGUS FLORIDANUS)*
LIÈVRE D'AMÉRIQUE /*SNOWSHOE HARE (LEPUS AMERICANUS)*

Lapin de Nouvelle-Angleterre

Il est facile de retracer les activités hivernales des lièvres et des lapins en examinant la neige. Tous deux mangent surtout les bourgeons et les ramilles des jeunes arbres ou des arbustes. Vous reconnaîtrez facilement ces ramilles car elles sont très proprement tranchées à angle droit, à 30 ou 60 cm du sol. Les lapins rongent également l'écorce des branches de pommier, d'aubépine et d'autres arbres. Près de l'endroit où ils se nourrissent, vous apercevrez des déjections sur la neige, les «fumées». Ce sont de petites sphères légèrement aplaties, constituées de matières végétales, de couleur brun pâle. Aucun autre animal de nos régions n'excrète ce type de fumée. Étant donné que les fibres végétales que le lapin doit manger en hiver sont parfois extrêmement coriaces et indigestes, on les retrouve presque intactes dans ses déjections. C'est pourquoi il lui arrive de manger ses propres excréments en période de véritable disette. Il récupère ainsi leur valeur nutritive.

Lièvres et lapins broutent la nuit et, pendant la journée, se reposent dans des «gîtes». Il s'agit de petites dépressions creusées dans l'herbe et les feuilles, de préférence sous des arbustes, là où la neige est peu profonde. Ils s'y abritent du vent tout en se chauffant au soleil qui perce à travers les branches. Bien installés dans leurs gîtes, les lapins et les lièvres sont protégés par leur capacité de demeurer totalement immobiles et par les couleurs «camouflage» de leur fourrure. En effet, le lièvre d'Amérique, qui passe l'hiver dans des régions nordiques entièrement recouvertes de neige, devient blanc. Le lapin de Nouvelle-Angleterre reste brun, la couleur idéale pour lui permettre de se fondre parmi les plaques de neige qui recouvrent par intermittence son aire de distribution, plus méridionale que celle du lièvre.

Aucun de nos Léporidés ne vit en permanence dans des galeries souterraines, contrairement aux lapins d'Europe. Au moment de la reproduction, ils préfèrent fabriquer une sorte de paillasse en fibres végétales. Pendant les autres saisons, ils se contentent de gîtes en forme de petites dépressions dans le sol. Il arrive que des pistes de lapin conduisent à l'entrée d'un terrier de marmotte ou à une autre tanière de ce genre mais, en général, le lapin ne va pas plus loin que l'entrée. Il peut également lui arriver de se reposer sous la neige molle et, s'il est effrayé, de s'échapper en creusant un tunnel.

En hiver, lièvres et lapins n'occupent qu'un territoire très restreint dont la superficie dépend de l'abondance de nourriture qu'ils peuvent y trouver. Ils utilisent toujours les mêmes sentiers, au point d'y tasser la neige. Leur excellente connaissance du territoire choisi leur donne un important avantage sur leurs prédateurs qui, occupant une aire beaucoup plus vaste, ne connaissent pas tous les coins et recoins du fief d'un Léporidé. En hiver, le lynx roux est le principal prédateur du lièvre d'Amérique. Quant au lapin de Nouvelle-Angleterre, il est surtout victime du renard.

Lièvre d'Amérique

La piste du lièvre d'Amérique est impossible à confondre avec une autre. Cette espèce vit au Canada et dans l'extrême nord des États-Unis. La piste de l'écureuil ressemble à celle du lapin de Nouvelle-Angleterre mais on la reconnaît toujours, car elle se termine toujours au pied d'un arbre.

Dans la neige profonde, le lapin de Nouvelle-Angleterre laisse une empreinte inhabituelle. Il place ses antérieurs et ses postérieurs les uns contre les autres, de manière à créer une empreinte ovale, compacte. En arrière, vous verrez une petite trace légère, là-où sa queue a effleuré la neige.

LOUTRE /OTTER (LUTRA CANADENSIS)

On aperçoit des pistes de loutre surtout près des déversoirs des lacs, là où le poisson abonde, ou le long des ruisseaux, là où l'eau n'est pas assez profonde pour permettre à l'animal de se déplacer à la nage. La loutre a une prédilection pour les milieux aquatiques car elle se nourrit principalement de poisson, d'écrevisses, de tortues d'eau et de grenouilles. Mais il lui arrive fréquemment de se déplacer à l'intérieur des terres pour chasser les petits rongeurs ou explorer de nouveaux territoires de pêche. Elle est capable de parcourir jusqu'à 5 km à la recherche de gibier ou de cours d'eau.

Sa piste est impossible à confondre avec une autre, car la loutre a mis au point un type de locomotion sur la neige dont elle a l'exclusivité. En effet, elle se déplace en alternant les bonds et les glissades. Habituellement, elle exécute deux à quatre bonds puis se laisse glisser sur 1,5 à 4,5 m. L'empreinte de la glissade ressemble à celle d'une luge miniature. Elle est précédée et suivie d'une série d'empreintes de pattes. Les loutres se laissent habituellement glisser dans les descentes, mais il leur arrive aussi d'utiliser ce mode de déplacement en montée: elles se propulsent agilement à l'aide de leurs pattes postérieures.

Loutres

On insiste à tort sur le tempérament «espiègle» des loutres. Il est exact que celles qui sont élevées en captivité jouent volontiers avec les humains. Mais c'est aussi le cas des souris, des écureuils, des mouffettes et des ratons laveurs, notamment. Il est extrêmement rare que les loutres sauvages se livrent à des glissades répétées au même endroit. En réalité, elles glissent parce qu'elles préfèrent ce type de locomotion à la marche et se sont adaptées de cette manière aux exigences du déplacement dans la neige. Elles peuvent ainsi explorer le milieu terrestre en période de disette, à la recherche de nourriture.

Les loutres pêchent habituellement sous la glace, prenant soin de garder toujours ouverts un ou deux trous de plongée. Elles harcèlent le poisson en direction de la berge et, une fois parvenues dans l'eau peu profonde, le capturent avec les dents. Toutefois, elles sortent de l'eau pour déguster leur proie.

Les loutres se protègent de l'hiver dans des tanières parfois situées à près de 150 m du rivage, dans un terrier de marmotte ou sous des arbres renversés. Mais en général, elles préfèrent s'installer sur la berge d'une rivière ou d'un lac et s'approprient souvent les vieilles tanières de rats musqués ou de castors.

LYNX DU CANADA /LYNX
(LYNX CANADENSIS, FELIX CANADENSIS)

Le lynx du Canada est, comme son nom l'indique, un félin boréal qui vit au Canada et dans l'extrême nord du Maine. Bien qu'il soit à peine plus grand que le lynx roux, ses pieds sont beaucoup plus gros, d'une largeur de 7,5 à 10 cm. En hiver, ils sont entièrement recouverts de poils. Le lynx du Canada laisse une empreinte de 10 à 12 cm de diamètre où on ne distingue guère les coussinets.

Lynx du Canada

Près de 70 p. 100 de l'alimentation hivernale du lynx est représentée par le lièvre d'Amérique. Il ne dédaigne pas non plus les carcasses ni les oiseaux de chasse. On peut se demander, qui du lièvre d'Amérique ou du lynx du Canada, est le mieux adapté aux déplacements dans la neige car, chez les deux espèces, les pieds s'élargissent de plus en plus. Le lynx aime attendre sa proie couché, aux aguets. Cette forme de chasse lui est permise lorsque les populations de lièvres sont florissantes. Mais dès qu'elles enregistrent une baisse, il est contraint de se déplacer pour chercher sa nourriture.

Le lynx du Canada tue en moyenne une proie toutes les deux nuits. Mais la distance qu'il doit parcourir varie en fonction de l'abondance des populations de lièvres. Le succès de sa chasse dépend largement de la solidité de la croûte de neige. Certains types de croûte supportent le poids des lièvres mais non celui des lynx. D'autres n'en supportent aucun tandis que d'autres, enfin, supportent les deux.

La piste d'un lynx du Canada rappelle celle des autres Félidés et des Canidés. Elle est en ligne droite lorsque l'animal marche ou trotte. S'il se déplace plus rapidement, vous trouverez des empreintes de galop.

LYNX ROUX /BOBCAT (LYNX RUFUS)

Le lynx roux est le chat sauvage le plus répandu en Amérique du Nord. Son aire de distribution va du Mexique aux régions méridionales du Canada.

À l'instar de la plupart des prédateurs, il passe le plus clair de son temps à chasser. C'est le seul, parmi tous les prédateurs de l'Est du continent, qui tue régulièrement des cerfs. En général, il se livre à cette activité pendant l'hiver, car les cerfs sont alors plus vulnérables lorsqu'ils se déplacent avec difficulté dans la neige épaisse. Le lynx roux chasse à la faveur de la nuit et se met généralement à l'affût tout près des quartiers d'hivernage des cervidés. Il peut également se poster à proximité d'un endroit que le cerf fréquente et l'attaquer par surprise. Les lynx roux tuent les cerfs en bondissant sur leur dos pour sectionner les artères du cou. Si vous trouvez un cerf mort, gisant dans la neige, la tête renversée vers l'arrière, il aura probablement été la victime d'un lynx roux. Fréquemment, la blessure mortelle est presque invisible. Le lynx commence à manger les parties postérieures du cerf et, avant de s'éloigner, recouvre l'animal de neige ou de débris. S'il ne revient pas manger le reste, les petits prédateurs (renards, pékans), qui n'auraient jamais l'audace d'attaquer eux-mêmes un cerf, en feront leur festin. Le lynx roux se nourrit fréquemment de petits mammifères tels que les porcs-épics, les écureuils gris, les lapins de Nouvelle-Angleterre, les rongeurs et même de petits oiseaux.

Lynx roux

C'est un animal qui n'aime guère la neige. Bien que le lynx roux soit d'une taille comparable à celle du lynx du Canada, ses pieds ne sont ni aussi poilus ni aussi larges que ceux de son cousin. Lorsque la neige n'a pas plus de 20 cm d'épaisseur, il peut parcourir des dizaines de kilomètres en une nuit. Mais lorsqu'il parvient à proximité de congères ou d'endroits où l'épaisseur de la neige dépasse 20 cm, il s'efforce de les contourner. Si c'est impossible, il les traverse par bonds. Lorsque la neige épaissit partout, il s'installe à proximité des proies qu'il a tuées et dissimulées, vit des restes et se déplace le moins possible. Il dépense rarement son énergie à chasser dans la neige. S'il ne parvient pas à capturer sa proie en quelques bonds, il abandonne la poursuite.

Le lynx roux dort pendant la journée. Il s'installe sous des souches renversées, dans des cavités rocheuses ou sur de petits tertres ensoleillés, selon la température. Pendant qu'il se déplace, il explore tous les endroits susceptibles de lui servir de quartiers d'hiver. Non seulement il espère y déloger d'éventuelles proies, mais il se familiarise avec les abris les plus proches où il pourra se réfugier après la chasse.

Le territoire de chasse d'un lynx roux peut avoir un diamètre de 40 km, parfois plus. Tout dépend de l'abondance des proies. L'animal marque son territoire de ses déjections, de son urine et d'un liquide produit par ses glandes à sécrétions odoriférantes. Bien que les félins aient la réputation d'enterrer leurs excréments, cela ne s'applique que dans environ 60 p. 100 des cas aux lynx roux et surtout aux jeunes. Une fois qu'un animal a revendiqué ainsi son territoire, ses congénères se contentent de le traverser sans s'y attarder.

L'empreinte du lynx roux ressemble, en plus gros, à celle du chat domestique. Elle est circulaire et présente quatre coussinets sur chaque pied. Les griffes sont invisibles. Puisque les félins en ont besoin pour chasser, elles doivent demeurer parfaitement aiguisées. C'est pourquoi elles sont rétractiles. En revanche, les Canidés tuent principalement avec leurs dents, utilisant leurs griffes pour creuser ou se propulser. N'étant pas rétractiles, leurs griffes sont visibles sur la neige. La piste du lynx roux est extrêmement sinueuse, car l'animal flaire tout ce qui lui paraît inhabituel et explore toutes les tanières qu'il rencontre sur son chemin.

MARTRE / *MARTEN (MARTES AMERICANA)*

La martre est un animal peu connu, dont les populations ont été décimées par le piégeage. De toutes les pistes mentionnées ici, ce sont, avec celles du lynx du Canada, les plus rares. Pourtant, on s'efforce au Canada de protéger la martre pour permettre aux populations de proliférer à nouveau. Ces efforts ont partiellement réussi et ont eu comme effet secondaire l'accroissement des populations de pékan, un cousin de la martre. C'est uniquement au Canada et à l'extrême limite septentrionale des États-Unis que vous avez quelques chances d'apercevoir une piste de martre.

La taille d'une martre se situe entre celle d'un pékan et celle d'un vison. Sa piste est caractéristique des pistes de Mustélidés, mais c'est un animal plus arboricole que ses cousins. La martre grimpe aux arbres aussi agilement qu'un écureuil, dont elle est d'ailleurs l'un des rares prédateurs, étant notamment friande d'écureuils roux qui partagent la même aire de distribution. La martre se nourrit aussi de campagnols à dos roux et de campagnols des champs. Son territoire de chasse est plus restreint que celui du pékan, et elle explore soigneusement, jour après jour, de petites superficies qui se chevauchent les unes les autres.

Martre

Il est probable qu'une piste plus petite que celle d'un pékan et qui se termine ou commence au pied d'un arbre soit une piste de martre.

MOUFFETTE RAYÉE /*STRIPED SKUNK (MEPHITIS MEPHITIS)*

La mouffette s'active au début et à la fin de l'hiver, mais elle préfère se terrer en état de pseudo-hibernation pendant les grands froids. Elle a une prédilection pour les écosystèmes mixtes, mi-boisés mi-champêtres. En hiver, elle mange surtout des fruits (pommes, baies d'arbustes), des petites souris, des musaraignes, de la charogne, des déchets, des noix, des graines et des céréales. Cette alimentation contraste de manière spectaculaire avec son régime d'été, de printemps et d'automne, principalement constitué d'insectes.

Mouffette rayée

Les mouffettes passent l'hiver dans des tanières souterraines, parfois de vieux terriers de marmotte, d'écureuil ou de blaireau, qui sont soigneusement restaurées et tapissées d'herbe fraîche et de feuilles séchées. Une fois bien installée, la mouffette bouche l'ouverture à l'aide d'un tampon végétal. Près d'une douzaine d'individus peuvent se terrer dans la même tanière, le nombre de femelles étant généralement plus élevé que le nombre de mâles. Cette disproportion suggère que les mouffettes sont polygames.

Les tanières se trouvent souvent à flanc de colline, là où le drainage est bon, ou le long des clôtures, là où le matériel agricole ne les endommagera pas. En outre, les mouffettes ne craignent pas de s'aventurer jusqu'au cœur des villes.

Elles appartiennent à la famille des Mustélidés, qui englobe les visons, les loutres, les martres, les pékans et les belettes, mais elles sont loin de se déplacer aussi rapidement que leurs cousins. Elles préfèrent baguenauder tranquillement sur leur territoire, manger des végétaux et se servir du musc sécrété par leurs glandes anales pour se défendre plutôt que de fuir. Toutefois, la mouffette rayée n'éjectera son liquide malodorant qu'en dernier recours. Elle commencera d'abord par s'éloigner au galop. Si le poursuivant s'acharne, elle lui fait face en trépignant. Enfin, elle se retourne pour projeter son musc jusqu'à une distance de 2,50 m, en suivant un arc de cercle de manière à être certaine d'asperger sa cible.

Les mouffettes ne sortent de leur tanière que la nuit, pour manger. On ignore encore si les conditions climatiques exercent une influence déterminante sur leur degré d'activité. La longueur du circuit qu'elles parcourent à la recherche de nourriture est également un mystère. Certaines personnes ont suivi sur plus de 5 km des pistes de mouffette, mais il est rare que l'animal aille aussi loin. On pense que les femelles s'éloignent beaucoup moins que les mâles. Tandis qu'elle cherche sa nourriture, la mouffette en profite pour explorer la plupart des tanières qu'elle trouve sur son chemin. Elle ne semble pas se formaliser lorsque son logis est colonisé à un autre moment par des opossums ou des ratons laveurs.

La piste s'éloigne généralement de la tanière, à l'entrée de laquelle un petit monticule de terre fraîche souille la neige. L'empreinte d'une mouffette varie considérablement en fonction de l'allure que l'animal emprunte lorsqu'il cherche sa nourriture. L'irrégularité de la piste constitue justement l'un des meilleurs indices d'identification. Toutefois, lorsque la mouffette accélère le rythme, elle laisse des pistes comparables à celles des autres Mustélidés lorsqu'ils se déplacent à une allure moyenne.

MUSARAIGNE /*SHREW* (FAMILLE DES SORICIDÉS)

Les musaraignes sont les mammifères les plus petits et les plus répandus en Amérique du Nord. Elles occupent tous les écosystèmes et prolifèrent tant dans les champs que dans les bois ou les milieux humides. Pourtant, on les voit rarement, car elles vivent juste au-dessous de la surface du sol; elles partagent avec les taupes et les campagnols un réseau de tunnels et de nids.

Les musaraignes mangent des insectes, des vers de terre, des noix et des baies. Il leur arrive de tuer de petites souris, voire d'autres musaraignes. Elles rassemblent leurs provisions en se déplaçant à la surface du sol et dans leurs tunnels. En général, un tunnel de musaraigne commence par un puits vertical très court, de quelques centimètres de longueur. Ensuite, il se poursuit parallèlement à la surface du sol sur quelques mètres. On pense que ces tunnels servent davantage d'abris que de salle à manger puisque les musaraigne peuvent aussi emprunter les passages souterrains des taupes et des campagnols.

Les musaraignes ne s'activent que pendant des moments très brefs, de nuit ou de jour. Elles passent le reste du temps à dormir dans leurs tunnels, parfois recroquevillées les unes contre les autres pour se tenir au chaud. Leur vue et leur odorat sont très faibles, mais leur ouïe est extrêmement développée et les protège des prédateurs. Il existe d'innombrables espèces de musaraignes, de tailles différentes, dans des biotopes divers. Celles qui vivent près des marécages, par exemple, s'immergent volontiers et savent très bien nager.

Musaraigne

En hiver, les musaraignes creusent dans la neige des tunnels d'un diamètre de 2 à 3 cm qui aboutissent au pied d'un arbuste ou sous une touffe d'herbe. Il est possible que la neige soit plus molle à ces endroits, ce qui permet à l'animal de percer facilement la croûte. La piste d'une musaraigne présente plusieurs allures et son écartement peut varier de 2,5 à 4 cm au maximum. C'est d'ailleurs grâce à cet écartement réduit qu'on distingue la piste d'une musaraigne de celle d'un campagnol, dont l'allure est semblable mais dont l'écartement mesure généralement plus de 4 cm. La queue du campagnol ne s'imprime pas dans la neige, contrairement à celle de la musaraigne dont on peut apercevoir l'empreinte dans près de la moitié des cas.

OPOSSUM /*OPOSSUM (DIDELPHIS MARSUPIALIS)*

Opossums

L'opossum étend progressivement son aire de distribution vers le nord bien que son corps soit mal équipé pour lutter contre le froid. Ses oreilles et sa queue étant dépourvues de poils, elles gèlent facilement et se brisent en morceaux. Néanmoins, les opossums semble irrésistiblement attirés vers le nord et il faut admettre que, jusqu'à présent, l'espèce se débrouille pour survivre.

Ils grimpent volontiers aux arbres, s'aidant probablement de leurs pouces et de leur queue, pour cueillir les baies et les fruits. Ils mangent également de petits mammifères, des insectes, des reptiles et des amphibiens.

Ils passent les trois quarts de l'hiver dans leur tanière, généralement seuls. Ils utilisent souvent le réseau de tanières des ratons laveurs et des mouffettes, mais à des moments différents. Ils s'abritent aussi dans les arbres et construisent leurs propres gîtes pour s'y reposer pendant la journée. L'opossum est un animal nocturne qui se nourrit surtout la nuit. Son aire de subsistance peut couvrir jusqu'à 25 hectares.

ORIGNAL /MOOSE (ALCES ALCES)

L'orignal est un animal nordique. On le voit au Canada, mais on ne peut l'apercevoir que dans le nord de la Nouvelle-Angleterre et des Grands Lacs, contrairement à son cousin, le cerf, qui est répandu dans toute l'Amérique du Nord. Les pistes d'orignal ressemblent aux pistes de cerf, mais elles sont deux fois plus grosses et vous ne risquez guère de les confondre.

Orignaux

La femelle conserve son faon avec elle pendant le premier hiver. En général, l'empreinte du jeune orignal est à peu près de la même taille que celle d'un cerf mâle adulte, mais la grosse empreinte de la femelle se trouve toujours à côté, ce qui rend toute confusion impossible.

Les orignaux mâles entrent en rut à l'automne et passent quelques semaines à régler les conflits de dominance. Ils acquièrent d'énormes bois qu'ils perdent ensuite vers la fin décembre. Les femelles s'efforcent généralement de tenir les mâles à distance des faons pendant l'hiver.

Les orignaux se nourrissent principalement des bourgeons et de l'écorce des feuillus ainsi que des aiguilles des conifères. Dans l'Est du continent, ils sont particulièrement friands de sapin baumier, de pruche, de saule, de thuya, de tremble et d'aulne. Ils se regroupent près des étendues d'eau, dans les vallées et les forêts de conifères. Toutefois, contrairement aux cerfs, ils ne se rassemblent pas pour tasser la neige et créer des sentiers praticables. C'est simplement la présence de nourriture qui en attire plusieurs au même endroit. Les orignaux semblent en effet très bien équipés pour l'hiver, leurs longues jambes suffisant à tenir leur poitrail au-dessus de la neige. On a constaté qu'ils étaient parfaitement à l'aise dans 75 cm de neige.

En hiver, le loup est leur principal prédateur et ce pour deux raisons. Tout d'abord, les petits mammifères dont le loup se nourrit l'été passent l'hiver sous la neige. Deuxièmement, la principale stratégie de défense que l'orignal utilise en été, soit la fuite à la nage, lui est interdite. Il arrive que des meutes entières de loups encerclent un orignal et le harcèlent jusqu'à ce qu'il tombe d'épuisement.

PÉKAN/*FISHER (MARTES PENNANTI)*

Le pékan est un gros Mustélidé, de la taille d'un raton laveur mais à la fourrure sombre, beaucoup moins épaisse. Il possède une longue queue touffue. Au cours des vingt-cinq dernières années, les populations de pékans ont augmenté et leur aire de distribution a connu une extension certaine. Par conséquent, vous avez de bonnes chances d'apercevoir des pistes, voire l'animal lui-même. Il vit au Canada et à l'extrême nord des États-Unis.

Pour identifier une empreinte, examinez de près les doigts. Il devrait y en avoir cinq, chacun se terminant par une griffe. La piste d'un pékan ressemble à celle d'un vison ou d'une loutre. Toutefois, les empreintes de vison sont beaucoup plus petites et, généralement, vont par paires. Les loutres laissent de plus grosses empreintes, leurs pieds postérieurs sont palmés et, là où le relief le leur permet, se déplacent à coups de glissades. Loutre et vison s'immergent mais le pékan évite l'eau. Les empreintes du pékan, bien qu'elles se présentent parfois par paires, sont très irrégulières, car il s'agit d'un animal qui vagabonde librement dans la nature, allant des collines boisées jusqu'aux berges découvertes des ruisseaux.

Pékan

Le pékan ne se nourrit pas de la même façon que le vison ou la loutre. Il mange du lièvre d'Amérique, du porc-épic, de la gélinotte, des rongeurs, des ratons laveurs, des carcasses de cerf et des musaraignes. Il a la réputation d'être particulièrement friand de porcs-épics, mais des études ont démontré qu'en réalité ils ne constituaient que 20 p. 100 de son alimentation. Les carcasses de cerfs sont une importance source de nourriture en hiver, et tout pékan qui en trouve une demeurera à proximité tant qu'il ne l'aura pas complètement nettoyée. Il peut également lui arriver de se déplacer constamment, sur une superficie qui peut aller jusqu'à 15 ou 16 km². On a constaté qu'un pékan pouvait parcourir jusqu'à 25 km par jour. Il s'active autant la nuit que le jour et se repose dans des cavernes ou des terriers abandonnés.

PORC-ÉPIC / *PORCUPINE (ERETHIZON DORSATUM)*

Il est rare que l'on suive la piste d'un porc-épic sur plus de 400 m sans tomber sur un vestige de ses activités. En effet, le porc-épic est relativement sédentaire, car il éprouve de grandes difficultés à se mouvoir dans la neige épaisse. Ses pistes sont faciles à reconnaître et, si elles sont accompagnées de signes d'activité, ne peuvent être confondues avec d'autres.

Vous repérerez facilement ces signes d'activité: terrier, abri dans un arbre, déjections, reliefs de repas. La piste conduit souvent à un terrier dissimulé sous des roches ou à une cavité dans un arbre. L'abri, quel qu'il soit, contient toujours des déjections, car les porcs-épics ne craignent pas d'en souiller leur logis. Ni la puanteur ni la saleté ne semblent les déranger, au point qu'ils continuent d'utiliser l'abri jusqu'à ce qu'il soit entièrement rempli d'excréments. Les déjections sont faciles à reconnaître: elles sont ovales, brun moutarde, constituées de fibres de bois. Elles exhalent une odeur quelque peu douceâtre.

Si le porc-épic n'est pas chez lui, c'est qu'il est installé dans un arbre, occupé à manger. Il est friand d'écorce interne, notamment de celle des conifères, mais, contrairement au castor, il grignote les branches supérieures et ses dents ne pénètrent jamais dans le bois. Peut-être apercevrez-vous quelques déjections au pied de l'arbre. Le porc-épic a également coutume de mâchonner les extrémités des branches de pruche; il jette ensuite au sol ce qui reste de la branche, en général quelques dizaines de centimètres. Par conséquent, si vous apercevez une concentration de branches élaguées à un endroit précis, vous pouvez être assuré qu'un porc-épic n'est pas loin. Cette litière est précieuse au cerf de Virginie, car elle constitue un brout tendre auquel il n'aurait pas accès en d'autres circonstances.

Porcs-épics

Les indices de la présence d'un porc-épic sont plus faciles à repérer que l'animal lui-même. Mais si vous trouvez des déjections ou des pistes fraîches, examinez attentivement les branches supérieures des arbres alentours. Peut-être l'apercevrez-vous. Toutefois, il est beaucoup moins visible qu'on ne pourrait le croire.

Lorsque l'épaisseur de la neige dépasse une vingtaine de centimètres, le porc-épic se déplace en creusant avec son gros corps une petite tranchée d'environ 25 cm de large. Ses empreintes se suivent et les doigts sont légèrement écartés. Sa piste se termine généralement à l'entrée d'une tanière ou au pied d'un arbre.

RAT MUSQUÉ /MUSKRAT (ONDATRA ZIBETHICA)

Les rats musqués sont bien équipés pour l'hiver dans leur biotope aquatique. Il leur arrive donc de ne pas toucher terre jusqu'au printemps. Mais lorsqu'on repère une piste, c'est toujours à proximité d'une étendue d'eau, qu'il s'agisse d'un lac, d'un marécage, d'une rivière ou d'un fossé d'écoulement. Le rat musqué se nourrit principalement des pivots de plantes aquatiques telles que la massette ou la sagittaire. Il mange également des écrevisses, des escargots, des mollusques d'eau douce et quelques poissons. Si un verger se trouve à proximité, il se régalera de fruits tombés à terre mais, en général, il ne quitte guère le bord de l'eau, car il se déplace maladroitement sur la terre ferme et craint ses nombreux prédateurs.

Les rats musqués construisent deux types de logis. Le premier est particulièrement facile à repérer en hiver puisqu'il s'agit d'une hutte, semblable à une hutte miniature de castor, constituée de massettes, de boue et de petites plantes aquatiques. Le rat musqué empile son amas de plantes et de boue avant d'en évider le centre pour créer une petite pièce à laquelle il accède en plongeant. L'intérieur de la hutte est allongé, doté de plates-formes de repos dont le nombre dépend de l'effectif de la hutte. Ce logis peut avoir jusqu'à 1,20 m de hauteur et 2,50 m de diamètre mais, en général, il est plus petit. La sauvagine construit parfois des nids au sommet des huttes de rat musqué. Les couleuvres d'eau viennent s'y chauffer au soleil. Parfois, elles hibernent même entre les parois. Il arrive que les tortues serpentines pondent à l'intérieur des huttes abandonnées.

Rat musqué et hutte recouverte de neige en arrière-plan

Le rat musqué peut également habiter une tanière sur la berge d'un lac ou d'un cours d'eau. Il creuse une entrée sous-marine qui se termine par une petite pièce au-dessus du niveau de l'eau. On a remarqué que certaines tanières possèdent une entrée verticale directe, un «trou de plongée» que le rat musqué utilise pour regagner rapidement son logis si un danger le menace pendant qu'il recherche sa nourriture à terre. Les tanières sont parfois récupérées par les visons ou agrandies et réutilisées par les castors.

Les rats musqués qui vivent dans des milieux marécageux creusent fréquemment dans le lit du marais un réseau étendu de canaux tout autour de leur hutte ou de leur tanière. Lorsque le niveau de l'eau baisse, ces canaux demeurent remplis d'eau, ce qui permet à l'animal de se nourrir à l'abri de ses prédateurs. Il arrive que ces canaux soient à sec en hiver et vous y verrez au fond les empreintes des rats musqués.

Les pistes sont petites, et vous apercevrez souvent l'empreinte de la queue en arrière. En général, l'animal pose le pied postérieur près de l'endroit où il a posé le pied antérieur, mais ce n'est pas toujours le cas. Lorsqu'il court, il pose les pieds postérieurs à l'avant des pieds antérieurs, exactement comme les animaux qui galopent. Ses longs doigts le font facilement confondre avec le raton laveur ou l'opossum. Toutefois, les empreintes de raton laveur sont presque deux fois plus grosses. Celles de l'opossum, outre la différence de taille, présentent une sorte de pouce à un angle bizarre. En outre, les pistes se terminent au pied des arbres car l'opossum est surtout arboricole. En revanche, il ne s'immerge pas dans l'eau profonde et ne disparaît pas dans les trous de plongée.

RATON LAVEUR /RACCOON (PROCYON LOTOR)

Vous avez autant de chances de trouver des pistes de raton laveur en banlieue qu'à la campagne, car ce sont des animaux opportunistes qui vivent des déchets humains, fouillent les jardins, les poubelles et les dépotoirs. Étant omnivores, ils mangent tout ce qu'il trouvent mais, dans la nature, ils sont particulièrement friands de noix et de baies, de grenouilles, de mollusques, d'escargots et d'écrevisses. Il leur arrive d'améliorer leur ordinaire en capturant un oiseau ou un petit rongeur.

Les ratons laveurs ne sont pas aussi actifs en hiver que pendant le reste de l'année. Pendant l'automne, ils accumulent des réserves de graisse qui leur permettent de se terrer dans leur tanière par temps très froid ou lorsque la neige est trop épaisse.

Ratons laveurs

Dans certaines régions, les ratons laveurs, de même que les opossums et les mouffettes, utilisent de confortables tanières pendant toute l'année. La plupart de ces animaux n'hibernent pas complètement et s'activent par intermittence en hiver. Beaucoup changent de tanière après avoir vagabondé toute une nuit, ce qui leur permet de repérer les logis les plus confortables situés sur une superficie de plusieurs hectares. Il arrive qu'une tanière soit occupée par une mouffette pendant une nuit puis par un raton laveur la nuit suivante. Les mouffettes logent habituellement dans le sol, et les opossums préfèrent les arbres. Mais les ratons laveurs font preuve d'éclectisme en utilisant ces deux types de tanière. Si vous suivez une piste, peut-être repérerez-vous l'emplacement des tanières, mais comme les animaux vagabondent sur près de 2 km pendant la nuit, vous risquez de marcher longtemps. Ces trois types d'animaux demeurent souvent dans la même région pendant des générations entières; ils partagent les tanières, se nourrissent de la même façon et empruntent les mêmes sentiers qui finissent par garder l'empreinte de leurs passages répétés même à l'automne, une fois qu'ils sont recouverts de feuilles. Dès les premières chutes de neige, vous apercevrez la piste d'un ou plusieurs d'entre eux le long des sentiers.

Les ratons laveurs passent souvent les journées les plus chaudes de l'hiver dans les branches supérieures des arbres. Par conséquent, une piste qui s'achève au pied d'un arbre vous permettra peut-être de repérer l'animal. Il lui arrive aussi de changer d'arbre d'un jour à l'autre. Vous apercevrez souvent ses déjections au pied des arbres qu'il a escaladés. Elles mesurent environ 2 cm de diamètre et sont aplaties aux extrémités. De consistance sèche et poudreuse, elles contiennent souvent des restes d'insectes, des carapaces d'écrevisses et, parfois, des poils.

Les pistes de raton laveur sont reconnaissables. C'est un animal doté de cinq longs doigts à chaque pied. Le pied postérieur, très long, se termine par une pointe aplatie au niveau du talon. Il arrive que l'empreinte des griffes n'apparaisse pas sur la neige. En général, les empreintes vont par paire, le pied postérieur juste derrière le pied antérieur. En effet, les ratons laveurs utilisent fréquemment l'amble, déplaçant les deux pieds gauches ensemble, puis les deux pieds droits ensemble. Ils marchent souvent sur des troncs abattus ou le long des berges de rivières et de marécages.

Les ratons laveurs se rassemblent la nuit pour chercher leur nourriture, car cela leur permet de dominer les animaux solitaires. Lorsqu'un groupe mange à un endroit précis, il empêche un raton laveur solitaire d'approcher ou, si une autre groupe s'approche, il lui permet de rester après que les signaux pertinents de dominance ou de subordination ont été échangés.

RENARD ROUX/*RED FOX (VULPES FULVA)*
RENARD GRIS/*GREY FOX (UROCYON CINEREOARGENTEUS)*

Le renard est l'un de nos mammifères boréaux les plus intéressants et les plus faciles à pister.

Bien que discret, il est très répandu et a une prédilection pour les milieux mixtes, mi-champêtres, mi-boisés. Il lui arrive souvent d'adopter une banlieue ou une région agricole. Vous n'avez guère de chance d'apercevoir un renard pendant les autres saisons mais en hiver, ses empreintes sont facilement visibles sur une mince couche de neige.

Ce qui rend le pistage d'un renard particulièrement palpitant, c'est que la piste vous permet d'imaginer l'existence d'un prédateur dans la nature. En hiver, le renard chasse constamment. Sa piste est donc jonchée de restes de proies ou de vestiges des luttes qu'il mène. En outre, comme le renard pourchasse les autres animaux, sa piste vous conduira tout droit vers son gibier, dont vous pourrez repérer les empreintes. À l'endroit où elles se rencontrent, les deux pistes vous raconteront l'histoire de la chasse.

Renard roux s'éloignant de provisions dissimulées sous la neige.

Bien que le renard soit un prédateur nocturne, il lui arrive de s'activer de jour en hiver, car la chasse est plus difficile. Il somnole en terrain découvert pendant les heures les plus chaudes, se recroquevillant dans la neige à un endroit ensoleillé, abrité du vent, souvent sur une hauteur. Il est rare qu'il s'endorme profondément. En général, il se contente de «dormir d'un œil».

Le renard sait qu'il doit tuer un maximum de proies chaque fois qu'il en a l'occasion, car il ignore ce que lui réserve le lendemain. C'est pourquoi, les jours de mauvaise chasse, il se nourrit des provisions qu'il a entreposées, à savoir les reliefs de ses chasses précédentes. Il creuse un trou dans la neige avant d'y enterrer la proie. Ce genre de garde-manger se retrouve tout le long de la piste d'un renard. Si vous apercevez un petit monticule de neige de 20 à 40 cm de hauteur, il est probable qu'une carcasse soit enterrée à cet endroit. Le renard ne dédaigne pas rendre visite à de vieux garde-manger, car les carcasses attirent d'autres petits animaux qu'il pourra capturer.

Vous trouverez fréquemment des déjections et de l'urine le long d'une piste de renard. Il s'agit de messages odoriférants destinés aux autres renards et placés à des endroits stratégiques de l'aire de l'animal. Les déjections sont torsadées, longues de 5 à 7 cm et pointues à l'une ou l'autre de leurs extrémités, parfois aux deux. Elles contiennent en général des poils ou des baies, contrairement aux excréments des chiens domestiques. Il arrive souvent qu'un renard laisse ce genre de marque à proximité de repères topographiques tels qu'une cassure dans une clôture, un gros rocher ou un petit tertre. Si vous trouvez une pile de déjections au même endroit, vous pourrez en déduire que le renard le fréquente assidûment. Tout comme le chien domestique, le renard marque également son passage à l'aide d'urine. Peut-être lui sert-elle à retrouver le chemin d'un garde-manger ou à délimiter son territoire.

Les couples se forment habituellement vers la mi-décembre. Par conséquent, il est possible qu'à partir de cette époque vous trouviez des pistes parallèles, séparées de 100 ou 200 m, ou une seule piste dans laquelle deux animaux ont, de toute évidence, laissé leurs empreintes. L'accouplement a lieu en janvier ou en février, et les deux renards se mettent alors à rechercher une tanière propice sur leur aire. Ils en agrandissent et en nettoient deux ou trois, mais une seule sera utilisée. Il arrive que les renards creusent leur propre tanière mais, en général, ils restaurent un vieux terrier de marmotte. L'ouverture de la tanière est facile à trouver, car un gros monticule de terre en marque l'entrée. Il est d'ailleurs possible qu'il y ait plusieurs entrées et que des morceaux d'animaux tués soient disséminés dans les parages. L'ouverture d'une tanière mesure en moyenne 25 cm de largeur et 40 cm de hauteur. Les renardeaux naissent entre la mi-février et la mi-mars.

Un renard accouplé occupe généralement un territoire de 2,5 km^2, mais un renard célibataire peut vagabonder davantage. En hiver, les aires se chevauchent et il arrive que les tanières de plusieurs couples soient relativement proches les unes des autres.

Puisque le renard vit à proximité des humains, il est facile de confondre ses pistes avec celles du chien domestique. Pour les distinguer, observez le modèle de piste que vous avez sous les yeux. C'est votre meilleur indice. En effet, les conditions de vie de ces deux animaux sont radicalement différentes. Le chien n'a nul besoin de chasser. Par conséquent, il se promène avec nonchalance, totalement indifférent à la présence éventuelle de gibier. Il peut gaspiller impunément son énergie, batifoler dans la neige épaisse et, en général, n'a pas d'ennemis. Le renard, pour sa part, doit obéir à son instinct de conservation s'il veut survivre à l'hiver. Il doit repérer le gibier puis s'en approcher prudemment et silencieusement. Il doit toujours être à l'affût d'une proie et se méfier de ses propres ennemis. En outre, il doit conserver son énergie en marchant dans la neige peu profonde, en demeurant à l'abri du vent et en emmagasinant autant de chaleur solaire que possible.

Par conséquent, les deux animaux laissent des pistes fondamentalement différentes. La piste d'un chien est floue, et il traîne fréquemment les pattes dans la neige. Il explore sans précautions particulières et se met parfois à galoper et à bondir sans raison. La piste du renard reflète sa circonspection. Elle est claire et nette, presque en ligne droite. Il s'approche des objets qui l'intéressent en faisant un détour, pour se trouver sous le vent au moment de les atteindre. Il ne galope que lorsqu'il poursuit une proie. Il suit souvent les éléments saillants du paysage... la lisière des bois, un mur de pierre, une petite crête. On dit que la piste d'un renard est en ligne droite lorsqu'il se déplace entre ses aires, sinueuse lorsqu'il chasse, et circulaire lorsqu'il cherche un endroit où dormir. Au nord-est et au centre de l'Amérique du Nord, deux espèces de renard sont représentées: le renard roux et le renard gris. Le premier est plus gros et plus répandu. Il vit généralement plus près des humains. Le renard gris est plus petit; il laisse une empreinte délicatement ciselée dans la neige, préfère la solitude et sait grimper aux arbres. Il se déplace souvent sur des troncs tombés à terre.

SOURIS/*MOUSE* (ESPÈCE *PEROMYSCUS, MUS MUSCULUS*)

Le terme «souris» englobe un vaste ensemble de petits rongeurs dotés de grandes oreilles, de grands yeux, d'une longue queue et d'un petit museau pointu. La plupart vivent à la surface. Ces caractéristiques les distinguent de l'autre groupe de rongeurs que l'on appelle les campagnols. Leurs oreilles et leurs yeux sont plus petits, leur queue plus courte, leur museau plus aplati, et ils vivent généralement dans des galeries qu'ils creusent sous les feuilles et la litière.

Dans l'est de l'Amérique du Nord, trois espèces de souris sont répandues. Deux sont indigènes — la souris à pattes blanches et la souris sylvestre — tandis que la souris commune a été importée. Les habitations humaines peuvent abriter les trois espèces, mais seules les souris à pattes blanches et les souris sylvestres sont équipées pour survivre en pleine nature. Elles se nourrissent de graines et de noix et, si elles vivent dans des habitations, de tout ce qui leur tombe sous la dent.

Les souris sont considérées comme des animaux nocturnes, mais on a constaté qu'en pleine nature, elles ne craignaient pas de se nourrir pendant la journée. Elles sont pratiquement omnivores et se régalent de baies, de bourgeons, d'écorce, de noix, de graines, d'herbe, d'insectes et peuvent même être nécrophages si la conjoncture les y oblige. Elles entreposent d'incroyables quantités de nourriture sur leur territoire, dans les fissures des rochers ou sous des arbres abattus. Il est rare qu'un territoire de souris ait plus de 400 m de diamètre, mais les pistes sont souvent plus longues, car les animaux explorent les moindres coins et recoins de leur fief, plongeant leur long nez dans tous les trous et tunnels qu'ils rencontrent sur leur chemin.

Les souris sont extraordinairement agiles, ce qui leur permet d'atteindre des endroits qui paraîtraient, de prime abord, totalement inaccessibles. Par conséquent, elles peuvent nicher où bon leur semble. Un nid de souris est composé de matériaux doux, rassemblés pour former une boule dans laquelle l'animal creuse une petite cavité. Il arrive que plusieurs souris vivent dans le même nid et, étant donné qu'elles laissent leurs déjections un peu partout, la cavité se salit rapidement. À ce moment-là, elles déménagent pour creuser un autre nid. Vous trouverez des nids de souris dans les murs, sur les souches ou les troncs abattus, sous les racines des arbres et même dans des nids d'oiseaux. Les souris récupèrent d'ailleurs souvent les nids construits par les oiseaux. C'est pourquoi, si vous apercevez un nid d'oiseau particulièrement volumineux, ouvrez-le avec précaution. Vous y trouverez peut-être trois ou quatre petites souris entassées sur un tapis de duvet de massettes. Certaines souris s'approprient les cavités de pics ou de mésanges à tête noire. On en a trouvé jusqu'à 15 m de hauteur.

Les pistes de souris sont partout, notamment près des granges, des marécages, en lisière des champs et, naturellement, dans les bois. Habituellement, une souris galope, ses pieds postérieurs atterrissant à l'avant des pieds antérieurs, ce qui donne une piste miniature semblable à celle d'un écureuil ou d'un lapin. Pendant les dégels, les tamias en hibernation émergent de leurs terriers, créant sur la neige une piste qui ressemble à celle de la souris, à la différence près que l'écartement est supérieur à 5 cm, contrairement à l'écartement des empreintes d'une souris.

Souris sylvestre et nid en arrière-plan

Deux autres pistes ressemblent à celles des souris. Il s'agit des pistes de la musaraigne et du campagnol. Étant donné que ces animaux vivent surtout dans des tunnels, ils ont tendance à courir plutôt qu'à galoper bien que cela leur arrive à l'occasion. Suivez la piste. Si le galop se poursuit, il s'agit probablement d'une piste de souris. Si l'allure change ou s'il ne s'agit pas d'un animal qui galope, vous avez sans doute affaire à une musaraigne ou à un campagnol.

VISON D'AMÉRIQUE /*MINK (MUSTELA VISON)*

Nous l'avons vu, il est parfois difficile de distinguer les unes des autres les pistes des Mustélidés. Les empreintes de la belette sont toutes petites, celles de la loutre très grosses. Entre ces deux extrêmes se trouvent le vison, la martre et le pékan. Les femelles de chaque espèce laissent des empreintes plus petites que les mâles, ce qui complique encore les choses. Par conséquent, pour identifier une piste, essayez de déterminer, par élimination, à quel groupe appartient l'animal qui l'a laissée. Ensuite, utilisez les indices fournis par le comportement et l'habitat pour procéder à l'identification définitive. Malheureusement, il nous faut admettre que dans plusieurs cas, habitat et comportement sont comparables.

Vison

Le vison, à l'instar de ses cousines, la belette et la loutre, n'est pas rare. Il est même si répandu que vous avez des chances de repérer sa piste dès que vous vous éloignez des villes pour pénétrer dans le biotope qui lui convient.

Le vison est plus répandu et plus petit que la martre, mais plus gros que la belette. Il ne grimpe pas aux arbres, contrairement à la martre, et ne fréquente guère les granges à la recherche de souris, contrairement à la belette. Il a une prédilection pour les rives des lacs et des ruisseaux, car il raffole de poisson, d'écrevisses, de grenouilles et de rats musqués. En hiver, il pêche après avoir percé la glace, creusant la vase pour y dénicher les petits animaux en hibernation. Les grosses proies telles que les rats musqués, les lapins de Nouvelle-Angleterre ou les canards sont souvent traînées jusqu'à la tanière pour y être soit mangées, soit entreposées. Les tanières se trouvent près de l'eau, sous des racines ou dans des terriers autrefois creusés par les rats musqués ou les castors. Il est fréquent que la tanière d'un vison ait deux entrées: l'une est verticale et donne sur la terre ferme; l'autre, latérale, arrive tout juste au niveau de l'eau. Les femelles utilisent davantage les tanières que les mâles et s'en éloignent moins.

Le territoire des femelles couvre habituellement une superficie de 10 à 25 hectares, mais les mâles vagabondent sur une aire de près de 5 km de diamètre. Étant donné qu'il s'agit d'un animal qui couvre beaucoup de terrain, quelques jours peuvent s'écouler avant que vous ne revoyiez sa piste au même endroit. Par conséquent, si vous trouvez une piste qui vous paraît déjà ancienne, ne désespérez pas. Cela ne signifie pas que le vison a changé de territoire. Revenez à deux ou trois reprises pour vérifier s'il n'est pas repassé par là. Une femelle traverse son territoire en trois jours, mais il faut parfois plus d'une semaine au mâle pour se rendre d'une frontière à l'autre. Par temps très froid, le vison dort dans sa tanière.

VIII

Les plantes sempervirentes des bois

C'est à l'automne, lorsque la verdure estivale a disparu et que les neiges n'ont pas encore recouvert le sol, que d'innombrables petites plantes sempervirentes deviennent soudain visibles dans les bois, leurs feuilles vert foncé contrastant avec la litière brune. Bien que ces plantes représentent une catégorie à part, leurs familles, leurs ordres et leurs espèces sont si nombreux qu'il nous est difficile de les inclure dans une description générale. Toutefois, la majorité sont des plantes robustes, capables de survivre aux températures les plus rigoureuses et il est intéressant d'étudier leur mode d'adaptation au milieu boréal.

Nos régions nordiques présentent pour les plantes deux gros inconvénients. L'été est trop court pour leur permettre de croître, tandis que l'hiver est une période de sécheresse, toute l'eau disponible étant gelée. La plupart des plantes sempervirentes ont acquis des tiges ligneuses et la surface cirée de leurs feuilles diminue l'évaporation. Elles doivent notamment se protéger des vents asséchants et c'est pourquoi nombre d'entre elles demeurent proches du niveau du sol, là où l'effet du vent est quelque peu estompé.

Le court été des régions boréales limite les quantités d'énergie dont dispose chaque plante. Par conséquent, beaucoup d'entre elles sont contraintes d'utiliser un mode de reproduction végétatif qui n'exige pas autant d'énergie et de temps que la production d'une fleur et la maturation de graines. La reproduction végétative, par rhizomes souterrains ou tiges rampantes, crée de petites colonies de plantes sempervirentes, c'est-à-dire celles que l'on rencontre le plus souvent dans les régions boisées.

Chez les plantes sempervirentes, la photosynthèse peut se prolonger jusqu'au cœur de l'automne et commencer très tôt au printemps puisque les feuilles sont toujours présentes. En outre, elles peuvent consacrer à la reproduction toute l'énergie que d'autres plantes consacrent à la production annuelle de nouvelles feuilles.

La plupart des plantes sont tuées par le gel, car l'eau que contiennent leurs cellules gèle, se dilate et fait éclater les parois cellulaires. On pense que les plantes sempervirentes ont réussi à surmonter cette difficulté de deux manières. Tout d'abord, elles canalisent la plus grande partie de l'eau contenue dans les parois cellulaires vers des espaces situés entre les cellules, là où la dilatation de l'eau gelée ne risque pas de causer autant de dommages. Elles parviennent également à élever la teneur en sucre de leurs cellules, abaissant ainsi le point de congélation de l'eau restante.

Nous avons inclus à ce chapitre deux autres plantes que l'on trouve dans les bois et qui sont apparentées aux plantes sempervirentes. Mais, contrairement aux sempervirentes, ces dernières ne sont jamais vertes, car elles se sont débarrassées de leur chlorophylle et donc de leur capacité de produire leur propre nourriture. Elles vivent en symbiose avec les champignons, qui dissolvent la matière organique pour permettre aux plantes d'en tirer profit. Il s'agit du monotrope uniflore et de l'épifage de Virginie. Elles ressemblent davantage à des herbes sauvages mais, contrairement à celles-ci, ne se trouvent que dans les bois.

COMMENT IDENTIFIER LES PLANTES SEMPERVIRENTES DES BOIS

Arbustes de plus de 30 cm de hauteur

- Poils blancs ou bruns, bien visibles, recouvrant l'extrémité inférieure de la feuille: Lédon du Groenland et andromède glauque.
- Feuilles en forme d'aiguilles, très pointues, blanches d'un côté: Genévrier commun.
- Feuilles opposées ou en verticilles de trois: Kalmia à feuilles d'andromède ou kalmia à feuilles étroites.

- Feuilles de 5 à 12,5 cm de longueur, regroupées près de l'extrémité de la ramille; arbuste de 2 à 3 m de hauteur (parfois beaucoup plus haut), croissant à flanc de colline: Kalmia à larges feuilles.
- Feuilles de 2,5 à 5 cm de longueur et pointées vers le haut, tout le long de la tige; arbuste pouvant atteindre 1,20 m, croissant toujours à proximité des tourbières acides ou des ruisseaux: Cassandre caliculé.

Fougères

- Folioles non divisées, arrondies à l'extrémité, large point d'insertion à la tige: Polypode commun.
- Folioles non divisées, rattachées à la tige par un seul point d'insertion: Polystic faux-acrostique.
- Folioles très divisées, rattachées à la tige par un seul point d'insertion: Dryoptéride.

Plantes rampantes

- Petites feuilles étagées par paires le long de la tige; feuilles dotées d'un rebord lisse, nervure médiane de couleur claire; baies rouges: Mitchella rampant.
- Petites feuilles étagées par paires le long de la tige; feuilles denticulées; pas de nervure médiane de couleur claire; pas de baies: Linnée boréale.
- Feuilles étagées par groupes de trois le long de la tige; minces épines sur la tige: Ronce hispide.
- Grandes feuilles ovales de dimensions diverses, regroupées en amas denses le long d'une tige rampante ligneuse; les feuilles peuvent avoir entre 2,5 et 12,5 cm de longueur; la tige est souvent brune et poilue: Épigée rampante.
- Folioles alternes sur des tiges minces et glabres; croît surtout dans les tourbières acides: Airelle.

Petites plantes sempervirentes croissant seules ou en groupes

- Nervures de couleur claire sur des feuilles vertes; feuilles légèrement dentelées: Chimaphile maculée.
- Nervures de couleur claire sur toute la surface des feuilles vertes; feuilles à rebord lisse; croît en formant une rosette, près du niveau du sol: Goodyérie rampante.
- Feuilles regroupées par trois, extrêmement minces, dentelées; radicelles dorées; pas de baies: Coptide du Groenland.
- Feuilles d'un vert brillant, circulaires ou ovales, croissant en rosette; pas de tige principale; les feuilles ont de longues tiges: Pyrole.
- Quelques feuilles rondes, semblables à du cuir, sur chaque plante; les feuilles dégagent une odeur aromatique qui rappelle certains onguents lorsqu'on les broie; elles sont très légèrement denticulées; parfois, la plante produit des baies rouges: Gaulthérie couchée.
- Feuilles dentelées, vert foncé, brillantes, croissant en verticilles sur la tige: Chimaphile à ombelles.

Petites plantes sempervirentes croissant en groupes, dotées de feuilles en forme d'aiguille ou d'écailles le long de la tige

- Lycopodes
- Plantes non chlorophylliennes: Monotrope uniflore et épifage de Virginie (*voir* descriptions et caractéristiques botaniques).

DESCRIPTIONS ET CARACTÉRISTIQUES BOTANIQUES

AIRELLE /*CRANBERRY* (ESPÈCE *VACCINIUM*)

L'airelle raffole des sols acides des tourbières. C'est une plante rampante dont les pivots ne s'enfoncent guère profondément. En revanche, ils produisent perpétuellement des racines dans le sol et des pousses vers la surface. Les branches peuvent avoir jusqu'à 50 cm de longueur et demeurent habituellement au niveau du sol. Elles sont dotées de petites feuilles alternes, circulaires, sempervirentes. Il arrive que de jolies baies d'un rouge vif poussent à l'extrémité des tiges ou le long de la branche.

Airelle

Dans notre région, trois variétés d'airelle sont répandues. Chacune possède une feuille et une baie de taille différente. L'airelle canneberge *(Vaccinium oxycoccus)* est une plante délicate, aux feuilles pointues, différente des deux autres espèces. L'airelle à gros fruit produit, comme son nom l'indique, un fruit d'un diamètre supérieur à 1 cm. Son nom spécifique, *macrocarpon,* est un mot grec qui signifie simplement «gros fruit». C'est cette variété d'airelle que l'on trouve dans les épiceries. La troisième espèce, l'airelle vigne-d'Ida *(Vaccinium vitis-idaea),* ne croît qu'au Canada ou dans les régions montagneuses des États de l'Est. Sa taille est intermédiaire, par rapport aux deux autres, et l'on remarque des points noirs au verso des feuilles.

Les airelles sont de merveilleux petits fruits que l'on cueille en automne et au début de l'hiver. Bien que désagréablement acides lorsqu'on essaie de les manger telles quelles, elles permettent de confectionner une excellente confiture ou une gelée qui accompagne bien la viande. La plante se retrouve dans toute l'Amérique du Nord mais ne colonise qu'un milieu bien précis, celui des tourbières acides.

CASSANDRE CALICULÉ /LEATHERLEAF (CHAMAEDAPHNE CALYCULATA)

Le cassandre caliculé est le troisième arbuste sempervirent qui colonise surtout la lisière des tourbières acides, en compagnie du lédon du Groenland et de l'andromède glauque. Contrairement aux deux autres, les rebords de ses feuilles sont plats. Les feuilles sont larges et reluisantes sur le dessus, souvent orientées dans la même direction que la tige. L'arbuste peut atteindre plus de 1 m de hauteur mais, en général, il ne dépasse guère 30 à 60 cm. Au

printemps, voire dès la fin de l'hiver, de jolies fleurs blanches, en forme de cloche, apparaissent le long de l'extrémité des ramilles. En hiver, les graines font les délices des gélinottes. On a remarqué que les lapins de Nouvelle-Angleterre raffolaient des feuilles. Le cassandre semble se plaire en compagnie de l'airelle.

Cassandre caliculé

CHIMAPHILE À OMBELLES (PIPSISSEWA)/*PIPSISSEWA (CHIMAPHILA UMBELLATA)*

Cette chimaphile est répandue sur le sol des forêts bien drainées, entre les pins et les chênes. Elle se présente sous forme d'un groupe de plantes distinctes, généralement reliées entre elles par un pivot souterrain. Les feuilles, vertes et luisantes, croissent en verticilles autour d'une tige verticale qui peut mesurer jusqu'à 30 cm de hauteur. Certaines années, la plante produit une hampe (axe florifère) qui croît à partir du verticille supérieur et se divise au sommet, donnant naissance à des fleurs pendant la saison estivale. Les graines mûrissent à l'automne. Il est fréquent que seules cette longue tige et les capsules qui la surmontent percent la couche de neige. Il vous suffira de creuser la neige au pied de la hampe pour mettre au jour la plante sempervirente.

Chimaphile à ombelles

Selon de nombreux auteurs, les feuilles de chimaphile à ombelles seraient agréables à mâchonner pendant une randonnée en forêt. Toutefois, si vous en avez déjà goûté, vous n'ignorez sans doute pas que leur saveur est non seulement désagréable mais difficile à effacer de la bouche.

CHIMAPHILE MACULÉE (PIPISSEWA MACULÉE)/*SPOTTED PIPISSEWA (CHIMAPHILA MACULATA)*

Les deux espèces de chimaphiles dont nous parlons ici sont étroitement apparentées. La chimaphile maculée diffère de sa cousine à ombelles par la présence d'un pigment blanc le long des nervures de ses feuilles vert foncé. En outre, elle n'est pas aussi répandue et il est donc toujours réjouissant d'en découvrir un pied. Contrairement aux autres chimaphiles, qui poussent serrées les unes contre les autres, celle-ci s'éparpille davantage. En effet, un réseau étendu de tiges souterraines sépare souvent d'au moins 3 m les différents pieds. La chimaphile maculée produit également une hampe florifère semblable à celle de sa cousine à ombelles.

Chimaphile maculée

Le nom vernaculaire (pipissewa) serait d'origine crie. Le nom générique (chimaphile) signifie en grec «qui aime l'hiver». Les chimaphiles appartiennent à la famille des Pyrolacées, en compagnie du monotrope uniflore et des pyroles.

COPTIDE DU GROENLAND (OU SAVOYANE)/*GOLDTHREAD* (*COPTIS GROENLANDICA*)

C'est une très jolie plante, dotée de feuilles luisantes, d'un beau vert foncé. Elle raffole des climats froids et vous la trouverez fréquemment le long de sentiers de montagnes boueux ou dans des bois sombres et humides. Vous n'aurez aucune difficulté à reconnaître ses trois feuilles denticulées, aux extrémités arrondies, disposées en as de trèfle. La seule autre plante sempervirente de nos régions qui présente le même genre de feuilles est la ronce hispide. Mais le danger de confusion est nul, car la ronce est beaucoup plus grande et sa tige est revêtue de piquants.

Coptide du Groenland

Le nom commun anglais, *Goldthread* («fil d'or»), désigne les racines véritablement dorées de la plante, que vous exhumerez en creusant au pied de la tige. Infusées dans de l'eau bouillante, elles produisent une tisane amère qui stimule l'appétit ainsi qu'un remède antiscorbutique et antiseptique, efficace contre les affections buccales. Un autre de ses noms vernaculaire anglais est *Canker Root,* soit «racine à lésions». Le nom vernaculaire français, «savoyane», est tiré d'un mot mic-mac qui signifie *teinture.*

DRYOPTÉRIDE /*WOODFERN* (ESPÈCE *DRYOPTERIS*)

Il s'agit ici d'un groupe de fougères qui ne sont pas toutes sempervirentes. Tout dépend de l'endroit où elles croissent. Leur nom générique est constitué de deux mots qui signifient respectivement «chêne» et «fougère» et qui évoquent la prédilection des plantes pour les milieux boisés. On remarque que les dryoptérides se plaisent tout particulièrement dans les forêts basses, au sol marécageux. Tout comme les autres fougères, elles s'étendent grâce à leurs pivots souterrains qui expédient à intervalles irréguliers de nouveaux amas de feuilles vers la surface. Au pied de ces feuilles, en hiver, vous trouverez les feuilles de l'année suivante, déjà surgies de terre en petits rouleaux serrés. On les appelle des «têtes de violon» (crosses de fougères) en raison de leur apparence lorsqu'elles commencent à se dérouler au début du printemps. Les souris améliorent leur ordinaire en dégustant les crosses de fougères pendant l'hiver.

Dryoptéride marginale

Deux espèces de dryoptéride sont répandues dans nos bois, en hiver. La première, la dryoptéride marginale *(Dryopteris marginalis)* a été ainsi nommée en raison de la présence de petites fructifications sur le rebord inférieur des folioles seulement. Les feuilles de dryoptéride marginale sont épaisses et coriaces. Elles présentent deux divisions, c'est-à-dire qu'elles se divisent uniquement en folioles et sous-folioles.

Contrairement à la dryoptéride marginale, la dryoptéride spinuleuse *(Dryopteris spinulosa)* présente des fructifications à partir du bord vers l'intérieur. Elle présente souvent trois divisions qui évoquent une pièce de dentelle. Cette fougère croît volontiers dans des milieux plus humides que sa cousine.

La dryoptéride de Goldie présente elle aussi deux divisions. Elle ressemble d'ailleurs à la dryoptéride marginale à la différence près que les fructifications apparaissent au bord de la foliole et vont vers l'intérieur.

Folioles et sporophores de la dryoptéride spinuleuse (à gauche) et de la dryoptéride marginale (à droite)

ÉPIFAGE DE VIRGINIE /*BEECHDROPS (EPIFAGUS VIRGINIANA)*

Il s'agit de l'une des plantes non chlorophylliennes qui produisent pourtant des fleurs. L'épifage dépasse rarement 30 cm de hauteur et, même en pleine floraison, ressemble à une herbe sauvage d'hiver. Il ne contient pas de chlorophylle, ce qui l'oblige à récolter sa nourriture d'une autre manière. Sa méthode consiste à fixer ses racines à celles d'une plante verte afin de subsister grâce à l'énergie que cette plante produit. L'épifage s'attache au hêtre et l'étymologie de son nom traduit cette relation: *epi* signifie «sur», tandis que *fagus* est le nom scientifique du hêtre. Par conséquent, ne

recherchez un épifage qu'à proximité d'un peuplement de hêtres. Et si vous découvrez un épifage, regardez autour de vous et vous ne manquerez pas d'apercevoir des hêtres. C'est une méthode d'identification qui ne rate jamais.

Épifage de Virginie

Les épifages n'ont pas de feuilles, à l'exception de quelques écailles que l'on trouve parfois le long de leur tige. Mais ils produisent deux types de fleurs. Celles qui apparaissent au sommet de la tige s'ouvrent et sont pollinisées par les insectes à l'automne. Elles sont toutes petites et les pétales sont souvent rayés de fines lignes mauves. Quant aux fleurs qui poussent à la base de la tige, elles s'autopollinisent et donc ne s'ouvrent jamais. Les deux types de fleurs produisent de nombreuses graines.

Une fois que les épifages s'installent sous un hêtre, ils prolifèrent en formant de petites colonies.

ÉPIGÉE RAMPANTE / *TRAILING ARBUTUS (EPIGAEA REPENS)*

Épigée rampante

L'épigée paraît luxuriante même en hiver. De toutes les plantes sempervirentes rampantes, c'est celle dont les feuilles sont les plus grosses. Leur vert vif, leur bord luisant et leur généreux désordre tranchent avec la sévérité du paysage hivernal. La plante croît sur les sols rocheux ou sablonneux en plongeant ses racines à un seul endroit. Ses tiges ligneuses, revêtues de petits poils, s'étendent sur les rochers et produisent de nouvelles feuilles. Les racines d'épigée sont souvent associées aux champignons qui vivent des matières végétales en putréfaction sous la surface du sol. Le produit de cette symbiose d'un mycélium et de la racine d'une plante supérieure porte le nom de «mycorhize». Il sécrète des enzymes qui décomposent peut-être les matières en putréfaction des régions rocheuses afin de permettre à la plante de profiter de leurs éléments nutritifs. C'est pourquoi l'épigée rampante est difficile à transplanter et à cultiver en l'absence de cette association symbiotique.

On connaît surtout les fleurs de l'épigée qui, à la fin de l'hiver et au début du printemps, embaument les bois. Si vous trouvez une épigée à l'automne, allez de nouveau la voir une fois que la neige aura fondu; peut-être pourrez-vous admirer ses fleurs. Autrefois, on les cueillait pour les vendre, mais elles sont aujourd'hui protégées par la loi dans beaucoup d'États américains, car une cueillette excessive les a presque décimées.

Le nom générique et le nom spécifique font allusion au comportement de la plante. *Epigaea* signifie en grec «sur la terre» ou «près du sol», tandis que *repens* est un mot latin qui veut simplement dire «rampant».

GAULTHÉRIE COUCHÉE (THÉ DES BOIS)/*TEABERRY* (*GAULTHERIA PROCUMBENS*)

La gaulthérie couchée est une robuste petite plante des bois, un véritable plaisir pour les yeux. Lorsque j'en trouve une, j'en profite toujours pour déguster une baie ou mâcher une feuille. Les fruits rouge vif mûrissent à l'automne et survivent tout l'hiver. Cependant, ils sont difficiles à repérer, car ils se dissimulent sous les feuilles vertes et luisantes.

La gaulthérie raffole des sols acides. Elle pousse lentement, grâce à une tige souterraine qui laisse émerger périodiquement de petites pousses rigides d'environ 20 cm de hauteur à la surface. À l'instar des autres membres de la famille des Éricacées, elle conserve l'humidité grâce à ses feuilles dont le dessus ciré la protège de l'évaporation et de l'action desséchante des vents d'hiver.

Les cerfs adorent le goût des feuilles de gaulthérie, et c'est indubitablement l'épaisseur de la neige qui permet à l'espèce de ne pas disparaître complètement avant la fin de l'hiver. Les gélinottes et les souris se régalent aussi des baies et des feuilles. On sait d'ailleurs depuis longtemps que baies et feuilles contiennent du salicylate de méthyle (essence de Wintergreen) dont le goût et l'arome nous sont familiers, car il était utilisé commercialement dans la fabrication de la gomme à mâcher, du dentifrice et de certains remèdes. Aujourd'hui, l'essence est produite synthétiquement. On la trouve aussi dans une autre gaulthérie, la chiogénie hispide ou petit thé *(Gaultheria hispidula)* et, curieusement, dans l'écorce du bouleau flexible *(Betula lenta),* où elle est plus abondante que dans la gaulthérie couchée. Si vous mâchez des baies ou des feuilles de gaulthérie, vous ne manquerez pas d'en goûter l'arôme, et si vous laissez infuser un jour ou deux les feuilles dans un volume égal d'eau bouillante, vous obtiendrez une excellente tisane; il vous suffira de la réchauffer avant de la déguster. En plongeant quelques instants les feuilles fraîches dans l'eau bouillante, vous préparerez une tisane à peine aromatisée.

Gaulthérie couchée

Cette plante possède de nombreux noms vernaculaires mais le plus répandu est «thé des bois». Toutefois, bien qu'elle contienne de l'essence de Wintergreen, elle n'appartient pas à la famille des Pyrolacées, dont le nom anglais est *Wintergreen,* mais à la famille des Éricacées.

GENÉVRIER COMMUN/*COMMON JUNIPER* (*JUNIPERUS COMMUNIS*)

Le genévrier colonise avec dynamisme les champs abandonnés, les bois éclaircis et les sommets rocheux. C'est un arbuste qui dépasse rarement 60 cm de hauteur, mais ses tiges robustes s'étalent latéralement. Ses aiguilles croissent en verticilles de trois et chacune présente une bande blanche, très nette, sur le côté. Toujours vertes, elles sont dotées d'une pointe particulièrement aiguisée. Sous les genévriers, les petits animaux s'abritent non seulement des intempéries mais aussi des prédateurs. Le cerf broute les aiguilles tandis que les oiseaux sont friands des baies. Il leur arrive de nicher dans le feuillage.

Les baies de genévrier commun sont bleues et servent, tant en Europe qu'en Amérique du Nord, à aromatiser le gin. Les fruits ressemblent à ceux du thuya occidental car les deux plantes sont apparentées. Lorsque des colonies de genévriers s'installent à flanc de colline et dans les champs abandonnés, leurs racines freinent l'érosion.

Genévrier commun

GOODYÉRIE RAMPANTE / *RATTLESNAKE PLANTAIN*
(ESPÈCE *GOODYERA*)

Il est toujours intéressant de trouver une goodyérie rampante car c'est une plante inhabituelle, toute petite, de couleur claire, généralement recouverte de feuilles mortes. Toutefois, sa hampe mesure parfois jusqu'à 50 cm de hauteur. Elle est surmontée de graines et de vestiges de fleurs. Bien que leur nom générique soit identique en anglais, la goodyérie rampante n'est pas apparentée au grand plantain. Elle appartient à la famille des Orchidées et fleurit à la fin de l'été.

Si vous creusez la neige au pied de la hampe, vous découvrirez la rosette, constituée de feuilles vertes nervurées de blanc qui ont dû rappeler aux premiers explorateurs les écailles des serpents à sonnettes. La médecine d'antan croyait ferme au principe de l'analogie, et la goodyérie rampante a acquis la réputation de guérir les morsures de serpent ou toute maladie de peau qui donnait à l'épiderme une apparence écailleuse.

Goodyérie rampante

Il existe quatre espèces communes de goodyérie, chacune présentant un nombre variable de nervures blanches. Le nom générique rend hommage à John Goodyer, botaniste anglais du début du XVIIe siècle.

KALMIA À FEUILLES ÉTROITES/*SHEEP LAUREL*
(KALMIA ANGUSTIFOLIA)
KALMIA À FEUILLES D'ANDROMÈDE /*PALE LAUREL*
(KALMIA POLIFOLIA)

Le kalmia est le principal arbuste sempervirent de nos régions boréales bien que seulement trois espèces en soient répandues. Le kalmia à larges feuilles est le plus haut et c'est également lui qui produit les plus grosses feuilles. Les deux autres se ressemblent et colonisent les mêmes écosystèmes.

Feuilles et graines de kalmia à feuilles étroites

En effet, le kalmia à feuilles étroites et le kalmia à feuilles d'andromède atteignent généralement entre 60 et 90 cm. Leurs feuilles, étroites, vert pâle, sont regroupées en verticilles de trois. En général, ils croissent en petits groupes. Vous les distinguerez facilement l'un de l'autre car le kalmia à feuilles d'andromède produit des fleurs à l'extrémité des tiges. En revanche, le kalmia à feuilles étroites présente des ramilles arrondies et produit des fleurs tout le long de la tige. En hiver, vous apercevrez peut-être les vestiges des organes floraux ainsi que les graines.

Kalmia à feuilles étroites

Les kalmias appartiennent à la famille des Éricacées, qui englobe les rhododendrons et beaucoup d'autres plantes sempervirentes. On pense que les feuilles sont toxiques pour le bétail bien que des animaux sauvages tels que le cerf et le lapin les broutent impunément.

KALMIA À LARGES FEUILLES/*MOUNTAIN LAUREL* (*KALMIA LATIFOLIA*)

Le kalmia à larges feuilles est l'un de nos arbustes sempervirents les plus luxuriants. Il peut atteindre plus de 3,50 m de hauteur et recouvrir le sous-étage des flancs de montagnes sur plusieurs hectares. Les feuilles sont larges, brillantes et restent vert foncé tout l'hiver, créant un merveilleux contraste avec le sol recouvert de neige.

Kalmia à larges feuilles

Le kalmia à larges feuilles croît parfois en taillis épais, ses tiges sinueuses offrant en hiver un abri aux petits mammifères. Le cerf broute volontiers les grandes feuilles. Le bois, bien que dur et doté d'un grain fin, ne peut être utilisé que pour fabriquer de petits objets tels que des louches ou des pipes. Les fleurs séchées et les graines mûres demeurent bien visibles tout l'hiver à l'extrémité des tiges. Les feuilles sont très appréciées comme décorations de Noël et entrent dans la composition des couronnes. Au printemps, le kalmia s'épanouit en bouquets de fleurs roses.

Graines séchées de kalmia à larges feuilles

Le nom générique rend hommage à Peter Kalm, un botaniste et naturaliste suédois qui visita l'Amérique au tout début du XVIIIe siècle. Il explora l'est de l'Amérique du Nord, étudia l'histoire naturelle de la région et tint de minutieux journaux de ses voyages. Linné, qui était de ses amis, nomma ces plantes en son honneur.

LÉDON DU GROENLAND (THÉ DU LABRADOR)/*LABRADOR TEA (LEDUM GROENLANDICUM)*

Le lédon du Groenland colonise surtout les tourbières et les marécages glacés du Nord. Il produit un arbuste d'environ 60 cm de hauteur, dont les feuilles sont revêtues, au verso, d'un duvet brun. En outre, leur bord se replie vers le bas. Une fois broyées, elles exhalent un puissant arôme et on peut les cueillir à longueur d'année pour en faire une tisane. Toutefois, il convient de les laisser sécher soigneusement au soleil ou près d'une source de chaleur avant de les faire infuser. L'andromède glauque (*Andromeda glaucophylla*) vit souvent en bon voisinage avec le lédon, dans les tourbières. Il est d'ailleurs facile de les confondre car toutes deux présentent des feuilles qui s'enroulent vers le bas. Les feuilles d'andromède glauque étant considérées comme toxiques, il est préférable d'apprendre à faire la distinction. Vous constaterez que les feuilles d'andromède sont plus étroites, bleu-vert sur le dessus et très blanches en dessous. En outre, elles ne sont pas aussi puissamment aromatisées.

On pense que ce type de feuille, enroulée vers le bas, étroite et duveteuse, est le produit d'une adaptation qui permet aux plantes de conserver l'eau. En effet, bien qu'elles vivent dans un milieu humide, l'eau de ce milieu est souvent trop acide pour les plantes. Leurs feuilles leur permettent donc d'emmagasiner l'eau de l'atmosphère.

Lédon du Groenland

LINNÉE BORÉALE /*TWINFLOWER* (*LINNAEA BOREALIS*)

La linnée boréale est une petite plante rampante qui se plaît tout particulièrement dans la froide forêt nordique bien qu'on puisse en trouver au Maryland, voire en Virginie. Ses feuilles alternes ressemblent à celles du mitchella rampant mais, au lieu d'être fixée directement à la tige, elles poussent à partir de courtes ramilles. La linnée boréale est membre de la famille des Caprifoliacées et produit deux fleurs penchées, de couleur rose, au bout d'une longue hampe.

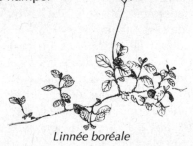

Linnée boréale

Linné, célèbre botaniste suédois du XVIIIe siècle qui a largement contribué à susciter l'intérêt général envers les plantes et à les doter de leurs noms scientifiques, est fréquemment représenté avec une tige de linnée boréale à la main. Le nom spécifique, *borealis,* signifie simplement que la plante prolifère surtout dans les milieux nordiques.

LYCOPODES/*CLUBMOSS* (ESPÈCE *LYCOPODIUM*)

Il y a près de 250 millions d'années, ces petites plantes s'élevaient jusqu'à des hauteurs de plus de 30 m et dominaient toute la surface de la terre. Avec les fougères, elles furent les premières plantes terrestres à acquérir trois différents organes: racines, tiges, feuilles. En outre, elles furent parmi les premières à produire des cellules capables de transporter l'eau le long des tiges sur de longues distances. Elles furent précédées d'organismes végétaux beaucoup plus simples tels que les algues et les champignons.

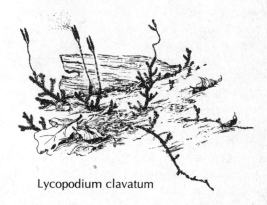

Lycopodium obscurum

Lycopodium clavatum

Pendant des millions d'années, d'énormes couches de lycopodes se sont accumulées à la surface de la terre, recouvertes par de nouvelles plantes et des sédiments d'érosion. Aujourd'hui, nous extrayons ces lycopodes sous forme de houille. Leur combustion dégage de la chaleur, libérant l'énergie solaire qu'elles ont emmagasinée voilà plus de 250 millions d'années.

Les lycopodes s'étendent grâce à des pivots souterrains et forment ainsi de petites colonies. Le pivot diffère en fonction de chaque espèce. Certains poussent à une vingtaine de centimètres sous la surface du sol, d'autres à deux ou trois centimètres seulement, d'autres encore suivent la surface. Au fur et à mesure que les pivots s'étendent, les vieux plants meurent.

Lycopodium lucidulum

Certaines espèces se reproduisent aussi grâce aux petites sphères qui tombent des feuilles supérieures, un peu comme les bulbilles de l'ail sauvage. Les colonies de lycopodes naissent de spores qui sont produites soit à la base des feuilles, soit sur de longues inflorescences qui portent le nom de «strobiles». Si vous les secouez, en début de l'hiver, vous libérerez des nuages de spores jaunâtres qui atterriront au sol pour donner naissance à une plante différente, en forme de feuille unique. Il est rare, toutefois, que ces nouvelles pousses prolifèrent, car elles manquent de chlorophylle et vivent en association avec des champignons souterrains. Cependant, ces minuscules plantes produisent des cellules mâles et femelles qui se réunissent pour donner naissance aux lycopodes tels que nous les connaissons. Ce cycle évolutif ressemble fort à celui des fougères.

Feuilles de Lycopodium complanatum

Les lycopodes produisent d'innombrables spores que l'on recueillait autrefois pour fabriquer des feux d'artifices et de la «poudre de flash» pour les anciens appareils photographiques. En effet, elles s'enflamment très vite et explosent en provoquant une petite étincelle.

MITCHELLA RAMPANT (PAIN DE PERDRIX)/*PARTRIDGEBERRY (MITCHELLA REPENS)*

Le mitchella rampant recouvre presque tous les types de sol. Ses feuilles sont vert foncé, parcourues d'une nervure médiane de couleur claire, bien visible, et poussent face à face le long d'une tige rampante. Les racines se forment à partir de l'endroit où apparaissent les feuilles, si les conditions sont favorables. Le mitchella semble avoir une prédilection pour les bois humides et notamment pour les peuplements de pins blancs.

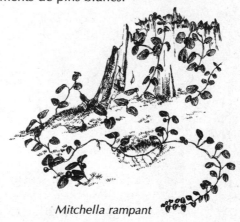

Mitchella rampant

En été, il produit des fleurs sur le même modèle que les feuilles. À leur tour, les deux fleurs engendrent un fruit qui se divise en deux hémisphères. Ce fruit est d'un rouge vif qui rappelle celui des baies et, s'il n'est pas dégusté par une souris ou une gélinotte, il peut durer un an. Ce fruit n'est pas toxique pour les humains mais on le considère tout juste comestible, car il est plutôt sec et plein de graines.

Le nom vernaculaire, «pain de perdrix», est dérivé du goût prononcé des «perdrix», à savoir les colins et les gélinottes, pour les fruits. Le genre a été nommé en l'honneur de John Mitchell, qui s'est installé en Virginie autour de 1725. Il est surtout célèbre pour avoir méticuleusement cartographié les colonies américaines, mais il ne manquait pas d'étudier la flore des régions qu'il explorait et entretenait une correspondance à ce propos avec Linné. Le nom spécifique, *repens,* signifie simplement «rampant».

MONOTROPE UNIFLORE /*INDIAN PIPE*
(*MONOTROPA UNIFLORA*)

Il s'agit de l'une de nos deux plantes non chlorophylliennes. Nous l'incluons ici, car elle croît dans les mêmes régions boisées que les plantes sempervirentes. En outre, elle est fort répandue et très curieuse à examiner. Vous apercevrez un petit groupe de tiges noirâtres de 12 à 25 cm de hauteur surmontées d'une capsule en forme d'urne. La plante est d'un blanc cireux en été et ne produit aucune feuille, à l'exception de quelques petites bractées le long de la tige.

Monotrope uniflore

En été, les fleurs blanches pendent du sommet de la tige, mais au fur et à mesure que les graines mûrissent, elles se redressent et revêtent l'apparence que nous admirons en hiver. Le nom générique signifie «un tour» et désigne peut-être ce redressement de la fleur.

Le monotrope uniflore appartient à la même famille que les pyroles et les chimaphiles bien qu'il soit dépourvu de chlorophylle — ce pigment vert qui permet aux autres plantes de fabriquer leur nourriture par photosynthèse. Par conséquent, il doit vivre de matière organique et c'est pourquoi ses racines s'associent à un champignon qui, lui, est capable de dissoudre la matière organique pour permettre au monotrope d'en vivre.

Une autre variété, le monotrope du pin *(Monotropa hypopitys)* produit de nombreuses fleurs sur chaque tige et se plaît dans les bois secs. Comme son nom commun et son nom spécifique *(hypopitys)* l'indiquent, il s'installe volontiers sous les pins.

POLYPODE COMMUN (TRIPE DE ROCHE)/*COMMON POLYPODY (POLYPODIUM VULGARE)*

Le popypode commun est indubitablement la plus coriace de nos fougères hivernales. Quelle que soit la saison, il reste vert et droit. Son nom vernaculaire, «tripe de roche», fait allusion à sa préférence marquée pour ce type de sol, surtout dans le Nord, où les glaciers ont laissé d'énormes blocs erratiques qui sont aujourd'hui habillés d'un vert tapis de polypodes communs. On aperçoit aussi des polypodes sur les arbres ou sur les troncs abattus.

Polypode commun

Vous le reconnaîtrez facilement à sa prédilection pour cet habitat difficile ou encore par la manière dont les folioles sont à peine fixées à la tige principale. En outre, les fruits sont souvent accrochés en dessous des folioles, en deux rangées bien visibles à l'œil nu.

Le polypode s'étend généralement en envoyant des pivots rampants à la surface des rochers. Les racines sont ponctuées, à intervalles réguliers, de renflements à partir desquels croissent les frondes de fougère. Habituellement, chaque fronde mesure entre 30 et 40 cm et les nouvelles apparaissent au début de l'hiver. Le polypode commun est répandu dans toute la zone tempérée de l'hémisphère Nord.

POLYSTIC FAUX-ACROSTIQUE /*CHRISTMAS FERN* (*POLYSTICHUM ACROSTICHOIDES*)

C'est la plus grande de nos fougères sempervirentes, et vous la reconnaîtrez grâce à la forme de ses feuilles pennées (situées de part et d'autre d'une tige, exactement comme les barbes d'une plume). Les branches, que l'on appelle des frondes, s'étalent au sol, pendant l'hiver, mais leur vert luxuriant attirera votre regard dès que la neige aura fondu. En fait, ce polystic rappelle fortement les fougères ornementales que l'on vend comme plantes d'intérieur.

Polystic faux-acrostique

Certaines frondes se subdivisent en folioles à leur extrémité. Ce sont elles qui portent les spores du polystic. Elles meurent fréquemment en hiver, donnant l'impression que la fronde a été coupée net. C'est une plante appréciée des fleuristes, car elle leur permet de doter d'un petit air printanier leurs arrangements d'hiver. Il est d'ailleurs probable que le nom commun anglais du polystic, *Christmas Fern* («fougère de Noël»), vienne de là. De nouvelles frondes commencent à pousser vers la fin de l'hiver, tandis que la neige fond.

PYROLE / *PYROLA* (ESPÈCE *PYROLA*)

La pyrole est une plante sempervirente de petite taille, souvent recouverte de feuilles mortes. Elle produit des feuilles circulaires, plus foncées et plus brillantes sur le dessus, reliées à une racine centrale par une longue tige rougeâtre, mince et flexible. Les feuilles croissent sous forme de rosette au centre de laquelle apparaît parfois une hampe élancée, surmontée de petites fleurs en forme de clochette.

Pyrole

En général, ce sont surtout les hampes florifères que l'on aperçoit en hiver, le reste de la plante étant enterré sous la neige. On distingue les pyroles les unes des autres par leur hampe. L'une des espèces, *Pyrola secunda,* ne présente des vestiges de fleurs que d'un côté de la hampe. D'autres, en revanche, en ont de tous les côtés. La pyrole elliptique porte en anglais le nom commun de *Shinleaf,* qui est peut-être une déformation de *Shine-leaf* ou «feuille luisante» et désignerait la surface des feuilles, ainsi revêtues pour faciliter la conservation de l'eau.

RONCE HISPIDE /*BRISTLY DEWBERRY* (OU *HISPID BLACKBERRY*) (*RUBUS HISPIDUS*)

Les ronces sont des plantes rampantes qui appartiennent à la famille des Rosacées, au même titre que les framboisiers et les mûriers. Elles ressemblent aux fraisiers sauvages, car elles sont dotées de trois folioles denticulées qui forment un as de trèfle. Au printemps, leurs petites fleurs sont quasi identiques aux fleurs du fraisier. Mais contrairement à leur cousin, les ronces hispides sont rampantes. Si vous essayez d'en cueillir une tige, vous constaterez qu'elle est reliée à toutes les autres tiges de ronces hispides qui croissent à proximité.

Ronce hispide

Elle a une prédilection pour les bois et leurs lisières. Elle recouvre fréquemment une vaste superficie, ses petites feuilles luisantes émergeant à travers le tapis de feuilles mortes. Dans les régions nordiques, elle n'est pas toujours sempervirente et, dans d'autres régions, le vert des feuilles est ponctué de taches rougeâtres, provoquées par l'anthocyanine, pigment rouge présent dans les feuilles d'autres plantes sempervirentes. De minuscules épines, très flexibles, revêtent entièrement la tige. Les racines poussent aux endroits où des tiges droites, garnies de feuilles, émergent du rameau rampant.

Étant apparentée au mûrier et au framboisier, la ronce hispide produit en été une petite baie noire remplie de graines et solidement fixée à la tige, contrairement aux autres baies. Son goût est légèrement acide, mais lorsqu'on y ajoute du sucre, on peut l'utiliser dans des recettes en remplacement de certaines baies plus sucrées.

BIBLIOGRAPHIE

Ouvrages généraux

Dajoz, J., *Précis d'écologie,* Bordas, Paris, 1985.

Parent, Sylvain, *Dictionnaire des sciences de l'environnement,* Broquet, Ottawa, 1990 (ouvrage de base).

Herbes sauvages

Groupe Fleurbec, *Plantes sauvages des villes et des champs,* Fleurbec et Éditeur officiel du Québec, Québec, 1977.

Lamoureux, G. (sous la direction de), *Plantes sauvages printanières,* France-Amérique et Éditeur officiel du Québec, Montréal, 1975.

Lemée, G., *Précis d'écologie végétale,* Masson, Paris, 1978.

Marie-Victorin, Frère, *Flore laurentienne,* Presses de l'Université de Montréal, Montréal, 1964.

Nultsch, W., *Manuel de botanique générale,* Masson, Paris, 1969.

Neige

Perla, R., *Cristaux de neige/Snow Crystals,* Institut canadien de recherches en hydrologie, Environnement Canada, Ottawa, 1979.

Villeneuve, G., *Glossaire de climatologie et de météorologie,* Presses de l'Université Laval, Québec, 1980.

Arbres

Association française des eaux et forêts, *Dictionnaire forestier multilingue,* Paris, 1975.

Lauriault, Jean, *Arbres du Canada,* Musées nationaux du Canada et Broquet, Ottawa, 1987.

Oiseaux

Guide des oiseaux d'Amérique du Nord, Broquet, Montréal, 1988.

Peterson, R. T., *Les oiseaux de l'est de l'Amérique du Nord,* Broquet, Montréal, 1989.

Stokes, D., *Nos oiseaux* (I, II, III), Éditions de l'Homme, Montréal, 1989 et 1990.

Insectes

Martineau, René, *Insectes nuisibles des forêts de l'est du Canada,* Broquet et Service canadien des forêts, Ottawa, 1984.

Rose A.H. et Lindquist O.H., *Insectes des épinettes, du sapin, de la pruche de l'est du Canada,* Approvisionnements et Services Canada, Ottawa, 1977.

Rose A.H. et Lindquist O.H., *Insectes des feuillus de l'est du Canada,* Approvisionnements et Services Canada, Ottawa, 1982.

Seguy, E., *Dictionnaire des termes techniques d'entomologie élémentaire,* Paul Lechevalier, Paris, 1967.

Champignons

Agriculture Québec, *Noms des maladies de plantes au Canada/ Names of plant diseases in Canada,* Gouvernement du Québec, Québec, 1975.

Association française des eaux et forêts, *Dictionnaire forestier multilingue,* Paris, 1975.

Viennot-Bourgin, *Les champignons parasites des plantes cultivées,* M. Ponsot, Paris, 1959.

Mammifères

Banfield, A.W.F., *Les mammifères du Canada,* Presses de l'Université Laval, Québec, 1978.

Beaudin, Louise et Michel Quintin, *Guide des mammifères terrestres du Québec, de l'Ontario et des Maritimes,* Nomade, Waterloo (Québec), 1983.

INDEX

Table des matières

Dans la même collection

NOTES

NOTES

NOTES

NOTES